O ciclo da construção

Ch. F. Hendriks
A. A. Nijkerk
A. E. van Koppen

O ciclo da construção

Tradução
Cláudia Naves David Amorim e
Rosana Stockler Campos Clímaco

Leitura técnica
Raquel Naves Blumenschein

EDITORA
UnB

Equipe editorial
Rejane de Meneses • *Supervisão editorial*
Sonja Cavalcanti • *Acompanhamento editorial*
Jupira Correa, Yana Palankof e Keila Mariana A. Oliveira • *Preparação de originais e revisão*
Chico Régis • *Capa*
Fernando M. das Neves e Raimunda Dias • *Editoração eletrônica*
Elmano Rodrigues Pinheiro • *Acompanhamento editorial*

Título original • *The building cycle*

Impresso no Brasil

Direitos exclusivos para esta edição:
Editora Universidade de Brasília
SCS Q. 2, Bloco C, nº 78
Ed. OK, 1º andar
70302-907 – Brasília-DF
Tel.: (61) 3035-4211
Fax: (61) 3035-4223
www.editora.unb.br
www.livrariauniversidade.unb.br
e-mail: direcao@editora.unb.br

Ficha catalográfica elaborada pela
Biblioteca Central da Universidade de Brasília

H498 Hendriks, C. F.
O ciclo da construção / Ch. F. Hendriks, A. A. Nijkerk, A. E. van Koppen ; Cláudia Naves David Amorim e Rosana Stockler Campos Clímaco, tradução. – Brasília : Editora Universidade de Brasília, 2007.
250 p. ; 24 cm.

ISBN: 978-85-230-0889-5

1. Reciclagem. 2. Reutilização. 3. Entulho. 4. Resíduos de construção e demolição. 5. Material de construção. 6. Desperdício na construção. I. Nijkerk, A. A. II. Koppen, A. E. van. III. Título.

CDU 628.49

Este livro é dedicado a
Diny, Joyce, Esther e Richard.

Sumário

Prefácio

Dos materiais primários aos secundários

Diferentemente de todas as outras criaturas vivas, o homem sempre teve de se proteger da natureza usando vestimentas e construções. Ao lado das peles dos animais, os materiais de construção são a categoria mais antiga de materiais usados pelo homem para manter sua existência, seguidos de perto pelas armas.

Através dos séculos, os materiais de construção foram responsáveis pela maior quantidade de matéria-prima consumida, situação corrente ainda hoje. Mais recente é a reciclagem dos materiais de construção usados, geradora de um produto atualmente denominado resíduo de construção e demolição (RCD).*

Apesar de a reciclagem de RCD em larga escala ter surgido muito depois da reciclagem de metais, papel e tecidos, esta é de longe a maior categoria do mundo em termos de volume e peso. A quantidade de reciclagem de RCD na Holanda é duas vezes maior do que todos os outros materiais juntos.

Atualmente, o conceito de "resíduo de demolição" também inclui material reutilizável proveniente da construção de estradas.

A Holanda tem um papel importante na reciclagem de RCD, porque este país de planícies sempre foi pobre em fontes minerais para utilização como materiais de construção naturais primários. Além disso, é o país mais densamente povoado da Europa, o que resulta em uma maior carência de locais de deposição comparativamente a outros países, especialmente para RCDs volumosos.

O uso relativamente intensivo de materiais de construção secundários tem resultado na procura por alternativas para diminuir o empacto ambiental causado por resíduos de materiais potencialmente danosos, mas adequados para aplicações em construção depois de submetidos a tratamento. Os exemplos incluem cinzas volantes, espólio de dragagem e lodo da purificação da água. A reciclagem e a reutilização desses materiais residuais também são abordadas neste livro.

O governo holandês tem influído decisivamente na reutilização do RCD, mais do que em outros itens passíveis de reciclagem.

Em poucas décadas, a reciclagem de RCD transformou-se em uma indústria plenamente desabrochada, com seus próprios métodos de tratamento, em alguns casos extremamente criativos.

A reciclagem tem sido utilizada principalmente na prevenção de resíduos e em aplicações úteis. Mas os benefícios ambientais poderiam ser ainda muito maiores se as medidas para garantir as máximas possibilidades para a reciclagem futura fossem incorporadas na fase de projeto. Isso também se reflete em um dos três princípios

---

* De acordo com definição do Instituto de Pesquisas Tecnológicas do Estado de São Paulo (IPT) (N. do T.).

fundamentais da política ambiental, denominado gerenciamento integrado em cadeia. Esse gerenciamento pretende realizar uma administração positiva do ponto de vista ambiental, social e econômico dos ciclos de materiais baseando-se nos seguintes princípios:

- redução do uso de fontes de energia provenientes de combustíveis fósseis e maximização do uso de fontes de energia ambientalmente corretas;
- equilíbrio do processo de renovação e decomposição de matérias-primas biogênicas renováveis;
- manutenção das matérias-primas em seu ciclo no maior período de tempo possível, a menos que não seja apropriado do ponto de vista ambiental. Isso significa, por um lado, promover uma maior vida útil do produto, e, por outro, implementar passo a passo o número máximo de níveis e ciclos de reciclagem.

O gerenciamento integrado em cadeia otimizado significa que as matérias-primas são "tomadas emprestadas" da natureza e devolvidas a ela da mesma forma após o uso. Atualmente, o balanço entre os materiais emprestados e devolvidos está desorganizado, porque as matérias-primas são tratadas e modificadas e nem sempre voltam da mesma forma. Fechando os ciclos de materiais, os fluxos de materiais residuais são limitados, e o uso das matérias-primas primárias é reduzido.

Os objetivos secundários são:

- maior reutilização de alto grau;
- melhor entendimento dos campos de reciclagem;
- promoção da reutilização pelos mecanismos de *marketing*;
- prevenção da formação de entulho.

O termo "resíduo de construção e demolição" sugere que estamos lidando principalmente com entulho. No entanto, os subfluxos, depois do tratamento, atendem perfeitamente aos requisitos para novas matérias-primas, e, dessa forma, não estão sujeitos à legislação para materiais residuais na Holanda. Contudo, a legislação é aplicada à coleta, ao transporte e ao tratamento. Essa dualidade é o resultado da falta de uma definição legal ou econômica entre resíduo (algo que o proprietário deseja jogar fora) e matéria-prima.

1 Histórico

Reutilização e reciclagem de materiais não são fenômenos novos. Rejeitos de materiais, como metais, madeira e papel, têm sido reutilizados desde tempos imemoráveis. *Opus caementitium* (comparável ao concreto), feito de pedra triturada, era comumente utilizado nos tempos romanos. A estrutura de concreto usada para transportar água do Eiffel para a Colônia continha uma liga feita com cal, pó de tijolos quebrados e outras substâncias pozolânicas. Na Alemanha do século XIX, usava-se concreto com brita como um agregado.

Rejeitos de materiais começaram a ser usados em construções na Holanda em 1920. Durante esse período, entulho e escória eram processados como agregados no então chamado concreto de brita, usado para a construção de edifícios residenciais, embora somente em escala limitada. Rejeitos de materiais eram também reutilizados em outros países. Em Avesta (Suécia), por exemplo, ainda há um forno de rocha de escória de aço que data de 1874.

O cimento de alto-forno, que tem sido utilizado como aglomerante de importância global desde o começo do século XIX, também deve ser citado como uma aplicação de alto grau da escória de alto-forno. Antigas obras têm sido encontradas com variedades de cimento, usando diferentes tipos de escória e cinzas. Os aglomerantes de asfalto – o alcatrão, primeiramente, e o betume, em seguida – eram originariamente rejeitos.

Depois da Segunda Guerra Mundial, escombros foram usados como materiais básicos e como agregado para concreto e asfalto na Holanda. Entre 1945 e 1955, a Alemanha usou 12 milhões de m^3 de agregado de alvenaria em aplicações de concreto. Um dos mais significativos trabalhos de demolição dos últimos 15 anos foi a derrubada do muro de Berlim em 1989, quando, seletivamente, os materiais de demolição foram transformados em *souvenirs* muito apreciados. Em razão da escassez de matéria-prima na década de 1950, o asfalto triturado era reutilizado em recuperação de asfalto depois da adição de um agente regenerador.

Pesquisas em larga escala sobre a reutilização de concreto e asfalto na pavimentação de estradas foram conduzidas na década de 1970, na época da crise do petróleo. A subida exorbitante dos preços do petróleo aumentou os preços da energia e do betume. Na Holanda, de extração superficial de minerais (areia e cascalho) gerou problemas. Protestos contra a extração desses minerais aumentaram incessantemente, em função do receio de destruição da paisagem e do prejuízo ao equilíbrio biológico. Em 1978, no relatório consultivo interino sobre concreto, areia de alvenaria, brita e argila, a Comissão Nacional para Coordenação da Política de Extração do Solo (National Commission of Soil Extraction Policies), fundada em 1976, propôs manter a produção em pequena escala. No entanto, foram lançadas medidas para reduzir a necessidade de minerais superficiais, tais como a extração no fundo do mar e o uso de materiais alternativos.

O direcionamento para o aumento da reutilização na década de 1970 estava baseado no aumento cada vez maior de problemas relativos ao lixo. A deposição e a incineração do lixo provocavam cada vez maiores objeções por causa do espaço ocupado e do risco de contaminação do solo, da água subterrânea e do ar. Em 1979, o Ato sobre Material de Sucata (*The Waste Material Act*) surgiu como parte da legislação do meio ambiente.

O Ato tem dois objetivos: o processamento eficiente do lixo, por um lado, e sua reutilização (ou ao menos a redução da quantidade de lixo criada), por outro. A escala de Lansink, que apresenta orientações para resolver problemas do lixo, data deste período. A legislação ambiental tem-se tornado mais restritiva, e em abril de 1998 foi proibida a deposição de lixo reutilizável.

2 Definições e terminologia

2.1 Introdução

Há pouca uniformidade na utilização dos vários conceitos de reciclagem. Termos como "reciclagem", "reutilização" e "ciclo" são geralmente utilizados alternadamente. Conceitos como matérias-primas "primárias" e "secundárias" e palavras como "entulho" ou restos de construção e "resíduo" se misturam e podem resultar em confusão.

Vários órgãos, companhias de reciclagem, o governo (que deseja regular e promover a reciclagem) e a indústria, que produzem ou processam entulho (ou restos de construção), utilizam muitas vezes termos diferentes para os mesmos conceitos, ou inversamente, usam a mesma terminologia para cobrir diferentes conceitos, operações ou materiais.

2.2 Matérias-primas primárias ou secundárias

Matérias-primas primárias são materiais naturais, "virgens", de origem mineral ou vegetal, que devem ser processadas antes de serem utilizadas. Elas são geralmente identificadas diretamente como recursos naturais. Na engenharia de estrada, por exemplo, são usados areia, brita, argila e derivados do petróleo no concreto de asfalto.

Matérias-primas secundárias são aquelas recuperadas, reutilizáveis. Os materiais são coletados, separados, classificados, preparados ou tratados e finalmente processados. Essa categoria inclui refusão de metais, assim como o processo de elaboração da massa de papel velho. As matérias-primas secundárias raramente são uniformes. O coletor (recuperador) em geral recebe um grande número de combinações de vários materiais. Portanto, recebe não apenas um tipo de material, mas uma diversidade de substâncias e produtos compostos. Diferentemente das matérias-primas primárias, as secundárias não são majoritariamente homogêneas, e por isso são mais dificilmente identificadas.

2.3 Reciclagem, coleta, recuperação e reutilização

Reciclagem, coleta, recuperação e reutilização são termos comumente confundidos. Geralmente são usados como sinônimos de "reciclagem", mas na verdade têm significados diferentes. A reciclagem diz respeito ao ciclo completo de "novo–velho–novo" e implica uma série de operações: coleta, desagregação, classificação, tratamento e subseqüente retorno ao produtor original, que novamente a transforma em uma "nova", mas secundária, matéria-prima. Ocasionalmente, ela é imediatamente transformada em um produto secundário semi-acabado.

O CICLO DE RECICLAGEM

Há um ciclo óbvio na reciclagem de metais: objetos de metal (por exemplo, aço) são desmontados, demolidos ou coletados de outra forma, em seguida são tratados (redução no tamanho, limpeza e classificação) para formar material que possa ir ao forno e, finalmente, são destinados ao forno de fusão e processados para serem materiais novos e prontos para o uso. Uma seqüência similar é mais ou menos encontrada na reciclagem de papel velho, focando particularmente na coleta, no tratamento e no processamento final do novo papel ou papelão. Contudo, em vez de "refusão", o processo é basicamente o de "amassamento" numa banheira de água.

O ciclo é também claramente identificado na reciclagem de concreto de asfalto: uma superfície de estrada é completamente ou parcialmente quebrada, demolida ou triturada (ver capítulo 5). O material produzido é em seguida tratado e colocado de volta em uma máquina de misturar asfalto (na obra ou em outro lugar), ou seja, depois de aquecido é reprocessado como material a ser usado na pavimentação de uma nova estrada.

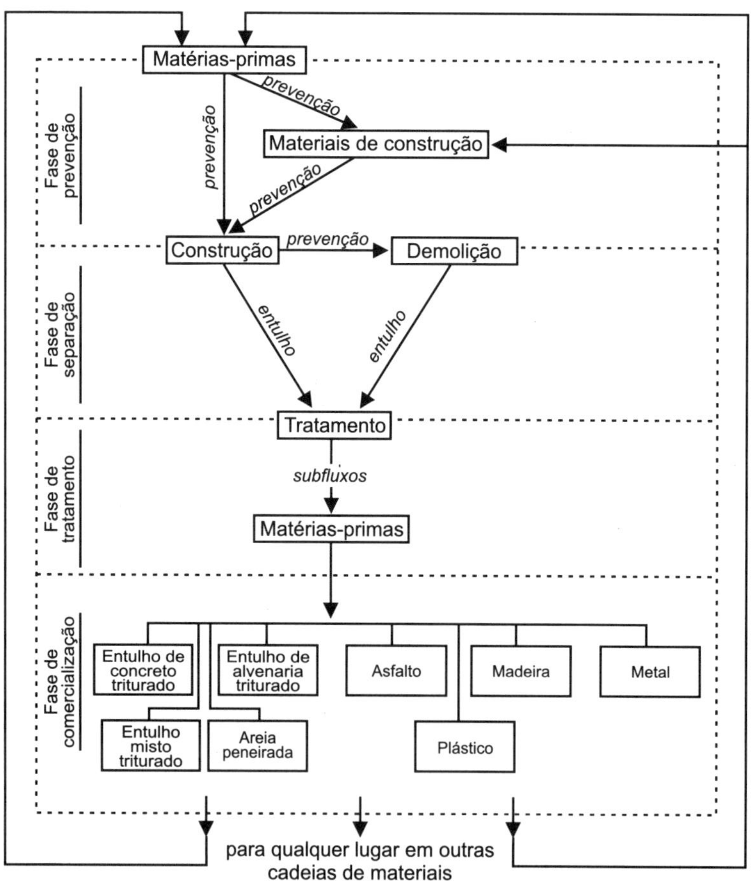

Figura 2.1 A reciclagem refere-se ao ciclo completo; a coleta refere-se à seção assinalada do ciclo

O circuito não é claramente identificado no que se refere aos agregados reciclados produzidos a partir da demolição de edifícios. Isso ocorre pelo fato de não existir a fase final, isto é, o processamento de um material similar ao seu original. A ordem para agregados reciclados é: demolição, tratamento (redução no tamanho, limpeza e classificação – geralmente por peneiramento) e em seguida reutilização ou processamento, por exemplo, um agregado (como uma "mistura granular") em uma aplicação diferente da original.

A coleta é parte desse ciclo, mas não inclui o processamento de materiais (ver figura 2.1). O recuperador coleta material usado, como metais e papéis. O coletor é também envolvido na demolição das propriedades móveis e fixas. Ele trata matérias-primas secundárias, geralmente reduzindo seu tamanho para torná-las adequadas ao processamento posterior. Esse processo é identificado como melhoramento. A combinação de coleta e processamento (por exemplo, trituração e peneiramento para a reciclagem de agregados e fusão para metais) é denominada de reciclagem.

A recuperação de matérias-primas é muito semelhante à coleta em geral e ocasionalmente inclui processamento. O termo recuperação é também utilizado para se referir somente à coleta de materiais, sem tratamento.

O termo reutilização é geralmente usado de forma errônea para se referir à reciclagem. A reutilização é definida estritamente como a forma de usar um material novamente e não implica, em nenhum caso, tratamentos posteriores. A reutilização, portanto, pode incluir:

- o mesmo propósito do material original;
- uma proposta alternativa e diferente da original.

A reutilização pode ser mais bem ilustrada utilizando-se o exemplo de um pneu velho de carro. Quando um pneu de carro é consertado, podemos falar em reutilização, pois este está sendo usado novamente para seu propósito original, isto é, dirigir. Quando se usa um pneu de carro velho para manter a cobertura de geotêxtil sobre a silagem, como uma proteção num porto ou num rebocador, como uma barreira para uma pista de carroça, ou como um balanço num parquinho, também podemos falar em reutilização, mas com um propósito alternativo. Outro exemplo de reutilização para um propósito diferente do original é no trabalho de demolição, quando o pneu é usado para sustentar uma esfera rompedora. Nesse caso, o pneu age como um absorvedor de choque com o objetivo de prevenir o estrago do braço do guindaste ou da sua rotação (ver figura 5.3). Quando um pneu velho de carro é moído e as partículas da borracha são usadas como base para uma turfa artificial, ou quando este é processado num "asfalto de borracha", falamos em reciclagem. O ciclo está então completo: o material passa de novo para velho e volta novamente. Ao se demolir um prédio, quando o escombro é processado em uma nova matéria-prima, chamada de agregado ou "mix particulado", estamos falando de reciclagem. Quando se removem cuidadosamente painéis, janelas, portas, divisórias, telhas, etc. para serem reutilizadas como tal, estamos falando de reutilização e não de reciclagem.

Figura 2.2 Reutilização: este muro medieval na ilha grega de Paros foi construído muitos séculos atrás com velhas pedras laminadas e restos de antigos templos gregos

2.4 Tratamento e processamento

Deve-se distinguir de forma precisa os conceitos de tratamento e processamento:

- tratamento refere-se a todas as operações preparatórias que envolvem os bens e objetos descartados para torná-los adequados ao processamento. Em geral, isso é feito para classificação e redução no tamanho;
- processamento significa o reprocessamento de mercadorias coletadas em matérias-primas secundárias, como por exemplo a fusão de metais e o amassamento de papel velho.

O processamento na construção de edifícios é geralmente usado significando o uso *in situ* dos materiais de construção, que se tornam parte do edifício ou da obra.

2.5 Reciclagens primária, secundária, terciária e quaternária

Quatro conceitos de particular importância na reciclagem de materiais sintéticos, mas usados exclusivamente na literatura técnica, são:

- reciclagem primária – significa reduzir o produto original ao material original; por exemplo, o pneu usado de carro transformado num novo pneu de carro, como no exemplo citado anteriormente; o concreto do asfalto da superfície de estrada, que é triturado e derretido novamente no local como um novo pavimento de estrada; ou engradados de cerveja moídos como matéria-prima para a fabricação de novos engradados de cerveja. Resumindo, reciclagem para os mesmos propósitos;
- reciclagem secundária – é a reentrada no ciclo para um propósito diferente. Um engradado de cerveja usado pode ser moído em partículas para fazer sacolas de lixo. Pneus velhos e descartados podem ser usados na fabricação de esteiras. A reutilização de pavimento de estrada como base para uma nova pavimentação em outro lugar é também reciclagem secundária;
- reciclagem terciária é o termo usado para desfazer um produto sintético para a fabricação de outro plástico; é normalmente aplicado o termo "despolinerização";
- reciclagem quaternária não é realmente reciclagem no sentido anteriormente mencionado. O termo é usado para a conversão de materiais primários em energia, tal como na incineração de sintéticos ou papel usado, com geração de energia.

2.6 Entulho, resíduos ou matéria-prima

Os conceitos de "entulho" ou restos de construção e "resíduo" resultam em maior confusão.

Na indústria de reciclagem, distingue-se entre entulho e resíduo, a saber:

- entulho ou restos de construção: um material de valor negativo que é recusado, jogado fora ou queimado. A matéria-prima como tal é geralmente perdida no processo de reutilização ou reciclagem;
- resíduo: material que a princípio tem valor positivo e é adequado para reciclagem ou reutilização após coleta e tratamento. Em outras palavras, está apto a entrar novamente no ciclo. Depois do tratamento, os materiais residuais tornam-se matérias-primas secundárias.

Areia peneirada e cinzas volantes são exemplos de produtos cujos valores mudaram com o tempo. Ambos, que costumavam ser identificados como restos de construção, foram promovidos a resíduos com a descoberta de diferentes aplicações.

O termo "resíduo de construção e demolição" é realmente confuso, no sentido de que estamos lidando com "matéria-prima para a reciclagem" (particularmente desde a recente proibição de deposição – *dumping ban* – de resíduo de construção e demolição na Holanda) e não mais com entulho ou resto de construção. No entanto, o tratamento de resíduo de construção e demolição pode resultar em materiais residuais que ainda exigem deposição ou queima, como madeira de demolição, sintéticos (isolamento) e têxteis (cobertura de piso). Portanto, é melhor distinguir entre entulho ou resto de construção (sem custo efetivo) e "matéria-prima secundária" ou "resíduo" (com custo efetivo).

Figura 2.3 O pavilhão holandês desmontável na Expo'92, em Sevilha (Fonte: Novem)

3 Matérias-primas primárias e secundárias

3.1 Primária *versus* secundária

A maior parte das matérias-primas primárias são de origem natural e homogêneas na composição. Alguns exemplos são a areia, a brita, a argila, o petróleo (para a produção de plásticos), a lã, o algodão, a madeira (para várias aplicações na indústria da construção assim como para papel) e o minério para a produção de metais.

Particularmente por causa da homogeneidade, em geral é possível usar essas matérias-primas no processo de produção com operações preparatórias relativamente simples. Com matérias-primas secundárias, contudo, é completamente diferente. Estamos então lidando principalmente com produtos descartáveis, a maioria dos quais são conglomerados de substâncias e de composições tão complexas que a reutilização só é possível depois de elaborado tratamento.

3.2 Complexidade

A reciclagem de matéria-prima secundária requer uma série de operações, das quais as mais importantes são a identificação, a classificação, a redução e a separação.

Há muitos exemplos desses tratamentos: um pacote de leite não pode ir direto ao moedor de papel por causa do polietileno no interior e no exterior, que não é adequado para a produção de papel. Uma caneta comum é composta de cinco a dez metais e plásticos diferentes. Um relógio contém de vinte a trinta substâncias diferentes. Carros, televisões e computadores têm dúzias de componentes que não podem ser simplesmente processados juntos na produção de matérias-primas secundárias.

Existem diversas técnicas para desmontar ou separar produtos complexos sem recorrer a técnicas manuais. Infelizmente, tais técnicas não são disponíveis (ou o são apenas numa escala limitada) para, por exemplo, têxteis e papéis usados, que ainda exigem a classificação e a separação manual e, portanto, uso intensivo de mão-de-obra. Até mesmo no entulho da demolição de uma casa ou prédio devem primeiro ser removidos ferro, madeira, impermeabilizante, betume, papelão, compensados, plásticos, alumínios, zinco, cobre, etc. antes que o agregado oriundo do resíduo triturado esteja pronto para ser usado como matéria-prima secundária. O asfalto e o concreto resultantes da quebra do pavimento das ruas também estão contaminados com a sujeira das ruas, com sais e com resíduos de petróleo, que devem ser removidos no processo de reciclagem. Ao longo das décadas passadas, a maior parte das operações manuais tem sido substituída por operações mecânicas atualizadas, particularmente para metais e resíduo de construção e demolição. Isso tem tornado possível o uso em larga escala de resíduo na construção. Os vários métodos atualizados desenvolvidos estão descritos no capítulo 5.

3.3 Projeto para reciclagem

A ascensão dos plásticos no período Pós-Guerra contribuiu muito para tornar bens de consumo e bens de capital mais complexos. Metais e plásticos são freqüentemente combinados em tal extensão que a reciclagem a princípio parecia impossível. Automóveis são um exemplo típico. Estes costumavam ter removidos líquidos, pneus, vidros e baterias, que eram posteriormente comprimidos em blocos sólidos e derretidos novamente em uma usina de aço. Mas à medida que uma maior variedade de metais começou a ser usada, incluindo alumínio, ligas de zinco (em espelhos e soquetes de lâmpadas e no carburador) e aço inoxidável, juntamente com um crescente número de plásticos praticamente em todo lugar do carro, esses "blocos automobilísticos" tornaram-se um produto não desejado e não reutilizável. Milhões de automóveis revelaram-se não recicláveis, até que 14 milhões de carcaças abandonadas de carros encontravam-se alinhadas nas ruas ou nos quintais americanos na década de 1960. Carros eram produzidos, mas o destino final não era preocupação para o fabricante, e estes se tornaram cada vez mais complexos. A incineração revelou-se a única alternativa, pois a maior parte dos plásticos não pode ser fundida em conjunto com metais, e a separação dessas substâncias – quanto mais sua identificação – revelou-se inviável. A introdução da rompedora de carros mudou as coisas na década de 1960, porque separava vidro, borracha, sujeiras de rua e plásticos de metais, mas nenhuma solução foi ainda encontrada para as frações não metálicas.

Diante desse quadro, tanto a indústria de reciclagem quanto o governo holandês têm exercido pressão efetiva para obter "projetos para a reciclagem" (PPR), ou seja, projetos que permitam a reciclagem posterior.

Os PPRs envolvem a utilização de menos tipos de materiais (algumas partes do automóvel como os painéis e os pára-choques continham de cinco a dez tipos de plástico), o uso de componentes desmontáveis e a marcação de componentes de plástico para permitir a rápida identificação na desmontagem e nas subseqüentes coleta seletiva e armazenagem para o processamento futuro.

Os PPRs são também necessários e possíveis na construção civil. Em alguns grandes edifícios, como o da Usina Eems em Delfzijl e o do Ministério da Habitação, Planejamento e Meio Ambiente em Haia, não só a demolição posterior foi levada em conta, mas também os planos necessários das obras. Por exemplo, nenhuma manta de betume ou impermeabilizante foi usada para o telhado, pois isso resultaria em problemas maiores no resíduo de construção e demolição. Em vez disso, foi usado um plástico reciclável, à prova d'água e resistente aos raios UV.

Dessa forma, há de se buscar alcançar um uso máximo de componentes desmontáveis e recicláveis nos produtos e nas obras.

Um segundo aspecto dos PPRs é que, apesar de fazer uso máximo de produtos recicláveis e desmontáveis, deveriam ser utilizadas preferencialmente substâncias recicláveis. Isso também foi colocado em prática no Ministério de Habitação, Planejamento e Meio Ambiente: 2 mil toneladas de agregado de concreto foram processadas no edifício, e algumas paredes divisórias foram feitas usando uma mistura de papel reciclado, gesso e cinzas volantes de uma usina geradora de eletricidade.

O uso dos PPRs é cada vez mais promovido por autoridades locais na Holanda e em outros lugares, dentre outras maneiras, por meio de certificados, prêmios, trabalhos de recuperação e cobrança de impostos sobre matérias-primas não recicláveis ou sobre matérias-primas secundárias raras.

3.4 Matérias-primas primárias na construção civil

A Holanda é rica em matérias-primas extremamente adequadas para a construção civil, como areia, brita, argila e rocha calcária (rocha calcária impura). Esses materiais de construção têm sido usados em larga escala por muitos anos e formado a base de métodos de projetos e cálculos. Entretanto, como discutido na seção de políticas de escavação, há uma crescente resistência na área ambiental com relação à extração desses materiais, em tal extensão que o uso de outros materiais primários importados e de materiais secundários (feitos de materiais de resíduos ou produtos derivados) precisam ser promovidos.

Nesta seção, são discutidas matérias-primas primárias pétreas. O ciclo de evolução da rocha pode ser ilustrado da seguinte forma:

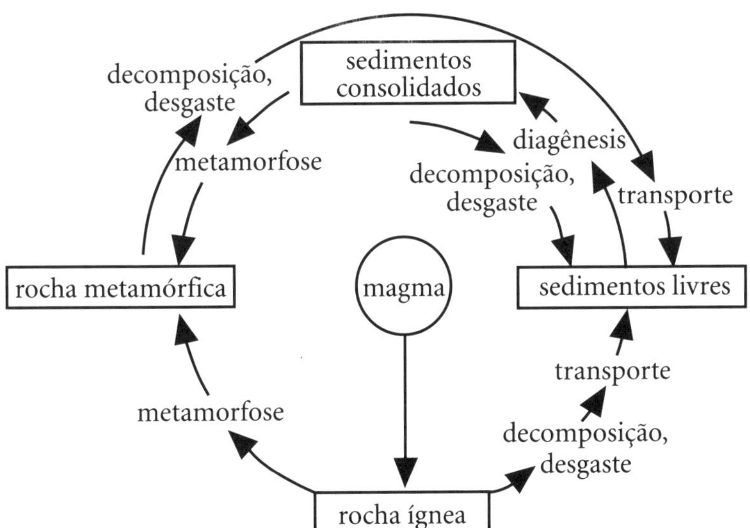

Figura 3.1 Ciclo da evolução da rocha

As matérias-primas primárias mais comumente usadas estão listadas na tabela 3.1.

Tabela 3.1 Matérias-primas naturais usadas na construção civil

Rocha solidificada	**País de extração**	**Densidade em kg/m³**	**Uso corrente em 10⁶ toneladas/ano**	**Aplicação**
Gabro	S/GB	2.800-3.000	–	Agregado em asfalto e concreto
Gnaisse	F		–	Agregado em asfalto e concreto
Granito	N/GB	2.650-2.850	–	Agregado em asfalto e concreto
Basalto	N/A	2.900	0,5	Aterro pedregoso em engenharia hidráulica Acabamentos em diques
Lava	A		0,8	Bases de estradas
Porfirina	B	2.500-2.800	0,4	Agregado em asfalto Lastro Agregado em concreto
Sílex	A		–	
Rocha sedimentar				
Quartzito	GB/A	2.600-2.650	–	Agregado em asfalto e concreto
Rocha calcária	B/A	2.650-2.850	3,1	Base de estradas de traçados irregulares Aterro Cimento
Rocha arenosa	B/A	2.650	–	
Terra argilosa (com resíduos vegetais)	H		–	
Argila	H		4,3	Construção de diques Produtos cerâmicos
Loesse	H		–	
Bentonita	H		1,0	Selador, aglomerante
Cascalho de rio e mar	H/B/GB/A	2.650	20	Agregado em asfalto e concreto
Areia:				
– Areia industrial	H	2.650	35	Agregado em asfalto e concreto e em tijolos calcários
– Areia de aterros	H	2.650	50-70	Aterros
– Areia quartzosa	H	2.650	0,5	Vidros
– Areia síltica	H/GB	2.650	5	Agregado em asfalto e concreto
Outras substâncias				
Areia	A		0,3	Aterros
Gesso natural	Var.		0,3	Paredes de cimento e gesso
Betume	Var.		0,3	Asfalto
Cal	H		–	Tijolos calcários

B = Bélgica F = França A = Alemanha GB = Grã-Bretanha
N = Noruega H = Holanda S = Suécia Var. = Vários países

As propriedades dos materiais que afetam os vários componentes estruturais da engenharia civil e os agregados de concreto estão listados na tabela 3.2.

Tabela 3.2 Propriedades dos materiais em várias aplicações

Componentes estruturais por área de aplicação	**Construção de estradas**						**Engenharia hidráulica**						**Agregado em concreto**
Propriedades dos materiais	Ss	A	La	B	I	C	S	Ce	Fi	Fu	I	C	
Classificação	0	0	+	+	+	0	+	0	+	+	+	0	+
Densidade	0	0	+	+	+	0	0	0	0	+	+	+	+
Estabilidade	+	+	+	+	+	0	+	+	+	+	+	+	–
Capacidade de carga	0	0	+	+	+	0	+	0	0	+	+	0	–
Coesão	–	–	0	0	+	0	–	–	–	0	+	+	–
Assentamento	+	+	+	–	–	0	+	+	+	+	+	+	–
Comportamento no congelamento		0	+	+	+	0	0	0	+	+	+	+	0
Ação da capilaridade	0	0	+	+	+	0	0	0	+	+	+	0	0
Permeabilidade à água	0	+	+	+	+	0	+	+	+	+	+	+	0
Expansão e retração	+	+	+	+	+	–	+	+	0	+	+	+	+
Resistência à erosão	–	–	0	+	+	+	0	+	+	+	+	+	+
Resistência mecânica	0	0	+	+	+	0	0	0	+	+	+	0	+
Resistência química	0	0	0	0	+	0	0	0	+	0	+	0	+
Crescimento da instalação	–	–	–	–	–	+	–	–	+	–	+	+	–
Trabalhabilidade	0	+	+	+	+	+	0	+	+	+	+	+	+
Compactação	+	+	+	+	+	0	+	+	0	+	+	0	–

\+ = importante 0 = menos importante – = sem importância ou não aplicável

Ss = subsolo Fu = fundação A = aterro
C = camada superior S = solo I = camada intermediária
B = base Ce = centro La = leito arenoso
Fi = filtro

Uma grande quantidade de materiais é adequada para mais de um tipo de aplicação.

3.5 Extração ambientalmente correta

A necessidade anual de matérias-primas para a construção civil na Holanda é a seguinte:

Exigência	**Milhões de toneladas**
Areia de aterro	60–80
Areia industrial	20
Brita	20
Argila	5,5
Pedra calcária	3
Outras pedras naturais	3
Vários materiais secundários	12

Aplicação	**Milhões de toneladas**
Arrimo e aterro	50–70
Construção de diques	10
Bases (de estradas)	8–10
Asfalto	8
Proteção de margens	3
Argamassa de concreto	15
Produtos de concreto	15
Indústria cerâmica	5
Cimento	5,5
Silicato de cálcio	4
Gesso	0,5
Total (aproximadamente)	120–140

A Holanda e os países ao seu redor dispõem de extensos depósitos de areia, brita, argila e pedra calcária. O cascalho é encontrado basicamente no Limburg central (ao longo do rio Maas), na parte inglesa do mar do Norte e no delta do Reno alemão. Extrações de concreto e areia de alvenaria (areia industrial) localizam-se nas províncias holandesas de Groningen, Drenthe, Gelderland, Utrecht, North-Brabant e Limburg: aproximadamente 30% em escala regional e o restante em escala nacional. Na província de Limburg, a areia é obtida durante a extração da brita. A areia de asfalto é freqüentemente obtida da areia de aterro depois de melhorada ou da areia industrial. O arenito calcáreo, do tijolo, é obtido em várias localidades de extração da areia, normalmente somente depois de melhorada. A areia de aterro é obtida em vários lugares, tanto em terra quanto na área do pôder de Ijsselmer, nos canais do Delta e no Mar do Norte. A argila é obtida de terras desbravadas nas províncias de Gelderland, North-Brabant, Limburg e Utrecht, em praticamente as mesmas quantidades que nas áreas interdiques. A pedra calcária é encontrada no sudeste de Limburg e em Gelderland, perto de Winterswijk.

3.6 Matérias-primas secundárias na construção civil

A questão ambiental de resíduos líquidos e sólidos gerados na Holanda é séria. A produção anual de 130 milhões de toneladas de resíduo num país densamente povoado como a Holanda não pode continuar sendo resolvida por depósitos em aterro ou incineração. A produção de resíduo ainda está aumentando em 2% anualmente.

Uma política de resíduo de duas frentes está em andamento: uma está direcionada à fonte, com prevenção e melhora na qualidade, a outra enfoca a redução do impacto, por meio de limpeza, da reutilização e das aplicações úteis como material secundário.

Os principais materiais usados em engenharia civil e em construções de edifícios residenciais e não residenciais estão listados na tabela 3.3.

Substituição de agregados naturais por agregados secundários de resíduos de construção e demolição (britadeira móvel) (Fonte: Association of Mobile Recycling Companies)

Tabela 3.3 Materiais-chave secundários na engenharia civil e na construção civil residencial e não residencial (1996)

Quantidades em 10^6 toneladas por ano e aplicações Materiais secundários	Quantidade produzida na Holanda	Quantidade usada	Aterro	Sub-base	Concreto ou asfalto	Engenharia hidráulica	Outros	Comentário (outros)
Agregado de asfalto	3,5	3,5	0,9	0,9	1,8			
Cinzas de fundo dos incineradores de resíduo	0,8	0,8	0,8	0,0				
Cinzas volantes dos incineradores de resíduo	0,05	0,0			0,0			
Cinzas de fundo das fornalhas	0,1	0,1	0,1					
Cinzas volantes das fornalhas	0,8	0,6			0,3		0,3	(1)(2)
Solo de escavações	0,0	0,0	0,0					
Escória fosfórica	0,6	0,4		0,1	0,1	0,2		
Escória de alto forno	1,2	2,7		1,4			1,3	(1)
Solo levemente contaminado	6,0	6,0	6,0					
Cava de pedreira	0,2	0,4				0,3	0,1	(3)
Produtos de espólio	0,2	0,2	0,2					
Produtos de entulho	14	12		9	3			
Gesso criado durante a dessulfurização de gases combustíveis	0,4	0,4					0,4	(3)
Escória de aço	0,7	0,7	0,2	0,3	0,0	0,1		

(1) Indústria do cimento, (2) brita artificial, (3) Setor de construção residencial e não residencial, excluindo concreto

A substituição potencial de materiais primários por secundários está indicada na tabela 3.4.

Tabela 3.4 Substituição potencial de materiais primários por secundários

Materiais primários	Materiais secundários
Areia	Areia peneirada Areia reciclada triturada Cinzas combustíveis pulverizadas Escória de incineradores de entulho Areia de escória de alto-forno Areia de escória fosfórica Escória de LD fino
Areia de concreto e alvenaria	Areia peneirada Areia reciclada triturada
Areia de tijolos calcários	Areia peneirada
Brita	Concreto granulado Alvenaria granulada Granulado misto Agregado artificial Escória de alto-forno Escória de incineradores de entulho Escória fosfórica Escória LD
Rocha natural triturada	Concreto granulado Alvenaria granulada Granulado misto Escória de alto-forno Escória fosfórica Escória LD
Rocha calcária ou argila calcária	Cinzas combustíveis pulverizadas Cinzas volantes de incineradores de entulho
Argila	"Euro argila"

No total, estamos lidando com um consumo anual de 19 milhões de toneladas (1998). As pesquisas, no entanto, têm mostrado que um maior consumo é praticável. Com o aumento da experiência e do nível de confiança essas aplicações podem, portanto, crescer no mercado.

A tabela 3.5. Resume a importação de matérias-primas secundárias e áreas de aplicação.

Tabela 3.5 Importação de matérias-primas secundárias e áreas de aplicação (1998)

Substituição de matérias-primas	Matérias-primas secundárias	Substituição de matérias-primas primárias por importação (kton)
Brita	Resíduo de construção e	30 – 100
	demolição	< 55
Rocha calcária para	Pedras de pedreiras	500
fabricação de cimento	Escória de alto-forno	200
Rocha calcária para concreto	Materiais *e*-residuais	50
Brita e areia para asfalto	Materiais *e*-residuais	150 – 400
Rocha natural	Escória de alto-forno	100 – 500
Areia para aterro	Escória de aço	200 – 500
	Escória de alto-forno	
	Restos de resíduos de	200
	incineradores	300 – 1000
	Pedras de pedreiras	

A quantidade de matérias-primas primárias substituídas por materiais secundários está identificada na tabela 3.6.

Tabela 3.6 Quantidade de matérias-primas primárias substituídas por materiais secundários

Material residual	Substituição por matéria-prima primária (kton)
Lodo de água de esgoto, lodo de drenos	*Areia de aterro*
e estações de bombeamento	máx. 150
Areia de moldagem	máx. 180
Partículas de pó de aço limpo	máx. 100
Resíduos da incineração de lixo químico	máx. 30
Vários tipos de lodo industrial	máx. 25
Materiais residuais ricos em cal	10
Espuma de terra	400
	Argila
Lodo de purificação de água potável	15 – 30
	Brita de rocha natural
Brita de telhado e lastro limpo	máx. 500
	Rocha calcária ou argila
Lodo de bentonita	15 – 30
	Brita
Lodo de limpeza de concreto asfáltico muito aberto	*25*

Ao se estabelecer as possibilidades de usar um material alternativo, primeiramente tem-se de determinar suas propriedades químicas, físicas e mecânicas e, portanto, obter informações de sua composição, estrutura, estabilidade e força. Estabilidade, nesse contexto, significa o comportamento sob a influência da carga mecânica, a ação da umidade, do congelamento e dos sais de degelo, assim como a resistência química. Quando um material é usado como parte de uma mistura, como, por exemplo, em concreto ou asfalto, as propriedades da mistura também têm de ser examinadas. As propriedades a serem analisadas incluem classificação (por exemplo, densidade), viabilidade, estabilidade química, estabilidade física e comportamento mecânico.

A seguinte lista de conferência pode ser usada.

Geral

1 Densidade volumétrica de partículas secas (ρ_{SR})
2 Densidade volumétrica de volume de material seco (ρ_M)
3 Absorção após 30 minutos e após 24 horas
4 Quantidade de poros
5 Gradiente
6 Quantidade de partículas menores que 63µm
7 Presença de partículas de argila em expansão
8 Presença de contaminação orgânica
9 Quantidade de partículas que podem ser pulverizadas manualmente
10 Conteúdo de (outra) contaminação
11 Conteúdo de cloreto
12 Conteúdo de sulfato
13 Conteúdo de carbonato
14 Perdas em combustão
15 Retardamento na solidificação por substâncias solúveis em água
16 Índice de manchas ou conteúdo de ferro e do componente de vanádio
17 Resistência das partículas
18 Forma das partículas
19 Estabilidade
20 Resistência ao congelamento
21 Sensibilidade à reação de agregado alcalino
22 Presença de componentes que constituem riscos à saúde
23 Presença de substâncias danosas ao meio ambiente
24 Valor de rompimento
25 Índice de polimento

Aspectos estruturais do concreto

26 Relação entre resistência à tração e resistência à tensão
27 Retração
28 Fluência
29 Módulo de elasticidade

30 Deformação máxima
31 Resistência a longo prazo
32 Fadiga
33 Comprimento de ancoragem
34 Resistência a forças transversais
35 Propriedades de aderência
36 Flexão
37 Durabilidade
38 Propriedades térmicas
39 Resistência ao fogo

Aspectos estruturais do asfalto
40 Propriedades Marshall
41 Aderência
42 Durabilidade
43 Deformação
44 Fadiga
45 Rugosidade
46 Conteúdo do preenchimento

A investigação completa envolve os três estágios seguintes:

- checar como o material secundário pode ser produzido ou melhorado;
- estudar as propriedades sob condições de laboratório e sob condições semi-experimentais;
- estudar a viabilidade e a durabilidade, preferencialmente sob condições práticas.

Ao realizar a avaliação técnica de possíveis aplicações para um material alternativo, a consideração básica é que o material não deve reduzir a qualidade funcional da estrutura na qual é usado (em termos de duração de uso, segurança e manutenção, etc.) em comparação com outros materiais naturais.

O uso da palavra "qualidade" nessa relação pode resultar em várias perguntas. Atualmente, algumas matérias-primas secundárias são identificadas como lixo e portanto têm uma imagem negativa de produto variável e de baixa qualidade.

O conceito de resíduo é apenas puramente econômico, e, em termos legais, é definido como "material do qual deseja livrar-se". Isso implica que o que é lixo para uma pessoa pode muito bem ser matéria-prima para outra. Deve-se também ter em mente que alguns materiais de resíduo e produtos derivados precisam de longas operações antes de ser colocados no mercado de construção. Essas operações são realizadas usando processos de alta tecnologia, como classificação, trituração, peneiramento e limpeza do resíduo de construção e demolição, desumidificação e maturação dos despojos para a produção de escória de alto-forno, de aço e de fósforo. Tais operações têm o benefício adicional de reduzir consideravelmente a variação normal na composição e nas propriedades do produto bruto (resíduo). Por exemplo, ao considerar a variação nas propriedades do asfalto e do concreto, feitos de areia e brita, o uso de agregados feitos de resíduo de construção e demolição, não específico, não resulta em maior variação. No entanto, isso não significa que uma checagem mais intensiva não seja necessária durante a preparação. A melhor garantia de qualidade e uniformidade para o consumidor é um certificado.

Uma segunda desvantagem técnica para o uso de matérias-primas secundárias é a falta de experiência suficiente com novos métodos de processamento e com a sustentabilidade a longo prazo. Tais discussões tendem a ser adiadas, especialmente por projetistas e consumidores. Atualmente, contudo, têm sido realizadas pesquisas nessas áreas, embora geralmente em pequena escala ou em forma de simulação. Aplicações em larga escala são então consideradas de maior risco.

O papel do governo em dar o exemplo (Departamento de Edifícios Públicos e Departamento de Obras Públicas, assim como autoridades provinciais e conselhos municipais) não deve ser subestimado. A sabedoria e a experiência adquiridas nesse processo devem ser transferidas para outros clientes.

Um ponto de partida válido para a questão ambiental é que o uso de materiais secundários não deve resultar em aumento de risco para o meio ambiente, o que significa que:

- a carga ambiental deve ser determinada de acordo com métodos uniformemente estabelecidos e deve ser checada de acordo com uma estrutura legal, se possível com base nas doses ou nas relações de impacto, em que os riscos estão unidos a outros tipos de ameaças;
- quando o resíduo é descartado de outras formas (por exemplo despejo ou incineração), em vez de ser usado, o impacto no meio ambiente deve ser incluído nas avaliações;
- o impacto no ambiente deveria também ser pesado em confronto com o impacto do uso de materiais naturais;
- a atual composição do solo e da água subterrânea e a resultante dispersão de outras fontes de contaminação (como a radiação natural) devem ser conhecidas.

Debatendo-se as questões de qualidade promove-se o cuidado adequado ao meio ambiente e a garantia da qualidade técnica. A seguir, os principais aspectos a serem considerados:

- as possibilidades de incluir exigências técnicas e ambientais na certificação da matéria-prima, de produtos semi-acabados e de produtos finais;
- certezas com relação ao monitoramento de qualidade interna e externa;
- as possibilidades de se especificar o valor do uso durante a aprovação técnica, considerando as imprecisões e os erros na construção;
- as possibilidades de estabelecer confiabilidade.

O aspecto econômico, de fato, determina a extensão em que a viabilidade técnica e as aplicações ambientalmente justificáveis de materiais alternativos irão aparecer no mercado.

O princípio subjacente é que o uso de matérias-primas secundárias não deve, na análise final, aumentar os custos em comparação aos materiais naturais. Ao aplicar esse princípio, deve ser considerada a razão de custo/benefício para as várias partes envolvidas. Sob a atual política governamental, a concessão de custos para a extração de matérias-primas naturais é determinada unicamente pelos custos diretamente relacionados a essas operações; as concessões não são usadas como um instrumento para promover a negociação de materiais secundários. Além disso, o uso de materiais secundários não recebe apoio financeiro, apesar de haver uma política ativa no que se refere a subsídios para pesquisa e projetos demonstrativos.

O governo, como maior consumidor na indústria de construção, deve levar em conta não apenas os custos dos projetos, mas também os custos envolvidos na não-utilização de resíduo, como, por exemplo, as deposições (custos de espaços para deposições e medidas de proteção ambiental). Designar um valor negativo para o resíduo (que garanta o direito de deposição) deve ser permitido somente quando a economia simultânea realmente beneficiar a aplicação.

Um exemplo disso é o resíduo de construção e demolição. Se os encarregados das unidades de processamento de resíduo que possuem licenças das províncias também as tivessem para o aterramento com resíduo de construção e demolição, estes poderiam cobrar por aceitar o resíduo (dependendo da sua qualidade). A escolha da quantidade e da qualidade do resíduo de construção e demolição processado em agregados seria então determinada por uma avaliação econômica feita por um grupo interessado, assim como seria fortemente determinada pelas condições do mercado. A economia nos custos das deposições tem um significado social para o governo e seu papel como consumidor. Isso se aplica aos consumidores numa extensão mais limitada, ou seja, na extensão em que eles mesmos produzam resíduos.

A segunda consideração social do governo é a economia já mencionada na extração de matérias-primas naturais. Em termos de custos diretos de projetos, todos os consumidores estão interessados no preço de mercado da estrutura em questão, usando materiais naturais e secundários respectivamente. Isso não apenas inclui o custo de materiais por tonelada, mas também a quantidade requisitada em metros cúbicos, o que pode ser uma vantagem particularmente para materiais alternativos de peso leve. Além disso, possíveis modificações no projeto devem também ser levadas em consideração. Isso pode ser uma desvantagem para o material alternativo se significar um maior volume estrutural (por exemplo, como resultado de uma deformação maior sob carga) ou um maior consumo de outros materiais (por exemplo, mais reforço ou mais cimento no concreto). Contudo, ajustes nos projetos podem também servir de benefício ao material alternativo; por exemplo, a redução do peso da estrutura, é um importante argumento em favor de materiais de menor peso. Se controles adicionais de qualidade são exigidos para uma estrutura construída com materiais alternativos, este fator de custo deve ser levado em consideração.

Além do papel do governo como consumidor, o papel do gerador de resíduo (por exemplo, o demolidor), do processador e do comprador (o construtor ou, por exemplo, o produtor da argamassa de concreto ou do concreto) também devem ser levados em conta.

O gerador de resíduo vai determinar como os custos e os benefícios do processo da geração de resíduo podem ser direcionados para um melhor uso.

O demolidor de uma estrutura só vai trabalhar mais seletivamente, gastando mais tempo ou usando técnicas mais caras, se o resultado representar uma redução significativa nas taxas ou nos direitos de deposição. O transporte para a companhia de processamento ou para o aterro também é de importância vital.

Ao aceitar o resíduo, seu processador vai pesar o preço pago ou recebido em relação aos custos de processamento e ao preço de mercado dos materiais alternativos, um preço que deve ser competitivo em comparação com outros materiais secundários ou naturais.

O comprador, finalmente, tem de levar em consideração mais que apenas os preços de mercado para os vários materiais. As distâncias e os métodos de transporte (por terra ou por água) também desempenham um papel muito importante, por isso é vantajoso que as usinas de processamento de resíduos estejam localizadas próximas a uma hidrovia.

O uso de materiais alternativos pode implicar custos adicionais para o comprador, pois isso geralmente envolve a ampliação de certas atividades, tais como:

- espaço adicional para o armazenamento;
- checagens operacionais e inspeções adicionais;
- modificação da produção ou do processamento (incluindo os investimentos necessários);
- limpeza da instalação ao mudar de um tipo de material para outro (particularmente importante quando os materiais são de cores diferentes.

O uso de materiais secundários tem um caráter inovador. Os investimentos podem melhorar a posição competitiva da indústria, apesar de ser necessário evitar a perda de capitais relativos ao maquinário existente para materiais e métodos de trabalho tradicionais. Deve haver, além disso, certeza suficiente no que se refere ao fornecimento futuro desses materiais. Além da demanda e do fornecimento de diferentes materiais, o comprador deve também conseguir aceitação social dos produtos e obras feitas de resíduo. Em alguns casos, a substituição parcial de materiais naturais por materiais alternativos pode levar a um resultado ótimo tanto do ponto de vista técnico quanto econômico, como por exemplo asfalto e concreto, feitos em parte com resíduo de construção e demolição triturado.

Do ponto de vista econômico, a resposta para a questão de que em que extensão uma obra deve ser construída usando materiais naturais ou secundários é, em última análise, determinada pelo lugar, pelo tempo e pela natureza do projeto.

Por fim, há os aspectos organizacionais ligados ao uso de materiais secundários, tais como problemas de logística e tecnologia de transportes, especialmente quando se lida com materiais produzidos em quantidades relativamente pequenas e espalhados por uma área grande (por exemplo, restos de resíduos incinerados) ou com materiais cuja produção está sujeita a influências de estação (como resíduos de carvão).

4 O processo de construção e demolição

4.1 Introdução

Antes de construir uma edificação, ou, antes de a edificação perder sua função, a natureza e a quantidade do resíduo de construção e demolição podem ser concebidas de diversas formas. A quantidade e a qualidade da produção desse resíduo de construção e demolição podem ser influenciadas por medidas de prevenção de resíduo em todas as fases do processo de construção.

A figura 4.1 mostra as diferentes fases do processo de construção.

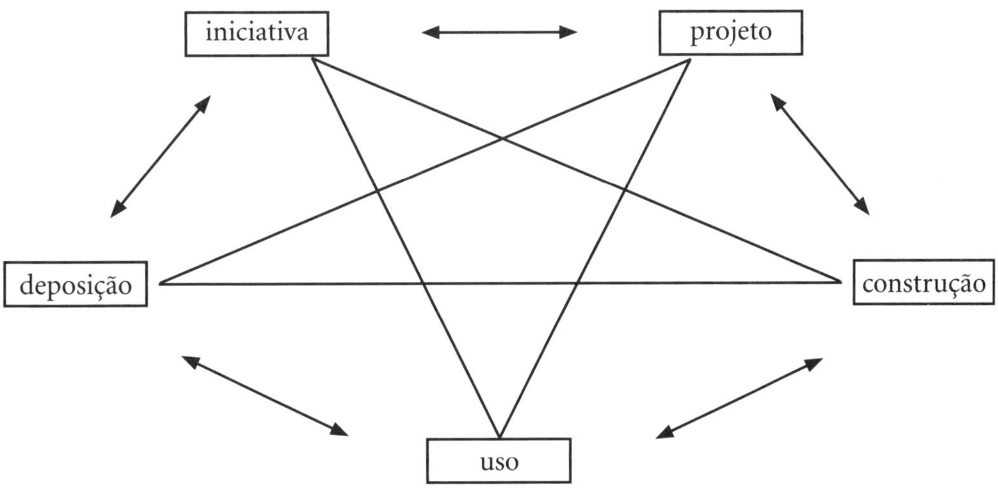

Figura 4.1 Diferentes fases do processo de construção

As linhas de união dessa figura indicam as ligações entre as diferentes fases. Um fator importante é que o pessoal envolvido no processo de construção deve assumir responsabilidade pela quantidade e pela qualidade do resíduo de construção e demolição, considerando o impacto de suas atividades nas outras fases.

As ações geradas com a prevenção e reutilização de resíduo não são isoladas. Medidas preventivas além de limitarem o fluxo de resíduo melhoram a qualidade do resíduo de construção e demolição. Essa melhoria novamente beneficia a ampliação em potencial da reutilização. Uma distinção é feita neste contexto entre "prevenção quantitativa" e "prevenção qualitativa".

Falamos de prevenção quantitativa quando os planos de construção são projetados, as obras são executadas e os materiais são usados com a intenção de criar um mínimo de resíduo de construção e demolição. A prevenção qualitativa implica que materiais são aplicados e demolidos para permitir a máxima separação do resíduo de construção e demolição.

4.2 Fase inicial

A fase inicial é aquela em que o executor do projeto decide construir. O impacto da construção planejada, em termos de resíduo, deve ser considerado desde o começo do processo de construção.

A vida técnica de uma edificação geralmente excede sua vida econômica (funcional); a razão é que depois de certo tempo uma edificação pode não satisfazer mais as normas vigentes ou as exigências do usuário.

O cliente pode exercer influência se considerar que a edificação existente pode servir de base para o projeto em vez de propor uma nova construção. A melhor solução é usar a edificação em sua forma existente ou então dar a ela uma nova função mantendo somente a estrutura.

Se a edificação não puder receber uma nova função, a construção num novo terreno deve ser estudada primeira antes de decidir demoli-la e substituí-la por uma nova construção.

Se o cliente se decide por uma nova construção, deve propor especificações adequadas para a reutilização. No caso de demolição e de uma nova construção, a reutilização de materiais pode ser considerada, tirando vantagem da sua longa vida técnica, fazendo uso eficiente deles na nova construção substituta depois da demolição seletiva.

Essas especificações devem também permitir a escolha de materiais adequados para ser materiais de construção reutilizáveis.

No caso de uma nova construção, a ordem do cliente ao arquiteto deve incluir flexibilidade nas exigências do projeto para permitir mudanças, a longo prazo, na função da construção. Ao considerar a redução de resíduo, deve ser dada prioridade a métodos de construção "industriais". Esse tipo de construção desmontável, que usa componentes pré-fabricados e dimensões padronizadas, tem a vantagem adicional de permitir aos executores do projeto economizar dinheiro a longo prazo.

4.3 Fase de projeto

A fase de projeto é aquela em que a forma da construção e o uso de materiais são definitivamente especificados.

O arquiteto, assim como o cliente, pode exercer influência nesse estágio para limitar o resíduo de construção e demolição. Pode-se economizar no uso de materiais ao optar-se por um método de construção compacto na fase de projeto (grande espaço habitável por quantidade de material de construção utilizado), reduzindo, portanto, a quantidade de resíduo de construção.

O uso de elementos pré-fabricados também resulta na geração de menos resíduo de construção.

O arquiteto deve estar ciente de que um projeto complexo com dimensões não padronizadas vai resultar em maior quantidade de resíduo de construção. Trabalhar com dimensões-padrão torna possível a promoção da reutilização do produto a longo prazo.

O arquiteto desempenha um papel decisivo na escolha de materiais. Além de dar preferência a materiais secundários, não compostos, reutilizáveis, ele deve limitar, ao máximo, o uso de materiais aderentes, pintura, agentes impregnantes e revestimentos, pois a separação desses materiais é problemática. As decisões do arquiteto vão contribuir muito para a qualidade do subseqüente resíduo de demolição.

O arquiteto deve também optar por métodos de construção desmontáveis, usando materiais e produtos que permitam mais facilmente a demolição e a separação na fase posterior. Uma importante consideração é se os componentes da construção podem ser desmontados sem ser destruídos, e isso depende da forma em que os componentes da estrutura se conectam: química (aderência), física (soldagem), ou mecânica (peneiramento).

Antes de reutilizar os materiais, a vida dos resíduos deve ser determinada em relação às exigências para a nova aplicação. Importantes aspectos para isso são o dimensionamento, o ataque de agentes externos, a contaminação e a segurança. Com base nisso, a eficiência ambiental e o custo dos componentes estruturais removidos podem ser determinados de acordo com os vários cenários: reciclagem de elementos estruturais (mesmo propósito), reutilização de componentes estruturais (propósito diferente), reciclagem dos componentes materiais, reutilização de materiais, incineração (com ou sem a recuperação de energia) ou deposição.

As iniciativas de arquitetos podem ajudar na melhor aceitação em aplicações de alto grau, como agregados para substituir a brita no concreto.

O projetista também pode dar uma importante contribuição ao definir as especificações, ao incluir orientação para limpeza do terreno de construção e a extensão para separação do resíduo, assim como determinar regras para contêineres e obrigações para os seus fornecedores de levar de volta as embalagens.

4.4 Fase de construção

4.4.1 Geral

O construtor pode exercer influência particularmente durante a preparação do trabalho. Por causa dos custos associados ao resíduo, é vantajoso para o construtor que os fornecedores levem de volta materiais residuais e embalagens. Em virtude do lapso de tempo entre a geração do entulho e sua coleta, este fica acumulado no terreno de construção e é geralmente depositado em contêineres.

Por meio de um bom gerenciamento logístico, o construtor pode requerer menos espaço de depósito no terreno da construção ao programar a entrega para o momento certo. O método de transporte do resíduo também é sua responsabilidade.

O construtor também desempenha um papel importante no processo de separação do resíduo. Como a pessoa que assume responsabilidade final por isso, ele deve chegar a acordos justos com seus contratados e deixar os trabalhadores cientes de suas responsabilidades.

Onde for possível, o terreno da construção deve ser organizado para ter espaço suficiente para a separação do resíduo de construção e demolição. Além disso, devem ser organizados espaços para latas de lixo e contêineres para o resíduo, assim como para checar seus conteúdos, rotulando-os e assegurando o acesso a eles.

Apesar de a separação do resíduo na fonte ser preferível à separação posterior na usina de separação, a prática tem mostrado que isso nem sempre é viável. Primeiramente porque terrenos de construção costumam não ter espaço suficiente, e, em segundo lugar, porque muito pouco resíduo de construção e demolição é produzido durante certos períodos. Além disso, é comum que muitos fornecedores se envolvam em um projeto de construção. Há também o aspecto do custo, com fluxos de resíduo sendo produzidos de várias formas e em vários momentos durante a fase de construção. Separar o resíduo de construção e demolição durante a fase de construção seria, portanto, muito caro.

4.4.2 Prevenção quantitativa do resíduo de construção

O resíduo de construção e demolição pode ser muito reduzido, limitando-se o desperdício de materiais de construção. Na prática, o desperdício deve-se principalmente ao ataque de agentes externos e ao estrago dos materiais de construção durante a edificação, assim como aos erros nas fases de projeto e preparação.

Tais erros resultam na perda de materiais em virtude dos desajustes em termos de *performance*, qualidade, dimensionamento e quantidades. Isso pode ser prevenido por medidas que objetivam o uso correto de materiais e que têm o benefício paralelo de prevenir a geração de resíduo.

O resíduo desnecessário também pode ser causado por "gerenciamento" inadequado, no que se refere ao resíduo no terreno de construção em geral.

Possíveis contramedidas incluem a limpeza do terreno de construção e a cobertura ou lacre de contêineres, fora das horas de trabalho, para prevenir a deposição de lixo por pessoas que estejam passando ou que morem na área.

Em termos da prevenção do resíduo de construção e demolição, podemos distinguir entre construções de prédios residenciais e não residenciais. Prédios não residenciais são geralmente projetados individualmente, enquanto um número relativamente grande de diferentes tipologias de edificações entra em cena quando se trata da construção de edifícios residenciais.

4.4.3 Prevenção qualitativa do resíduo de construção

Resíduo de construção e resíduo de demolição são geralmente considerados conjuntamente, mas há algumas diferenças entre as duas categorias. O resíduo de construção é, por regra, mais heterogêneo que o resíduo de demolição. Além dos materiais de escombro que formam a maior porção em termos de peso, o resíduo de construção também contém muitos materiais de embalagem, como plásticos e papelões.

Além do mais, a probabilidade de mistura e contaminação é muito maior nos projetos de construção do que nos projetos de demolição, pois um terreno de construção geralmente tem um número maior de contratantes. Como resultado, há menos disciplina e controle sobre o resíduo dispensado, e há um risco de que o resíduo a ser deposto não seja descarte de construção (como o resíduo de betume de cobertura de teto) que pode terminar no contêiner comum de resíduos.

Trabalhos de demolição, ao contrário, são geralmente executados por um contratante, que tem interesse financeiro na deposição correta do resíduo.

Gerentes de projetos, arquitetos e projetistas podem ficar cientes do aspecto ambiental de uma construção por meio de um plano de informação ambiental sobre materiais. Um importante aspecto de tal plano é que o fabricante de um material de construção pode calcular cuidadosamente, com antecedência, a quantidade do material exigido. Isso pode prevenir a geração de resíduo de construção desnecessário.

Ao tomar medidas direcionadas para a melhoria da composição do resíduo de construção, deve ser dada atenção especial a medidas que tornem maior a porção de resíduo de construção adequada para reutilização em alto grau.

Isto significa na prática que o resíduo de construção é separado em categorias, criando então subcategorias que melhor atendem ao critério de aceitabilidade das usinas de reciclagem. Aonde possível, é sempre preferível realizar a separação na fonte, ou seja, na obra, minimizando então a possibilidade de contaminação cruzada entre materiais. Se a classificação for realizada depois, numa usina de classificação, há a possibilidade de se lidar com contaminação, o que, em certas subcategorias, pode ser muito caro.

4.5 Fase de demolição

4.5.1 Geral

Quando um edifício é demolido, a operação deve ser definida para maximizar em alto grau a reutilização de estruturas, componentes de construção e materiais.

Se for tomada a decisão para afinal se demolir uma edificação, é necessário um plano ou um diário de demolição.

4.5.2 Prevenção quantitativa do resíduo de demolição

A quantidade de resíduo de demolição pode ser minimizada estendendo-se a vida da construção. Dependendo da natureza e da função da construção, sua vida técnica pode ser estendida tanto pela melhora da qualidade e da sustentabilidade quanto por tornar sua estrutura flexível ou multifuncional.

Em ambos os casos, temos de ter em mente que estamos lidando com medidas para novas obras que somente terão impacto a longo prazo, o que acontecerá quando estes edifícios estiverem em fase de demolição. Ao demolir um edifício, o material usado vem, inevitavelmente, de graça como um material de demolição. A prevenção quantitativa é então limitada para prevenir que mais resíduo seja removido do que o estritamente necessário, ou seja, para prevenir que outro resíduo seja lançado no sítio da demolição e para prevenir que uma quantidade desnecessária de solo seja carregada com o resíduo.

4.5.3 Prevenção qualitativa do resíduo de demolição

Geral

O propósito da prevenção qualitativa do resíduo de demolição é melhorar a natureza e a composição do resíduo de demolição tendo em vista a reutilização ou, em outras palavras, a demolição seletiva, em que muitos problemas são encontrados. Antes de tudo, a acessibilidade ao material a ser removido desempenha um papel importante e depende do projeto espacial do objeto de demolição.

Em seguida, a demolição seletiva só é útil se a separação for feita anteriormente à coleta. Isso exige espaço no terreno de demolição. Particularmente em áreas urbanas, o máximo pode ser alcançado na separação em "entulho" e "não entulho" por não haver espaço suficiente para separar os materiais posteriormente.

Um outro ponto importante é o fator tempo. Em áreas urbanas, as autoridades locais podem impor limites para a duração dos trabalhos de demolição em razão dos distúrbios para a vizinhança, obstrução do tráfego e oportunidades para vandalismo.

O cliente também geralmente deseja que o terreno esteja pronto o mais rápido possível.

Aspectos de custo também desempenham um papel importante. A rápida destruição do objeto de demolição costumava ser uma prática comum por ser a opção mais barata. O resíduo de demolição resultante era levado embora ao se tornar disponível, com tudo misturado. Somente materiais que poderiam ser facilmente comercializados eram removidos da construção com antecedência.

Essa prática tem sido gradualmente abandonada, por causa das mudanças nas taxas de aceitação do resíduo de construção e demolição. Quando os custos de processamento do resíduo de demolição misto excedem aqueles do processamento em separado de entulho nas instalações de reciclagem, há uma preferência financeira pela demolição seletiva e pela remoção separada do entulho fracionado.

Ao promover a demolição seletiva, o potencial de venda é da maior importância. Se há aplicações adequadas de alto grau disponíveis depois do processamento de entulho, isso vai resultar em economia nos custos de demolição.

A garantia da qualidade

Babex, a associação comercial de companhias de demolição, tomou a iniciativa de começar um sistema de certificação para companhias de demolição, um esboço de

Diretrizes Nacionais de Avaliação para obtenção do certificado Komo do processo de demolição. Essas diretrizes de avaliação não apenas estabelecem as exigências para a certificação do controle e da qualidade do processo de demolição, do objeto de demolição e da localidade, mas também as exigências no que se refere aos materiais produzidos.

O fluxograma dos materiais produzidos pela demolição seletiva está disposto esquematicamente na figura 4.2.

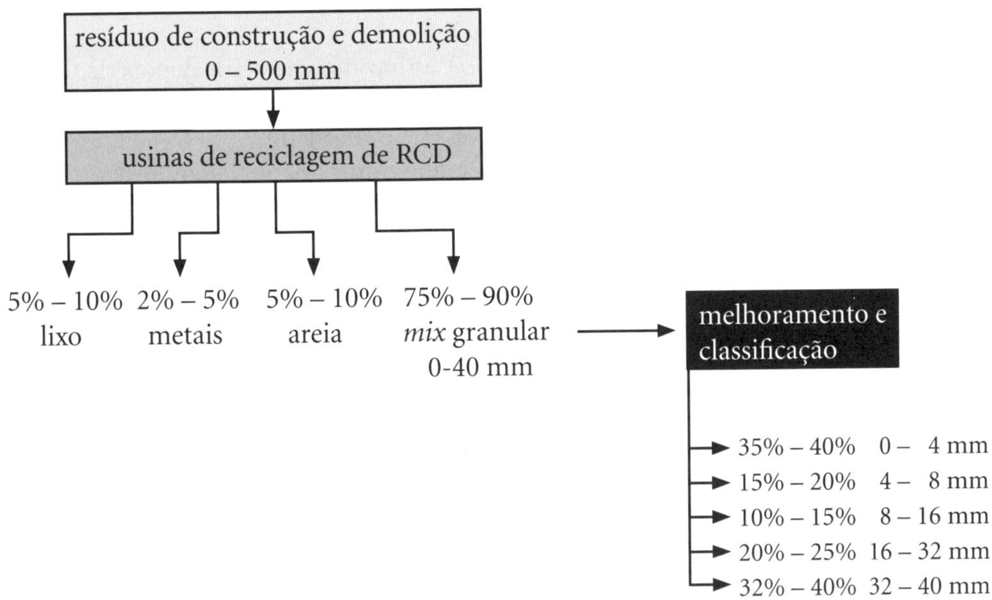

Figura 4.2 Fluxograma de materiais produzidos pela demolição seletiva

Depois de classificar e processar, o material é dividido nas seguintes categorias: "resíduo de demolição não utilizável", "resíduo de demolição reutilizável" e "material de demolição".

Essa divisão contribui essencialmente para a recuperação dos materiais (de construção) e é um pré-requisito importante para criar possibilidades de reutilização de alto grau (por exemplo, o manejo do escoamento de materiais).

O resíduo de demolição reutilizável produzido no terreno de demolição, depois da demolição e da classificação seletiva, é levado imediatamente para uma instalação de processamento onde os materiais são tornados adequados para a reutilização ou aplicações úteis.

A associação comercial de companhias de demolição e quebra também seleciona especificações para algumas categorias de resíduo de demolição reutilizável.

Materiais de demolição são todas as partes da obra produzidas depois da demolição seletiva e que, depois de tratamento no terreno de demolição ou em outro lugar, são removidos imediatamente para a reutilização ou para aplicações úteis.

Também têm sido estabelecidas especificações para algumas categorias de materiais de demolição, definindo-se as condições a serem encontradas para um certo material. Com base nisso, um contratante de demolição pode indicar precisamente quais materiais serão fornecidos para a usina de processamento.

Uma diretriz de avaliação é uma contribuição importante para a reutilização potencial em alto grau, pois as melhores condições para a separação acontecem na fonte. Antes de iniciar o trabalho de demolição, o demolidor deve examinar os vários materiais compostos da obra a ser demolida. A quantidade esperada e os tipos de materiais devem ser registrados num documento de demolição.

Esse documento deve também indicar o destino dos materiais depois da demolição. A quantidade real de materiais produzidos é determinada posteriormente, e um registro da quantidade usada, reposta ou processada, é guardado.

A vantagem desse processo de registro é que, futuramente, quando desenvolvimentos potenciais na quantidade e na natureza dos materiais puderem ser mais claramente previstos, os demolidores e os processadores terão uma visão antecipada. Contudo, isso só é possível se um número suficiente de companhias de demolição tiver a concessão de certificados dos processos. Em convênio com a indústria, o governo tem-se comprometido a fazer uso exclusivo dessas companhias certificadas, uma vez que um número adequado de companhias de demolição tem certificado de processo.

Desde a introdução do *dumping ban* (proibição de deposição) para o resíduo de demolição reutilizável e incinerável, uma permissão especial é exigida para a deposição desse resíduo. As taxas para a deposição estão muito maiores.

Resíduo de construção e demolição é considerado não reutilizável se:

- contiver componentes com concentração tal a ponto de serem incluídos no escopo do Baga;
- a proporção de materiais pedrosos, metais, madeiras, materiais de construção, papel e papelão não exceder os 12% (pelo peso);
- o resíduo se constituir de asfaltos caídos de teto, lama, sujeira flutuante ou resíduos trazidos pelo vento.

Esse resíduo de construção e demolição não utilizável pode ser deposto por usinas certificadas de classificação e demolição.

4.6 Demolição de obras que contêm asbesto*

4.6.1 Introdução

A demolição de obras que contêm asbesto exige atenção especial por causa dos problemas específicos envolvendo sua remoção e seu processamento; portanto, dedica-se aqui uma seção separada ao material asbesto.

* O amianto é um tipo particular de asbesto.

O asbesto é um silicato cristalino e pode ser dividido em dois grupos principais:

- serpentinas;
- anfibólios.

O asbesto branco (crisotila) é uma serpentina extraída no Canadá e na Rússia.

O asbesto azul (crocidolita) e o asbesto marrom (amosita) são as duas mais importantes variedades de asbesto anfibólico, encontrados principalmente na África do Sul.

As fibras de asbesto são fortes e flexíveis e resistem a altas temperaturas; têm também alta capacidade isolante térmica e elétrica, são resistentes ao uso e quimicamente quase inertes. Com tantas propriedades úteis, este material era freqüentemente usado no passado.

Graças a uma combinação favorável de propriedades, asbesto e materiais contendo asbesto têm uma grande gama de aplicações. Uma divisão de acordo com as aplicações pode ser feita em três grupos principais:

- argamassa, adesivos à prova d'água e gesso: em materiais construtivos retardantes de chamas e resistentes ao calor;
- adição a aglomerantes orgânicos: em materiais de freio, atrito e suporte;
- aplicados a materiais de boa resistência e isolamento térmico e elétrico: selantes em dutos de gás e água, paredes de forno e camadas isolantes em geral.

O uso de asbesto, contudo, constitui um enorme risco à saúde. São exemplos disso a asbesteosis ("pulmão com poeira"), o câncer de pulmão e o câncer da membrana pulmonar ou do peritônio. Os efeitos na saúde humana são manifestados às vezes somente depois de décadas de exposição.

Estima-se que entre seiscentas e oitocentas pessoas morrem todo ano na Holanda por causa de asbesto. Testes em animais têm mostrado que as dimensões são particularmente importantes. De acordo com a "teoria da fibra geométrica", elaborada com base nestes testes, as fibras têm propriedades carcinogênicas quando suficientemente longas e finas para penetrar nos pulmões profundamente. Isso se refere principalmente a fibras mais longas que 5 μm, mais finas que 3 μm e com a razão comprimento/diâmetro maior do que 3. Uma segunda condição importante é que essas fibras devem de alguma maneira ser resistentes aos fluidos ácidos dos pulmões. A teoria de fibra geométrica supõe que o asbesto pode causar câncer porque as fibras têm as dimensões críticas e têm também longa presença nos tecidos pulmonares. Uma importante conseqüência dessa teoria é que nenhuma diferença no potencial carcinogênico pode ser atribuída às muitas variedades de asbesto e que todas as fibras em princípio têm esse potencial, desde que se encontrem nessas condições.

O Decreto do Asbesto foi introduzido em 1977 com a intenção de estabelecer os graus de exposição, banindo tanto a distribuição do asbesto quanto o manuseio do asbesto azul. Novos usos de asbesto devem ser reportados.

Tabela 4.1 Propriedades das principais variedades de fibras de asbesto

	Crisotila	Crocidolita	Amosita	Antofilita	Tremolita	Actinólito
Conteúdo (%)						
SiO_2	38-42	49-65	49-52	53-60	55-60	51-56
Al_2O_3	0-2	0-1	0-1	0-3	0-3	0-3
Fe_2O_3	0-5	13-18	0-5	0-5	0-5	0-5
FeO	0-3	3-21	35-40	3-20	0-5	5-15
MgO	38-42	0-13	5-7	17-31	20-25	12-20
CaO	0-2	0-2	0-2	0-3	10-15	10-13
Na_2O	0-1	4-8	0-1	0-1	0-2	0-2
H_2O	11,5-13	1,7-2,8	1,8 -2,4	1,5-3,0	1,5-2,5	1,8-2,3
Cor	Normalmente branco a verde-claro; amarelo, rosa	Azul	Cinza claro a marrom-claro	Branco a cinza; marrom-claro	Branco a cinza	Cinza claro a escuro
Temperatura de decomposição (°C)	450-700	400-600	600-800	600-850	950-1040	620-960
Temperatura de fusão de material de resíduo (°C)	1500	1200	1400	1450	1315	1400
Densidade ($kg.m^{-2}$)	2550	3300-3400	3400-3500	2850-3100	2900-3100	3000-3200
Resistência a ácido	Pobre	Boa	Média	Muito boa	Muito boa	Média
Resistência a base	Muito boa	Boa	Boa	Muito boa	Boa	Boa
Resistência a tração ($N.m^{-2}$)	30	34	17	< 7	5	5
Disposição	Normalmente flexível, macio, liso e dúctil	Flexível a quebradiço e dúctil	Normalmente quebradiço	Normalmente quebradiço	Normalmente quebradiço	

Nota: Al_2O_3 é normalmente encontrado na crisotila, embora em pequena quantidade (0% – 2%)

Em 1983, o Ato Decreto sobre Produtos de Asbesto entrou em ação. Esse ato especifica que produtos com asbesto só podem conter fibras de asbesto que são individual, permanente e firmemente coladas. No mesmo ano, a Diretriz do Asbesto da Comunidade Européia (*EC Asbestos Directive*) entrou um voga, enfocando principalmente a proteção ao trabalhador, o que foi seguido em 1988 pelo Ato Decreto do Asbesto sobre Condições de Trabalho com Asbesto (*Asbestos Decree Act on Labour Conditions*), exigindo que as concentrações de pó de asbesto no ar sejam mantidas num mínimo possível, prevenindo sua liberação e remoção. Uma seção sobre demolição foi adicionada ao decreto (*Asbestos Removal Decree*), com vista a elevação da emissão de asbesto que pode ocorrer durante a demolição.

Três elementos são considerados de importância primordial:

- apresentação de relatórios sobre demolição de asbesto para a inspeção trabalhista;
- construção sob supervisão de especialistas (certificado oficial);
- um plano de trabalho escrito, incluindo uma análise do objeto.

Tabela 4.2 Campo de aplicação do asbesto com relação às propriedades físico-químicas

Aplicação	Propriedades mecânicas		Resistência química		Resistência térmica	Isolamento		Resistência ao uso	Propriedades de aderência
	Resistência a tração	Elasticidade	Lye	Ácido		Térmico	Elétrico		
Asbesto com matriz inorgânica									
– Cimento de asbesto	+	+	+		+				
– Camada resistente ao fogo						+			
– Spray de misturas						+			
Asbesto com matriz orgânica									
– Material de atrito	+				+	+		+	
– Juntas			+	+	+	(+)	(+)		
– Plásticos	+			(+)			(+)		
Asbesto com pouca aderência					+	+	+		
– Asbesto têxtil									
– Papel de asbesto					+	+	+		
– Material para filtro									+

\+ de muita importância (+) de muita importância para produtos especiais

Atualmente, as companhias de remoção de asbesto estão sujeitas a uma norma de certificação. Essa norma também define a remoção segura (embalada). O valor limite vigente para o asbesto é de 1 fibra por ml de ar; o valor da ação foi fixado em 0.25 fibras por ml de ar. Os riscos de liberação de asbesto das construções podem, excetuando a remoção (por demolição), também ser prevenidos enclausurando-se materiais ou componentes da construção que contenha asbesto. Há uma proibição de tratamento, processamento e estocagem de materiais que contêm asbesto. As dispensas dessas proibições só são possíveis se nenhuma outra alternativa estiver disponível. A demolição e a manutenção de obras que contêm asbesto não estão incluídas na proibição.

Atualmente não existem indicações de nenhum risco à saúde trazido pela lã de vidro e pela lã de rocha. Um valor limite aconselhável estabelecido é o de 5 fibras respiratórias por ml de ar.

Por questões de segurança, um valor limite de 1 fibra por ml de ar é aplicado para fibras de cerâmica e escórias de lã. Os efeitos sobre a saúde provenientes destes materiais não podem ser excluídos, portanto a exposição deve ser mantida a um mínimo. As concentrações de fibra são medidas usando-se microscópicos óticos ou eletrônicos.

4.6.2 Valores limites para ar, água e solo

Um resumo dos padrões holandeses aplicáveis é dado na tabela 4.3. Valores mais rígidos aplicam-se mais a crocidolita do que a outras variedades do asbesto.

Um certificado "livre de asbesto" é obtido se sua concentração medida no ar não exceder 1/20 do valor limite.

Tabela 4.3 Valores limites, valores de ação e valores metas para as fibras de asbesto no ar

Exigência	**Crisotila (asbesto branco) e outros tipos de asbesto (fibras/ml)**	**Crocidolita (asbesto azul) (fibras/ml)**
Condições de trabalho		
Valores limites	0,3	0,1
Nível de ação	0,1	–
Limite de soltamento	0,015	0,005
Ambientes internos		
Nível de risco admitido	0,1	0,01
Nível de risco desconsiderável	0,001	0,0001
Ambientes externos		
Valor da meta	0,001	0,0001

Os primeiros valores (para condições de trabalho) são determinados usando-se microscópio ótico de contraste de fases, de acordo com o padrão Holandês *NVN* 2939, enquanto outros valores (para ambientes internos e externos) são determinados usando-se microscópio elétrico de acordo com o padrão selecionado *VDI* 3492.

Para misturas de variedades de asbesto em amostras de ar, o conceito de fibra equivalente (f.e.) é usado. O nível de risco insignificante está fixado em 1.000 f.e./m^3 de ar. O nível de risco máximo permissível é 100.000 f.e./m^3 de ar.

Tecnicamente falando, podem ser facilmente encontradas substituições para a maioria das aplicações de asbesto, apesar do maior custo ser possível. Contudo, existe um número de aplicações para as quais substituições não estão ainda disponíveis.

São exemplos:

- placas de embreagem;
- revestimento dos freios de caminhões;
- cordas de asbesto para isolamento elétrico;
- transformadores e conversores;
- fechos para o processo de produção usando ácido sulfúrico, ácido nítrico e gases nitrosos em altas temperaturas;
- juntas de cabeçote do cilindro.

Os produtos de substituição em geral também consistem de materiais fibrosos de natureza orgânica ou inorgânica. Dada a morfologia de alguns desses materiais, estes são propensos à liberação de fibras de mesmas dimensões críticas que as do asbesto durante tratamento e processamento. Até o momento, pouco se conhece sobre os possíveis riscos à saúde pela exposição a fibras alternativas.

Entretanto, essas fibras de substituição diferem tanto física como quimicamente do asbesto. Elas são majoritariamente amorfas (que é menos prejudicial que as cristalinas), quebram na direção transversal (que resultam num formato menos prejudicial) e finalmente se dissolvem no pulmão (dentro de 1 a 5 anos). Para fibras não reativas, como o quartzo amorfo, o critério corrente estabelece um máximo de 5mg/m^3 de poeira respiratória e 10 mg/m^3 de poeira total. Para fibras de lã de vidro e de lã de rocha, que são dez vezes mais grossas e dissolvem cem vezes mais rápido que as fibras de asbesto, assume-se que o risco para a saúde é desprezível.

4.6.3 Asbesto no resíduo de construção e demolição

Antes de uma edificação ser demolida, deve haver uma vistoria para verificar se o asbesto está presente. Se estiver, ele deve ser removido seletivamente usando os métodos já descritos. Se o asbesto for encontrado inesperadamente durante a demolição, aplicam-se os mesmos procedimentos. O objetivo é minimizar o risco de misturar asbesto com o outro resíduo de construção e demolição (este é o "módulo de segurança do asbesto"). Em seguida, na entrega do resíduo de construção e demolição para a usina de processamento, uma outra checagem visual da presença de asbesto é realizada. Em conjunto, essas medidas mantêm a concentração abaixo de um mínimo de 10 mg de asbesto por kg de granulado. A concentração de asbesto é calculada como a somatória do conteúdo de crisotila mais dez vezes o conteúdo de anfibólio (em mg por kg de granulado), determinado de acordo com a NEN 5897. Essas concentrações não apresentam nenhum risco significativo.

5 Métodos de processamento

5.1 Introdução

5.1.1 Um espectro de métodos

Uma escala completa de métodos de processamento do resíduo de construção de demolição (RCD) tem-se desenvolvido nas últimas décadas.

O presente capítulo descreve as técnicas mais importantes:

- demolição ou quebra de edifícios e estradas;
- processamento do material resultante em matéria-prima reutilizável.

Nas décadas passadas, métodos de demolição incorporaram mecanização abrangente. Em épocas anteriores, a demolição era feita, sobretudo, manualmente, usando marretas, pés-de-cabra e às vezes também bicos de gás oxiacetileno. Mais tarde foram introduzidos martelos pneumáticos, bolas trituradoras e explosivos.

Hoje em dia, são utilizados guindastes móveis, escavadoras de arrasto e pás carregadoras. Guindastes giratórios, com tesouras hidráulicas que quebram o concreto e cortam o aço durante e depois da demolição, têm-se tornado ferramentas essenciais.

Figura 5.1 Concreto triturado com ajuda de guindastes giratórios com tesouras hidráulicas

Os métodos de processamento são adequados para o máximo rendimento do RCD de processamento mecânico. Alto rendimento, ou seja, um alto percentual de materiais para a reutilização ou reciclagem significa:

- separação ótima em duas frações: material reutilizável e resíduo descartado;
- separação ótima posterior de materiais reutilizáveis em matérias-primas secundárias, tais como materiais pétreos por um lado, e materiais não-pétreos, como metais, papéis, plásticos e possivelmente madeira pelo outro;
- preferivelmente separando o resíduo para o processamento posterior na porção a ser incinerada e na porção a ser deposta (a última "opção" na escala *Lansink)*;
- minimizando o barulho, a poeira e outros danos ambientais.

As operações mais comuns no que se refere ao processamento do RCD são:

- peneiramento;
- redução: principalmente a trituração e a moedura;
- separação de metais ferrosos;
- escolha: remoção ou separação de materiais não-pétreos ou altamente contaminados;
- classificação: separação de acordo com o tamanho das partículas pelo peneiramento e colocação em tambores ou outras operações.

A seqüência de operações pode variar. Algumas, como o peneiramento, são mais freqüentemente repetidas, geralmente com a ajuda de técnicas diferentes de separação. A separação, por exemplo, de madeira, plásticos e papéis do RCD é feita tanto manual como mecanicamente, tanto a úmido como a seco. Esses métodos são discutidos a seguir com maiores detalhes.

No caso do resíduo de construção, a pré-escolha geralmente é realizada, primeiro, manualmente, seguida posteriormente, pela separação mecânica.

Na indústria metalúrgica, a fragmentação tem-se tornado o método de processamento mais importante em todos os sentidos: peso de material, tamanho de investimentos, adicionados do valor de materiais fragmentados ou metais não-ferrosos a serem processados. A partir do momento em que a fragmentação forma o foco principal, faz-se uma distinção entre os equipamentos do fluxo acima ou abaixo, dependendo se eles vêm antes ou depois da operação principal (como a trituração de um carro velho na caixa do rotor da fragmentadora). Por extensão, todos os equipamentos usados depois da trituração ou compressão, como extratores de poeira, rolamentos magnéticos, peneiras e tambores, são referidos como "equipamentos do fluxo abaixo".

Contudo, no caso do RCD, não é sempre possível fazer uma distinção tão clara entre equipamentos *downstream ou upstream*, pois o peneiramento pode se realizar tanto antes quanto depois da trituração. Uma comparação entre fragmentadores de metal (carro) é, entretanto, útil, porque há uma clara sinergia com compressores de entulho.

Ambos começaram a ser utilizados em larga escala mais ou menos na mesma época (depois de 1960), e seus equipamentos *downstream* e *upstream* cada vez mais correm paralelamente. Os barris de extração de metais ferrosos em britadeiras de entulho são também produtos típicos da indústria reciclável de metal.

5.1.2 Métodos derivados de tecnologias para extração primária e separação mineral

Os precursores dos métodos de processamento de RCD remetem a muitos séculos atrás, tendo se originado de tecnologias de mineração. Há várias referências à mineração na Bíblia. É suficiente mencionar as minas de prata do Rei Salomão e as palavras do Deuteronômio 8:9: "(...) terras cujas pedras são de ferro e de cujas montanhas extrairás o cobre".

Em geral, pode-se afirmar que a mineração a céu aberto veio primeiro, apesar de a mineração subterrânea também ser praticada há muito tempo para extração não somente de ouro e prata, mas também cobre, estanho e chumbo. Técnicas de mineração, assim como operações mais avançadas como a lavagem, o peneiramento e a fusão estão descritos no *De Re Metallica* publicada por *Georgius Agrícola (Georg Bauer)* em 1556, com centenas de ilustrações.

Contudo, métodos de processamento de RCD são na realidade muito mais recentes, tendo se desenvolvido nos anos 1960.

5.1.3 Contrastes com tecnologias de mineração: primárias versus *secundárias*

Do ponto de vista técnico, existem, contudo, diferenças essenciais entre a produção de mineração primária (processamento de minério) e a produção secundária (demolição e tratamento de obras e estradas, seguidos pela evolução em matérias-primas secundárias) .

Pode-se afirmar que o minério é extraído da ou abaixo da crosta terrestre, principalmente por mineração a céu aberto, mas também por mineração subterrânea.

O RCD, por outro lado, é geralmente "extraído" acima da superfície terrestre (a não ser as fundações que têm de ser cavadas) e reciclado com as operações preparatórias de demolição, rompimento ou desintegração.

Os minérios são mais ou menos homogêneos em sua composição elementar, mesmo que uma multiplicidade de metais possa ser encontrada em um minério (como Cu e Fe, assim como Pb e Zn em minério de chumbo e zinco).

O RCD, por outro lado, é geralmente heterogêneo: um conglomerado de concreto, alvenaria, tijolos, cimento, vidros, madeira, plásticos e metais.

Contudo, ambos os produtos (minérios e RCD) são submetidos ao mesmo ciclo de processamento, isto é, trituração ou liberação de materiais e separação. Com o RCD, no entanto, esta seqüência é arbitrária, ao contrário da mineração.

Os melhoramentos na mineração (ou depois dela) consistem principalmente na separação de minérios e de pedras pela trituração (como no caso de diamantes e carvão). Posteriormente, há a separação molhada e seca, e, finalmente, a metalurgia (como a fusão de metais).

As melhorias no processamento de RCD consistem principalmente na trituração e na separação de entulho. Todavia, as operações não acontecem sempre na mesma seqüência, mas freqüentemente se alternam. Produtos derivados prejudiciais ao meio ambiente estão ocasional e inevitavelmente presentes na mineração, mas são muito mais freqüentes no RCD (como piche, PACs e asbesto), que podem resultar em problemas durante o processo de demolição.

As instalações para a extração de minério são construídas no terreno da mina, mas enquanto os poços das minas seguem os veios, as instalações geralmente ficam no mesmo local.

No caso de RCD, ao contrário, a matéria-prima é levada aos trituradores de entulho, que podem ser tanto instalações fixas, que recebem os resíduos, quanto instalações móveis, que se movem de objeto a outro.

5.1.4 Equipamentos variados

Todos esses fatores implicam o uso de equipamentos variados. Na mineração subterrânea existem ainda muitos trabalhos manuais (corte e perfuração). Na mineração aberta, não há mais tarefas manuais: escavadeiras e explosivos são usados quase que exclusivamente.

O processamento de RCD é também, atualmente, praticamente mecanizado por completo, usando-se equipamentos diferentes ou modificados. O mesmo se aplica ao trabalho de demolição e quebra.

Os martelos pneumáticos operados manualmente têm se tornado cada vez mais obsoletos no mundo ocidental, particularmente na demolição de edifícios, e têm sido substituídos por escavadeiras com tesouras (descrito na Seção 5.2) e outros equipamentos.

O trabalho manual para RCD consiste majoritariamente na separação de substâncias indesejáveis, como papel e papelão, ou na classificação final, que só ocorre depois da trituração mecânica para o resíduo de demolição. A melhoria no RCD é realizada principalmente utilizando equipamentos originários de tecnologias de minérios (trituradores e separadores "molhados" ou "secos"), modificados para se adequar às exigências do entulho.

5.2 Demolição

5.2.1 Introdução

Os métodos de demolição utilizados mais comuns são:

- derrubada por percussão, principalmente na demolição de obras no plano vertical;

- rompimento, predominantemente estradas no plano horizontal;
- explosão: que pode ser feita de forma rápida (com dinamite) ou usando o relativamente novo método de explosão, a explosão "lenta" *Bristar* com o auxílio de agentes químicos;
- desmonte de obras, preferivelmente antes da derrubada.

Em complemento, existem algumas outras técnicas especiais: jato de água com alta pressão, escarificação, aquecimento dielétrico e onda de corrente.

5.2.2 Derrubada por percussão

A derrubada por percussão é um dos métodos mais antigos de obtenção de RCD; este é, de fato, um pré-tratamento. Este capítulo discute a demolição mecânica ou equipamento de demolição mecanicamente controlado, tais como esferas de demolição, escavadeiras com tesouras, jateamento de água com alta pressão, mas não as tradicionais ferramentas como marretas, picaretas, pés-de-cabra, formões ou serras. As seguintes operações são essenciais nas modernas demolições de obras de edificações e estradas.

Rompimento vertical ou horizontal

A esfera de demolição é usada tanto para metal quanto para RCD.

A operação de rompimento é uma das operações verticais utilizadas pela indústria da sucata. A esfera rompedora de ferro ou de aço é erguida com a ajuda de um gancho ou de um magneto e é subseqüentemente solta para atingir as pesadas seções de ferro fundido (máquinas de navios, propulsores e os chamados *Baren*) em alta velocidade. *Baren* são grandes torrões de escória de alto-forno (escória de ferro) ou fornos de aço (escória de aço), para os quais o rompimento é o único método econômico para reduzi-los ao tamanho do forno e para remover tantas rochas quanto for possíveis.

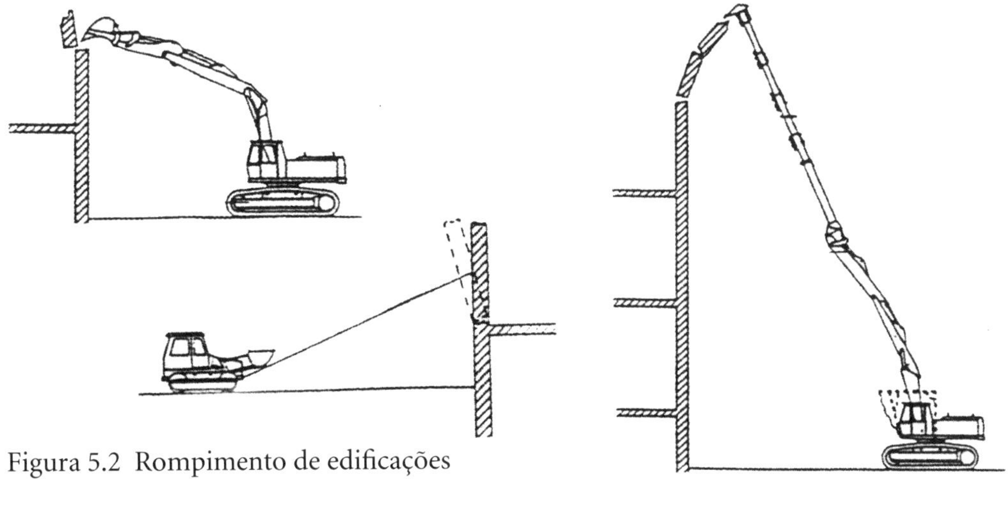

Figura 5.2 Rompimento de edificações

Figura 5.3 Reutilização de um velho pneu de automóvel na quebra de concreto armado. O pneu serve como um amortecedor resiliente para proteger a lança da escavadeira

Sujeitos a tal violência, ferro, rochas e concreto invariavelmente se quebram em pedaços que podem ser submetidos posteriormente a processamentos mecânicos em instalações apropriadas.

Ao demolir edificações, ao contrário, a operação de rompimento é realizada no plano horizontal. A bola rompedora é levantada e subseqüentemente recuada pela escavadeira de guincho ou por uma escavadeira dupla e atirada contra a parede.

Bolas rompedoras costumavam ser feitas da parte traseira do poço das hélices de navios de longo curso (seção do poço com a flange, ligados por um buraco à seção mais estreita do poço) e a flange era usada para a quebra. Posteriormente, as bolas rompedoras passarem a ser em ferro, mas hoje em dia são fundidas, primordialmente com aço. A bola rompedora é geralmente redonda ou em *formato de pêra*, pesando de 500 kg a 5/6 toneladas.

Na quebra horizontal, um amortecedor de impacto é muito usado para reduzir a carga sobre o acessório da escavadeira, causada pelo efeito de choque e pela reação após a liberação da pesada bola rompedora. Um pneu velho de carro é geralmente usado para isso (um bom exemplo de reutilização!). A perfuração hidráulica ou pneumática e a percussão são também usadas, além do rompimento vertical, para a demolição de estradas.

Empurrar e puxar

A demolição usando os métodos de empurrar e puxar é geralmente feita mecanicamente. Guindastes *Caterpillars* ou escavadeiras pesadas são normalmente usados, por serem mais estáveis. O movimento hidráulico do equipamento acessório, assim como as pás escavadoras, mandíbulas ou outros auxiliares são ideais.

As paredes da obra a ser demolida podem ser empurradas com a pá ou cuidadosamente puxadas em direção ao guindaste. A desvantagem desse método de demolição não muito refinado é o risco envolvido para a maquinaria e o pessoal da operação. Além do mais, tudo é jogado junto, e o empurra e puxa causam uma considerável e incômoda poeira.

Corte e trituração

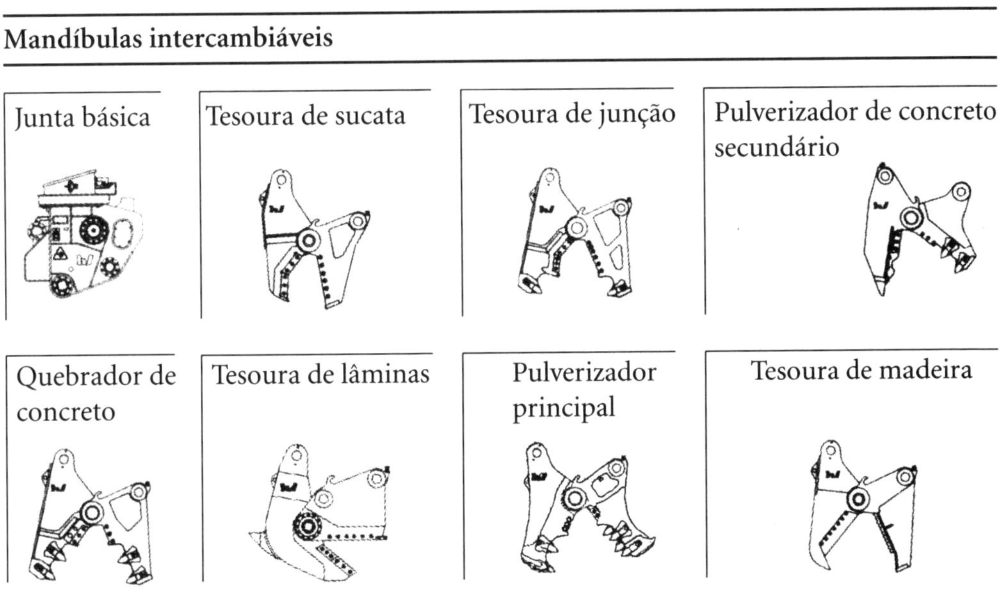

Figura 5.4 Oito tipos de tesouras acessórias providas de junta-padrão e engate rápido

Tesouras e britadeiras acessórias de guindastes de demolição são atualmente os auxiliares mais comuns na demolição civil. Elas são dirigidas hidraulicamente e são fixadas a um guindaste hidráulico ou a uma escavadeira. Atualmente existe uma grande variedade de tesouras e britadeiras acessórias para guindastes variando na força do corte (medida em toneladas), no formato e largura da mandíbula (ou mandíbula).

As tesouras acessórias de guindastes apresentam muitas variedades, com forças de corte variando entre 100 e 3.000 toneladas de pressão hidráulica. O peso das tesouras é logicamente relacionado com a força e pode ser de até 15 toneladas. Obviamente, as variedades mais pesadas exigem guindastes e escavadeiras altamente robustas.

As tesouras para guindastes foram projetadas inicialmente para cortar sucata de aço, mas foram logo adaptadas para cortar concreto (pulverizadores de concreto) ou uma combinação de concreto e aço (concreto armado). Esses tipos de tesouras diferem principalmente no formato da mandíbula. As tesouras dos guindastes de concreto quase sempre têm uma mandíbula dentada em um ou nos dois lados.

Figura 5.5 Guindastes rotatórios com tesouras para a demolição de colunas e pisos

As escavadeiras de mandíbulas podem ser de ação singular ou dupla. A variação da ação singular opera da mesma forma que tesouras comuns de uso doméstico ou tesouras de jardim (mesmo que numa forma maior), mas com um lado dirigido hidraulicamente e o outro lado fixo. A dupla variedade corta a seção em movimento entre a parte em movimento e os dois lados fixos. As faces cortantes são geralmente facas de liga de aço parafusadas e podem ser mudadas ou substituídas.

Ao demolir edifícios, as estruturas horizontais (pisos) e verticais (colunas) têm de ser levadas em consideração. O guindaste com tesouras de RCD tem de demolir ambas e poder então fazer uma rotação completa (360 graus). Tal rotação não é geralmente exigida para cortes de sucata no terreno de sucata.

5.2.3 Rompimento

Este método é usado principalmente na remoção de superfícies de estrada. Isso inclui tanto o levantamento quanto a perfuração e a percussão dos pavimentos de estradas. Em complemento, as superfícies de estradas podem ser escarificadas ou localmente aquecidas.

Diversos métodos podem ser usados no rompimento, todos resultando num material secundário que pode ser utilizado novamente para "novos" pavimentos de estradas. O método usado é determinado pela estrutura do pavimento a ser quebrado (composição, ligação entre as várias camadas e a espessura da pavimentação) e pelo espaço disponível. Também importante é a infra-estrutura disponível e a distância até a instalação de processamento (britadeira de entulhos, fornos ou *magnetron*).

Figura 5.6 A destruição mecânica de uma estrada

LEVANTAMENTO

A superfície de estrada é geralmente "levantada" simplesmente com uma pá pesada, resultando na quebra. Este é geralmente considerado o método de destruição mais rápido. A desvantagem é que a pá normalmente recolhe areia ou solo ao levantar o pavimento. A areia ou solo podem causar problemas com o concreto de asfalto, que é freqüentemente reutilizado imediatamente e colocado num forno ou num *magnetron* no terreno.

ARRASTO

Em vez de pás, também são usadas escavadeiras de arrasto com mandíbulas. Este método exerce mais força no plano horizontal, mas age mais vagarosamente e é até mesmo seletivo em termos da inclusão de areia e solo. Essas duas operações são logicamente mecânicas. Ao puxar, o risco ao homem e à máquina são ainda maiores do que ao empurrar.

5.2.4 Explosão

Um dos métodos mais conhecidos de explosão é logicamente a "dinamitação (implosão)", um método de demolição particularmente comum nos Estados Unidos, especialmente em cidades densamente povoadas. Este método é o mais rápido, mas não é, definitivamente, um método ambientalmente correto.

Na Holanda, os métodos de explosão são muito avançados e devidamente regulados. A Associação Holandesa de Mestres de Explosão (*NVvS*), sediada em Groningen (anteriormente conhecido como *Babex*), assegura que seus membros observem e apliquem os regulamentos governamentais relevantes.

O conceito de explosão é ocasionalmente também usado para incluir o rompimento forçado de um grande objeto. Antigamente, o congelamento era usado para romper pedaços pesados de concreto ou metal. O método clássico de demolição para grandes objetos de metal, como hélices de navio, é cortá-los em pedaços usando fogo de oxiacetileno. Contudo, este método não funciona para metais com alta condutividade térmica, pois o calor se perde rápido demais. A alternativa de pó ou plasma, que queimam a temperaturas muito altas, é cara e lenta. A queima de oxiacetileno é geralmente lenta demais para o concreto também. A trituração mecânica também tem suas desvantagens, como a poeira e o barulho desagradável.

Por esses motivos, grandes pedaços são forçosamente resfriados usando líquido de nitrogênio ou congelados até o ponto de estourar. Primeiramente, é perfurado um buraco ou uma rachadura no objeto, preenchido com água e levado a congelar. Como já se sabe, a água congelada é capaz de exercer uma força de expansão extraordinariamente forte. Os pedaços de metais quebrados ou o concreto obtido dessa forma podem ser processados posteriormente usando uma bola rompedora, escavadeiras hidráulicas possantes com guilhotina ou um disco triturador.

Os antigos egípcios já utilizavam este método para extrair grandes blocos, mergulhando na água calços ou estacas de madeira e introduzindo-as nas cavidades do mármore ou nas rachaduras das pedras. Durante a geada noturna, um fogo era feito para fazer a rocha se romper.

O *Bristar*, desenvolvido no Japão, apareceu no mercado recentemente. Este causa uma lenta "explosão" por meio de uma reação química. É um pó misturado com 30% de água fria para formar uma pasta. Temperaturas mais baixas resultam num tempo de reação maior. A pasta solidifica-se, fica dura como rocha e então se expande para produzir a reação de rompimento desejada. A pressão de expansão está entre 3.000 e 4.000 toneladas/m^2. Suficientemente interessante, as pressões laterais e superiores são iguais, o que significa que os buracos de perfuração não precisam ser fechados e o padrão do rompimento é previsível.

O *Bristar* é fácil de usar, mas age lentamente (entre 6 e 36 horas), apesar de a duração poder ser controlada. Outras vantagens são o fato de não causar grandes explosões ou grandes nuvens de poeira, vibrações fortes e estilhaços. Além disso, a estrutura não tem de ser empacotada (usando esteiras feitas de faixas de pneus velhos de carro) para prevenir o estilhaçamento de pedaços soltos.

O *Bristar* não está sujeito aos Atos de Explosivos e pode ser usado por qualquer um. Sua aplicação, portanto, não exige especialistas em explosivos. No entanto, tem a desvantagem de altos custos de processamento. Uma quantidade relativamente grande de materiais de rompimento é exigida, e um grande número de perfurações tem de ser feito. Além disso, o produto não pode ter contato com a pele, pois a cal pode causar irritação.

5.2.5 Desmonte

De acordo com a escala de Lansink, a reutilização é a segunda prioridade na política holandesa de resíduo, precedida somente pela "prevenção ao resíduo". A reutilização é geralmente um fator na demolição de objetos. Contudo, materiais de construção supérfluos devem ser removidos separadamente, se possível na fase de construção.

A reutilização pode envolver as mesmas aplicações que a original (ver capítulo 3), como, por exemplo, pela recauchutagem de um pneu usado. Ou pode ser usado para uma aplicação alternativa, como um pneu usado que funciona como absorvedor de choque na quebra, como um peso de sobrecarga de uma cobertura de plástico numa silagem, como um balanço num parquinho, ou como um pára-choque num porto. O mesmo princípio se aplica à demolição de edifícios. Uma parede divisória de um prédio a ser demolido pode ser retirada e reinstalada como parede divisória, mas pode também ser usada, por exemplo, na construção de um galpão.

A demolição de edifícios, a princípio, permite muita reutilização.

Ao demolir um edifício antigo por implosão ou explosão, o material produzido pode ser preparado para a reciclagem. Contudo, como todos os materiais são lançados juntamente e a maioria é danificada, a reutilização de partes e de materiais é praticamente impossível, e a reciclagem também se torna extremamente difícil. Somente pela separação do entulho de outros materiais ele ainda pode ser processado numa mistura granular reutilizável.

Por essa razão, estão sendo feitos esforços atualmente para desmontar um número máximo de componentes da construção antes da demolição.

O desmonte pode ser facilitado pela incorporação do projeto para reciclagem (*DFR*) já nas especificações da construção, permitindo então o desmonte num período posterior.

O *DFR* é um método relativamente novo e nunca tinha sido usado no processo de construção antes dos anos 1970. O desmonte de edifícios mais antigos é, portanto, bastante complexo. Contudo, sempre foi possível, por exemplo, retirar molduras de janelas completas, incluindo a vidraça, e reutilizá-las para uma outra construção. Infelizmente, essa nunca foi uma prática comum. Isso está diferente agora, e o futuro desmonte é levado em consideração já na fase inicial do projeto. Além disso, a remoção de componentes desmontáveis antes da demolição é muito estimulada pelo governo.

Existem vários exemplos de modernas aplicações de *DFR*; uma das mais antigas foi feita no pavilhão de exposições holandês na Exibição Mundial de Bruxelas em 1958. O pavilhão foi feito para ser desmontado e ainda está exposto no *hall* de exposições em Hilversum. Um outro exemplo mais recente é o Pavilhão Ambiental construído pelo Ministério de Habitação, Planejamento e Meio Ambiente, nos anos 1980, em Floriade perto de Zoetermeer, que foi reconstruído em Drenthe.

Recentemente, o governo holandês tem solicitado cada vez mais que o DFR seja incluído nas especificações de novas construções do governo. Exemplos incluem a grande instalação Eems construída para o Epon em Delfzijl, no qual um número máximo de componentes desmontáveis foi usado. O edifício de grande estilo do Ministério de Habitação, Planejamento e Meio Ambiente em Haia é também projetado para que possa ser desmontado parcialmente, permitindo o uso futuro de certos componentes em outras construções.

Regular e usar componentes desmontáveis não são as únicas questões importantes. A regulação em larga escala em relação ao uso de materiais de construção reciclados, como a "mistura granular", vai beneficiar políticas ambientais e de matérias-primas.

5.2.6 Métodos especiais de demolição

Demolição por jatos d'água de alta pressão

Este é um método comumente utilizado na remoção de paredes de madeira, particularmente quando equipamentos que não são à prova de explosão estão fora de questão por causa do risco de incêndio. Jatos d'água podem se tornar tão poderosos que até mesmo o concreto e os metais podem ser cortados ou removidos. Contudo, medidas de segurança apropriadas são importantes para prevenir o perigo pessoal.

Fresagem

A fresagem de estradas e edifícios está limitada à remoção de superfícies contaminadas ou desgastas. É geralmente um tratamento de combinação mecânica e térmica.

Figura 5.7 Equipamento de fresagem para estradas

Freqüentemente, é apenas a superfície das estradas que mostra desgaste, sulcos ou contaminação (como óleo, petróleo, sujeira de rua ou sal para descongelamento). Em tais casos, somente a camada desgastada precisa de tratamento, não havendo necessidade de quebrar o pavimento inteiro. O mesmo freqüentemente se aplica a edifícios, nos quais somente a superfície exterior está poluída por, por exemplo, fuligem, fumaça e ventos com poeira.

A contaminação costumava deixar a rua inteira ou a edificação inadequadas para a reciclagem. Contudo, nos dias de hoje, graças ao processo de fresagem, somente uma camada fina é removida como resíduo.

As edificações podem ser submetidas à fresagem quente ou fria. A fresagem fria é feita com a fresa. A fresagem quente é feita pelo pré-aquecimento ou derretimento da superfície gasta com a ajuda de queimadores, aquecedores infravermelhos, ou até mesmo de "canhões de laser". O canhão de laser emite uma radiação monocromática altamente concentrada com uma grande capacidade de aquecimento. A fresagem a laser é relativamente cara e exige muita energia (eletricidade) que geralmente precisa ser gerada no terreno. Contudo, é um método de trabalho relativamente limpo, que causa pouca emissão.

O asfalto fresado (geralmente concreto de asfalto) ocasionalmente se submete ao "tratamento de rejuvenescimento" no sítio ou caso contrário, pela adição do asfalto novo ou óleo superficial à mistura.

Aquecimento dielétrico

Este novo método é informalmente mencionado como "microondas". O asfalto antigo é removido usando um dos métodos citados anteriormente e então é colocado num enorme microondas. A radiação eletromagnética aquece a mistura no material, resultando numa espécie de processo de derretimento.

Figura 5.8 MARS (Microwave Asphalt Recycling System – Sistema de Reciclagem de Asfalto Microondas)

A maior vantagem do aquecimento dielétrico é causar pouca ou nenhuma emissão, mas envolve um alto consumo de energia. Este método tem sido usado há algum tempo na vulcanização de pneus e na pasteurização de produtos alimentícios.

A vantagem da fresagem dielétrica em construções é que a sujeira pode ser removida pela retirada de apenas uma camada superficial ultrafina. Os materiais de demolição restantes são limpos (concreto ou outra matéria-prima pedregosa) e podem ser reciclados. O material retirado pela fresagem é levado embora para um local de deposição. A deposição desse resíduo "perigoso" é cara, mas a quantidade é minimizada. Métodos modernos tornam possível o ajuste da profundidade da fresagem.

Também foi descoberta a utilidade da fresagem dielétrica na demolição de instalações nucleares nas quais apenas a parede de frente do reator é contaminada pela radioatividade. Na prática, a espessura da camada contaminada a ser fresada é em média de 4 cm, ou aproximadamente de 1 ½% e 2% da quantidade total do lixo gerado.

Esta camada é subseqüentemente escarificada. A fresagem pode também ser realizada por um veículo controlado por controle remoto (trator de esteiras) com uma fresa de microondas embutida.

Na fresagem dielétrica, a superfície da parede de concreto ou o pavimento da estrada é aquecido. A temperatura sobe rapidamente, e a camada superficial é pulverizada como resultado da expansão térmica e das correntes induzidas. A profundidade da "penetração da radiação" pode ser controlada bem acuradamente, usando as freqüências variando entre 900 e 2.500 MHz. A vantagem deste método é que ele praticamente não causa poeira e barulho.

A espessura das camadas a serem fresadas varia entre 20 e 90 mm, numa freqüência de aproximadamente 900 MHz, e entre 3 e 25 mm, numa freqüência de 2.450 MHz. O rendimento deste método é de entre 2 e 4 litros de concreto por kWh.

Ao se reciclar asfalto com a ajuda de aquecimento dielétrico, a camada de betume é amaciada. Esta técnica foi introduzida nos Estados Unidos por volta de 1989.

Uma absorção do campo elétrico por areia e brita é diferente daquela do betume. Areia e brita transferem seu calor para o aglomerante.

Uma vantagem adicional do aquecimento dielétrico é que o betume não é superaquecido e então não "envelhece".

A fresagem mecânica é freqüentemente usada na reciclagem de asfalto. A máquina remove a camada de desgaste e a aquece e regenera diretamente na usina móvel de asfalto. Este método é também adequado para reparações locais do asfalto. As áreas do asfalto a serem reparadas são aquecidas até aproximadamente 155 °C, seguido pela adição de óleo rejuvenescedor. A vantagem deste método é não só a ausência de fumaça e barulho, mas também a baixa emissão de CO_2, NO_x e de hidrocarbonos aromáticos policíclicos.

O método dielétrico é também usado na limpeza de solos contaminados.

Tratamento com choque elétrico

Uma nova técnica introduzida recentemente pode fazer o concreto se desintegrar por meio de choques elétricos. O sistema utiliza descargas de correntes extremamente curtas e pulsadas (200 nano por segundo) para fazer o concreto se fragmentar em componentes de brita, areia e argamassa de cimento endurecida. Um impulso de 6 kA é gerado para cada onda de corrente, e uma onda de choque se propaga pelas beiradas da estrutura das partículas. O problema, contudo, é que o processo ainda não é de fácil controle e implica muito dispêndio de energia elétrica.

5.3 Processamento

5.3.1 Introdução

Diferentes estágios

Os métodos de processamento de minério e a sinergia com técnicas de processamento de sucata já foram discutidos nas seções precedentes. No caso de fragmentadores de automóveis, existe uma distinção razoavelmente clara entre equipamentos *upstream* e *downstream*. Contudo, no que se refere ao resíduo de construção e demolição (RCD), a distinção é menos clara. Por exemplo, o peneiramento pode ser realizado antes ou depois da trituração com percussão ou outros trituradores. Todavia, no caso da pré-fragmentação existem alguns paralelos. Com RCD, são empregadas britadeiras de mandíbulas ou britadeiras de martelo, e com fragmentadores de carros usam-se de pré-retalhadores ou rompedores que partem o carro em grandes pedaços. Isso tira a "força" do material, para que o fragmentador seja menos propenso a emperrar, e também reduz o consumo de energia, evitando os picos de cargas mais caros.

Com RCD, as britadeiras de mandíbula e às vezes também a britadeira de martelo (britadeira de percussão) são usadas para o mesmo propósito que o retalhador *upstream* da fragmentadora de carros. Em um país como o Japão, onde o espaço é escasso e a eletricidade é cara, mais que um terço das fragmentadoras de carros tem uma pré-retalhadora *upstream*.

Pelo fato de os estágios envolvidos na fragmentação do RCD serem menos claramente distintos um do outro do que no caso das fragmentadoras de metais, temos de escolher uma certa ordem para descrever o processo do RCD. Nota-se, contudo, que a ordem da descrição pode não corresponder às situações mais comuns.

Usinas estacionárias e móveis

Usinas estacionárias (permanentemente instaladas) para o RCD são extensas, ocupando um grande espaço. Elas são feitas de várias instalações estacionárias e geralmente têm uma ordenação completa de correias transportadoras, diversas peneiras e freqüentemente dois tipos de britadeiras. O RCD é levado à usina, e não o contrário.

Usinas móveis, pelo contrário, são levadas ao objeto a ser demolido (edifício ou estrada) antes do trabalho de trituração ser iniciado. Eles geralmente têm apenas um alimentador, uma correia transportadora, uma britadeira e uma ou, às vezes, duas peneiras.

Figura 5.9 Uma usina de britagem e de peneiramento estacionária (Foto: Kleemann Reiner)

Figura 5.10 Britadeira de percussão móvel com alimentação de peneira vibratória no lado direito e uma segunda peneira no meio

Algumas britadeiras móveis consistem de dois veículos sobre trilhos: uma britadeira sobre trilhos, com carregadores de alimentação e de descarga e uma peneira sobre trilhos, também com vários carregadores. Para triturar e remover o material, essas duas máquinas são geralmente conectadas, uma atrás da outra, para que o material triturado vá diretamente para a seção de peneiramento.

Ordem das operações

O diagrama de escoamento da figura 5.11 mostra a ordem de operações *upstream* e *downstream*, antes e depois da trituração.

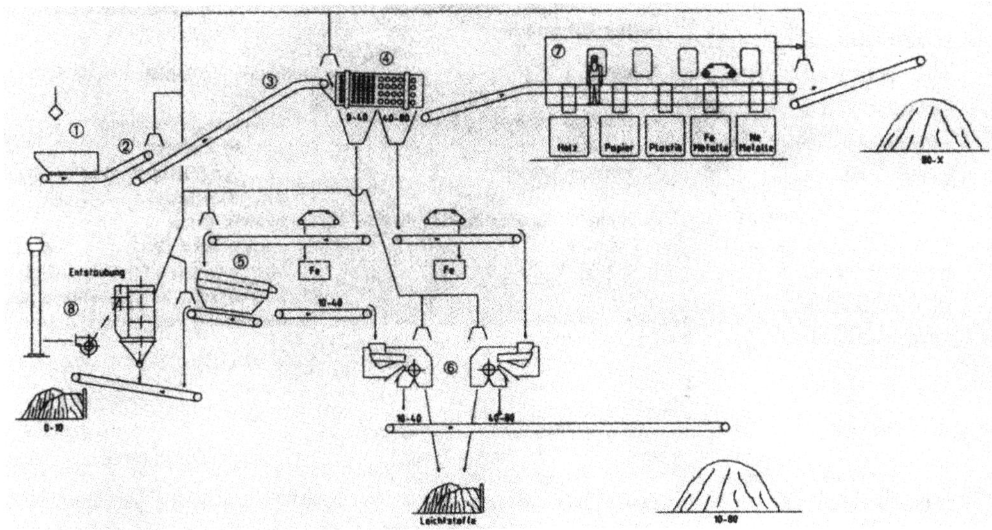

Figura 5.11 Diagrama do fluxo de processamento do resíduo de construção e demolição (sistema Hazemag)

1 O resíduo de construção misturado chega no contêiner. Freqüentemente, ele é primeiro despejado no chão para que os grandes pedaços de madeira, plásticos e placas, painéis isolantes, etc. possam ser removidos por um guindaste de garra.
2 Correias transportadoras carregam o resto do resíduo até o abrigo de armazenagem.
3 Correias transportadoras carregam para peneiramento e silos de seleção.
4 As frações 0-40 mm e 40-80 mm são separadas nos silos.
5 Separação magnética da fração férrea. As frações de 0-10 mm e 10-40 mm são separadas por peneiramento mais fino.
6 As frações de 10-40 e 40-80 são peneiradas e trituradas por impacto. Frações leves como papel, plástico, poliestireno expandido e espuma podem ser peneiradas por ventilação nesse estágio, juntando-se ao centro de remoção ou extração de poeira para os estágios 2, 4, 5, 6 e 7.
7 A fração > 80 mm é selecionada manualmente. Os materiais retirados – como metais (ferrosos e não-ferrrosos), papéis, papel-cartão, plástico e materiais isolantes – são despejados em contêineres.

Uma tremonha (um tipo de peneira que atua por vibração), um sistema de classificação e correias transportadoras são quase sempre usados para o RCD restante.

A classificação é feita com uma peneira comum, de uma ou de múltiplas camadas com uma peneira de barras. O material é então triturado usando uma ou outra das britadeiras descritas abaixo.

A próxima operação freqüentemente consiste na remoção magnética de metais ferrosos, seguidos pela remoção de materiais não-pétreos, como papel, papelão, madeira e plástico.

Às vezes, contudo, esses materiais não-pétreos são removidos antes da trituração, tanto manual como mecanicamente. Como já foi mencionado, a separação mecânica pode ser um processo úmido ou seco.

O material é então colocado num pré-triturador, numa britadeira de mandíbula ou até mesmo num impactador. Se necessário, ele é depois quebrado em uma britadeira de martelo ou em um triturador cônico. A seguir é feito o peneiramento nas frações desejadas, classificando-se o material e feito de acordo com o tamanho. O peneiramento é um dos métodos de processamento mais antigos, certamente para metais lucrativos e para a produção de comida. Por exemplo, o peneiramento de areia aluvial para recuperar poeira de ouro remonta a mil anos atrás. Existe um grande número de técnicas de peneiramento: para peneirar o RCD, por exemplo, existem dúzias de diferentes tipos de peneiras e silos de peneiramento. Aqui descrevemos somente os tipos e as técnicas mais comumente utilizados.

5.3.2 Alimentação

O material do RCD é geralmente colocado numa tremonha usando-se uma pá, ou é despejado num alimentador pesado. Essas máquinas têm de ser capazes de lidar com blocos de concreto que pesam o correspondente a diversas centenas de quilos. Por essa razão, as paredes da tremonha são freqüentemente reforçadas com aço de duro desgaste, geralmente com ligas de 12 % – 14 % de magnésio, ou são cobertas com borracha ou plástico. A rampa de alimentação ou a tremonha de alimentação também pode ser adaptada a uma grelha ou peneira que remove imediatamente materiais finos como areia ou poeira de rua, pois isso tende a causar uma alta taxa de desgaste por causa da limpeza, especialmente no caso da areia.

A correia alimentadora pode ser feita de borracha, plástico ou aço. No último caso, é geralmente uma chapa transportadora, feita de liga resistente ao desgaste ou folha de aço revestida. Às vezes uma peneira em barra é utilizada (ver figura 5.12), classifica de acordo com sua própria freqüência ressonante. Quando o material é depositado na peneira, as barras começam a vibrar, separando então os metais. A vibração também pode ser forçada (dirigida mecanicamente), geralmente por uma espécie de impulso ativo.

A vantagem da peneira de barra é que ela não é sujeita ao entupimento, pois isso é prevenido pelo movimento das barras. Além disso, o movimento possibilita que o material seja removido facilmente. A desvantagem é que não fornece uma classificação apurada pelo tamanho das partículas.

Nesse estágio de alimentação, às vezes a seleção é feita manualmente. Como alternativa, uma pré-seleção pode ser feita por um sistema comum de peneiramento ou sugando e soprando os materiais não-pétreos. A pré-seleção é geralmente usada no resíduo de construção, também conhecido como "contêineres de resíduos", o que resulta numa grande quantidade de latas de tinta, placas de gesso, materiais isolantes (lã de pedra, lã de vidro, etc.), madeira, plástico e assim por diante.

Não haveria logicamente razão em depositar isso numa britadeira de mandíbula ou num triturador de percussão, pois o produto final na forma de brita reutilizável só seria contaminado e muito degradado.

Figura 5.12 Peneira de barra

5.3.3 Redução de tamanho

TRITURAÇÃO *UPSTREAM* E *DOWNSTREAM*

Assim como a fragmentadora de carros, um pré-triturador ou retalhador é geralmente utilizado na pré-trituração de entulho. As britadeiras que realmente quebram o material em grânulos não são projetadas para atuar com pedaços de concreto grandes e pesados, especialmente se estes forem armados com ferro. A pré-trituração é então usada para tirar a "força" dos grandes pedaços e assim prevenir estragos nas britadeiras.

Contudo, não é sempre possível fazer uma distinção clara entre os pré-trituradores e a verdadeira trituração *downstream*. Às vezes, os pré-trituradores funcionam como as britadeiras principais, enquanto em outros casos eles podem ser omitidos, e às vezes não fica inteiramente claro a qual categoria de trituradores eles pertencem. Uma britadeira giratória ou uma britadeira tronco-cônica, por exemplo, pode ser usada como pré-triturador ou britadeira principal, apesar de que, no caso do RCD, estes são típicos trituradores *downstream*.

O importante ao triturar RCD é obter material cubical como produto final sempre que possível; o material não pode ser triturado ou fragmentado em grânulos muito finos.

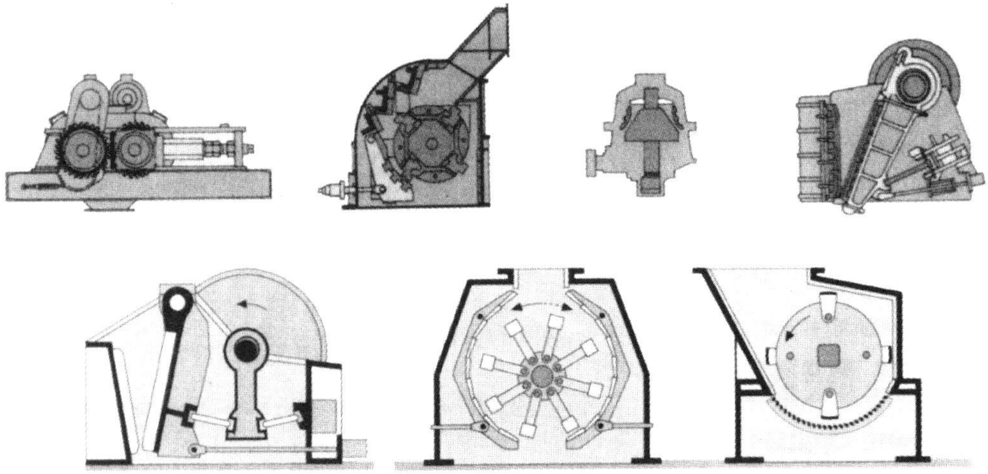

Figura 5.13 Vários tipos de britadeiras. Em sentido horário: britadeira de rolos, britadeira de percussão, britadeira tronco-cônica, britadeira de mandíbula, britadeira com martelo e grelha (para metal), martelo escombrador para RCD, britadeira de mandíbula em ângulo

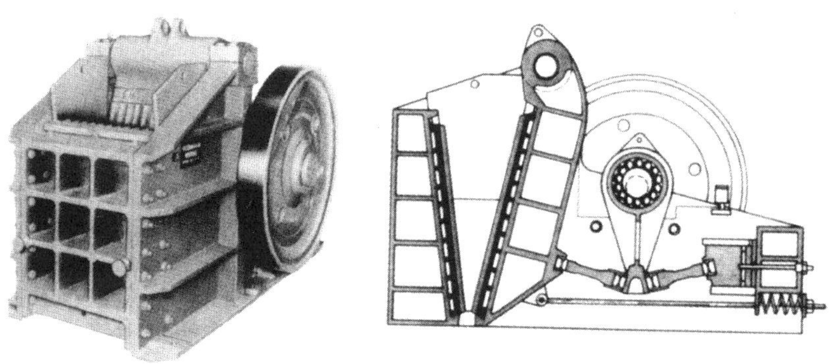

Figura 5.14 Britadeiras de mandíbula

Britadeiras de mandíbula

Como já mencionado, grandes pedaços de concreto armado, como uma parte ou uma pilastra inteira de uma ponte ou viaduto, podem causar sérios danos à britadeira principal, sendo de percussão ou de outro tipo. Se tal pedaço cai numa britadeira de percussão de rápida rotação, a máquina não pode triturá-lo suficientemente rápido, resultando na sua quebra.

Por essa razão, o material é pré-reduzido nas britadeiras de mandíbula. Essas são máquinas que operam vagarosamente, que cortam ou trituram os pedaços pesados entre duas mandíbulas reforçadas e resistentes ao desgaste com o mesmo princípio de um quebra-nozes. Elas são geralmente projetadas para lidar com peças grandes, mas quebradiças.

A britadeira de mandíbula é uma espécie de espremedor com dois pratos pesados de aço num arranjo em forma de V. Estes são freqüentemente reforçados com rugas, ou têm dentes pesados ou pinos soldados neles. As britadeiras de mandíbula descarregam o material triturado num alimentador forte, resistente ao desgaste, que vibra ou chacoalha, recolhe a pedra, o concreto e o ferro. Às vezes, o alimentador também peneira imediatamente o material fino demais. Isso também pode ser feito usando um sistema de peneiramento conectado ao alimentador.*

Além das britadeiras de mandíbula única (ou "simples"), que têm uma mandíbula móvel movimentada mecanicamente pelo alto, também há britadeiras angulares, nas quais a mandíbula cerra na base num primeiro passo, e em seguida reabre por baixo, movida por um pistão duplo.

A britadeira de mandíbula tem um movimento duplo: para trás e para frente (esmagando) e para cima e para baixo, que juntos resultam numa trajetória elíptica da mandíbula móvel. Esse tipo de britadeira de mandíbula é particularmente muito adequado para grandes peças ou partes difíceis de quebrar. Seu movimento é relativamente lento comparado a outras britadeiras. A abertura da mandíbula em formato de V é relativamente curta. Uma característica da britadeira de mandíbula é que ela gera relativamente pouco material fino. Isso é visto como uma vantagem porque o material fino que desaparece através das peneiras tende a ser altamente poluído com, por exemplo, hidrocarbonos aromáticos policíclicos, tornando-o virtualmente inutilizável para bons materiais de construção.

A britadeira de mandíbula em ângulo, por outro lado, tem uma abertura de mandíbula relativamente mais longa e uma velocidade mais alta que a britadeira de mandíbula única. A junta especial em forma de cotovelo possibilita que a parede móvel se feche por baixo com grande força e depois seja aberta mais uma vez.

A razão de redução para os dois tipos de britadeiras de mandíbula varia de 4:1 até 7:1, em termos do tamanho médio dos pedaços dos materiais antes e depois da trituração.

A britadeira de mandíbula única ou simples é possante e tem um conjunto de dois volantes muito grandes e pesados, feitos de aço ou ferro fundido, com um diâmetro entre 1 e 2 metros. O eixo dos volantes é excêntrico, daí o movimento elíptico.

Ao contrário da britadeira de mandíbula simples, a britadeira de mandíbula angular tem uma abertura fixa no topo e só é aberta e fechada por baixo, que é onde a trituração se realiza. A britadeira de mandíbula angular também tem, geralmente, um ou dois volantes.

A britadeira de mandíbula é uma máquina clássica de redução muito conhecida. Existem milhares delas em operação em todo o mundo, principalmente na indústria de mineração. Algumas britadeiras de mandíbula no setor de mineração lidam com 20 mil toneladas de materiais por dia, as maiores dentre elas pode pesar mais de 60 toneladas.

* A leitura técnica das páginas 70-72, 81, 83-84, 86-88 e 148 foi feita pelo professor Pedro Paulo Palazzo, que verificou a adequação dos termos técnicos de arquitetura.

Ao contrário das fragmentadoras, a britadeira de mandíbula tem um consumo de energia razoavelmente baixo e uma estrutura relativamente simples, ainda que de tempos em tempos possa emperrar por causa da sua abertura em V. Contudo, uma vez que a ponta do V fecha por completo, mas tem uma abertura ajustável na parte inferior, a obstrução é geralmente apenas temporária. Sempre que um pedaço inquebrável, tal como um grande fragmento de aço, fica preso no ponto do V, a abertura é aberta à força por meio de uma mola, um macaco hidráulico ou uma barra.

Britadeiras giratórias e cônicas

Rigorosamente falando, o termo "britadeira giratória" aplica-se às britadeiras giratórias e ás cônicas, sendo ambas comumente chamadas de "britadeiras de giro". Para poder distinguir entre elas, a primeira é às vezes mencionada como a "verdadeira" britadeira de giro e a outra como uma britadeira cônica. Nas explicações seguintes, o termo britadeira "giratória" é usado para se referir a uma verdadeira britadeira giratória. Esses dois tipos de britadeira trabalham com o mesmo princípio, com a diferença de que a britadeira giratória tem uma altura maior que a cônica (ver figura 5.15). Em contraste com a britadeira de mandíbula, estas não esmagam ou trituram muito o material, mas o despedaçam contra um objeto estacionário, como o rompedor de percussão ou de martelo, descritos a seguir. Sua ação pode ser comparada com a de um badalo batendo na borda de um sino. O cone (britadeira cônica) realiza um movimento giratório dirigido por uma roda excêntrica.

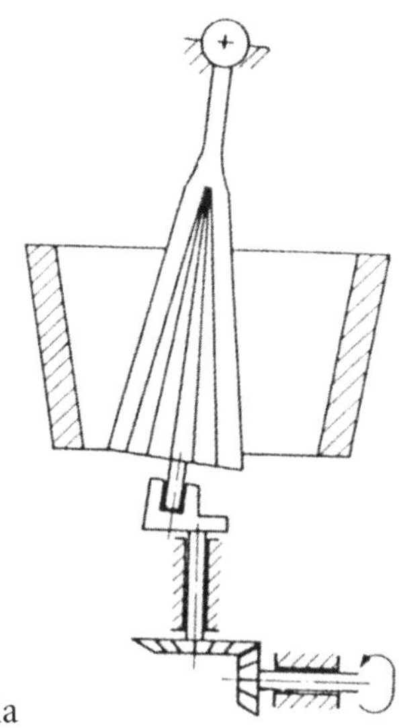

Figura 5.15 Britadeira giratória

Britadeiras giratórias são freqüentemente usadas em vez das britadeiras de mandíbula na indústria de mineração, e apesar de elas serem um pouco menos possantes, têm uma enorme capacidade. Também se averiguou que as britadeiras giratórias e cônicas têm a capacidade de triturar pedaços maiores sem emperrar. Há também pouca chance de quebrar por causa de um pedaço grande ou pesado demais. Além disso, nos dias de hoje essas máquinas são freqüentemente controladas por uma embreagem fluida, que tem como vantagem de escorregar se a carga for muito grande.

Outra característica útil é a habilidade de abaixar todo o cone de trituração e levantá-lo novamente com a força hidráulica para deixar o material muito grande ou quebrado cair dele mais facilmente.

No topo da britadeira giratória fica uma junta universal que permite um movimento vertical e rotatório, enquanto embaixo fica um rolamento de esferas comum e pesado.

Em alguns casos, a britadeira cônica também tem rolamento de esferas embaixo, geralmente rolamentos duplos, para melhor resistir às forças.

As forças envolvidas são tão grandes que este tipo de britadeira é, às vezes, usado como uma pré-britadeira, principalmente na indústria de mineração.

A britadeira giratória tem uma entrada de abertura um tanto maior que a da britadeira cônica. A parte interna do "sino" e a parte externa do badalo são geralmente nervuradas para aumentar a fricção e dar uma melhor *performance* de trituração.

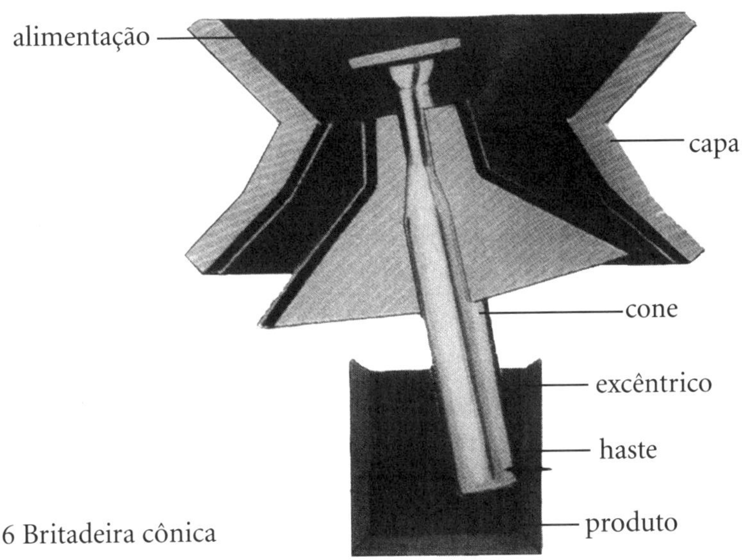

Figura 5.16 Britadeira cônica

Apesar de as britadeiras giratória e cônica serem às vezes usadas isoladamente, no caso de RCD elas se desenvolveram como típicas máquinas *downstream;* nesse sentido elas são apenas o contrário da britadeira de mandíbula.

O raio de redução de uma britadeira giratória é geralmente menor que o da britadeira cônica. A anterior varia entre 5:1 e 10:1, enquanto a última é bem maior, ao redor de 15:1. Para as dimensões da entrada, estas são praticamente ilimitadas para uma britadeira giratória, mas mais restritas para uma britadeira cônica, que é preferivelmente usada para triturar pedaços com diâmetros com menos de 200 mm.

É recomendável remover o máximo possível de madeira e aço do RCD antes de depositá-los nessas britadeiras, porque esses materiais podem ser transformados em farpas ou em camadas finas, causando acumulação de materiais e obstrução.

As vantagens das britadeiras giratórias e cônicas são seus consumos de energia relativamente baixos e o razoável controle sobre o tamanho das partículas produzidas. Além disso, o percentual de material fino produzido por uma britadeira giratória é geralmente baixo, menor que 10%, enquanto com uma britadeira cônica ele é geralmente menor que 20%.

Por outro lado, britadeiras giratórias e cônicas são mais complexas na construção que britadeiras de mandíbula, que tendem a tornar a manutenção e a limpeza das obstruções mais difíceis. A britadeira de mandíbula pode ser freada quase imediatamente e é provida com uma válvula de segurança de superpressão, barra de arrombamento ou mola (mola de pressão ou de tensão).

Britadeiras giratórias ou cônicas, ao contrário, param menos rapidamente, mas o uso de um fluido de embreagem reduz o risco de quebra. Nos dias de hoje, um aparato hidráulico de segurança é usado para abrir a parte larga do cone ou até mesmo parar a máquina em caso de emperramento. As desvantagens das britadeiras giratórias são sua altura relativamente grande e o difícil acesso a algumas partes para a manutenção.

Britadeiras de impacto

Ao contrário das britadeiras de mandíbula que lenta mas poderosamente comprimem o RCD, e das britadeiras giratórias e cônicas que quebram o RCD frágil tornando-o pó, as britadeiras de impacto operam pela combinação de massa com um rotor de rápida rotação. O material – pedra ou metal – cai no rotor e é pego por dentes ou facas rígidas de aço presas ao rotor. Estes o arremessam contra uma "placa rompedora", que o esmaga em pequenos pedaços. Esta britadeira de impacto para RCD trabalha, portanto, com dentes fixos ou facas, e na prática é designada de "impactador".

O outro tipo de britadeira de impacto, o fragmentador, tem também um rotor de rotação rápida, mas nesse caso as facas (martelos) são montadas em hastes que correm através do rotor, para que eles possam girar 360°. Isso fornece força extra ao material, que é tornado fino pelos martelos soltos contra a parede reforçada da casa de proteção do rotor. Os próprios martelos consistem de pesadas barras de aço ou impactadores de aço em formato de sino. Quando o rotor pára, eles ficam pendurados para baixo. Quando o rotor atinge uma certa velocidade, a força centrífuga faz os martelos postarem-se retos na parte externa para dar um impulso extra ao material.

Uma vantagem dos fragmentadores ou dos escombradores é que eles acomodam materiais muito duros ou muito grossos, pois os martelos podem virar para dentro deixando mais espaço para o objeto pesado. O fragmentador é o tipo de máquina mais adequada para quebrar objetos de aço como carros, mas para RCD o "balanço" extra dos martelos soltos é geralmente desnecessário.

Britadeiras de impacto, por outro lado, são eminentemente adequadas para RCD, quebrando-o e "lixando-o" para resultar em materiais suavemente lisos. Vários tipos de britadeiras de impacto podem ser usados para reduzir o RCD, como os impactadores, os trituradores de rolo ou os escombradores. Mas para fragmentar carros velhos, apenas o escombrador é adequado; todos os outros métodos são lentos demais ou não são suficientemente fortes para lidar com carros.

No caso de RCD, a tarefa do impactador é bem mais simples, como triturar materiais pétreos (preferencialmente de forma cúbica) e assegurar que qualquer ferro presente seja liberado por trituração e separado dos materiais pétreos.

Impactadores para RCD são disponíveis em modelos ao redor de 200 a 600 HP. A maioria dos novos fragmentadores de carros é atualmente dirigida por motores elétricos com capacidades que variam entre 1.000 e 7.000 HP. Capacidades tão altas não são necessárias para britadeiras de RCD, que exigem menos potência para a trituração em alta velocidade de entulho de tijolos e de concreto, pois estes são muito mais quebradiços. A maioria das britadeiras de impacto para RCD é impactadora; o fragmentador de RCD, com seus martelos de rotação livre, é usado com muito menos freqüência.

Uma britadeira de impacto ou impactador tem um rotor que pesa várias centenas de quilogramas e gira razoavelmente rápido. O rotor tem puxadores unidos ou parafusados a ele (para pedras mais moles). Alternativamente, facas de aço duras (facas quebradeiras) podem ser fixadas na cobertura de proteção do rotor. As facas quebradeiras são fixadas entre dois suportes pois quando elas ficarem quentes podem ser viradas ou substituídas. Os próprios suportes são geralmente montados no rotor para que possam ser mudados.

Em impactadores modernos, as placas rompedoras contra as quais o RCD é arremessado não são fixas, mas têm um ângulo ajustável, e em alguns casos podem ser empurradas para dentro ou para fora. Além de baterem nos rompedores, os amontoados de RCD também se chocam uns com os outros, o que ajuda a reduzir o desgaste interno da máquina. A maioria dos impactadores tem diversas placas rompedoras.

Figura 5.17 Britadeira de impacto (Foto: Hazemag)

Os impactadores são geralmente abertos por baixo, abaixo do rotor. O RCD triturado cai diretamente numa rampa vibratória, numa peneira vibratória ou numa correia transportadora. Em alguns casos, há também uma grelha embaixo do rotor para que os pedaços grandes sejam forçados a rodar mais uma vez. Contudo, tais grelhas de baixo são principalmente encontrados em moinhos de martelo para a fragmentação de carros ou rejeitos para incineradores de resíduo doméstico; elas raramente são usadas para RCD.

Trituração de impacto é um processo seletivo, fazendo essas máquinas eminentemente adequadas para a trituração e a separação de dezenas de milhões de toneladas de escória de altos-fornos e fornos de aço, transformando-os em finas e quebradiças frações de pedras e em frações mais grossas e duras de ferro e aço.

Como pode ser visto nas ilustrações (figura 5.18), as placas rompedoras podem ser ajustadas para girar e acomodar o material; uma mola sobressaindo da casa de proteção do rotor permite que elas sejam empurradas para o lado se necessário, por exemplo, se um pedaço de concreto ou algo do gênero for grande ou pesado demais. Hoje em dia isto é geralmente feito hidraulicamente.

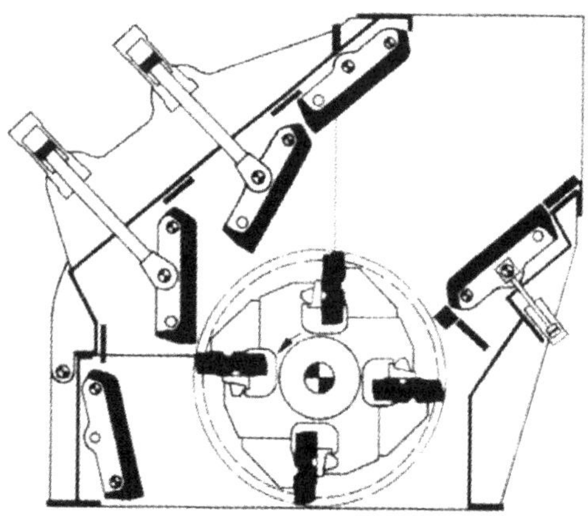

Figura 5.18 Corte de uma britadeira de percussão. Uma britadeira de percussão difere de uma britadeira de carro nos seguintes fatores, entre outros:
- placa rompedora móvel (fragmentador: placa rompedora fixa)
- lâminas rompedoras fixas (fragmentador: martelos que balançam)
- nenhuma grelha embaixo

Modernas britadeiras de RCD têm uma série de componentes controlados hidraulicamente dentro ou sobre a britadeira para:

- ajustar a largura da abertura;
- abrir a tampa superior;
- inclinar a rampa de alimentação;
- organizar a resistência da trituração inclinando as placas rompedoras;
- frear a tração do rotor no caso de sobrecarga;

- aumentar automaticamente a largura da abertura no caso de sobrecarga;
- reajustar automaticamente a largura da abertura depois de uma obstrução ter sido limpa.

Figura 5.19 Um impactador pode ser móvel e é muito menor e mais leve que um fragmentador de carros, e, diferentemente de um fragmentador, não tem um poderoso aspirador de poeira

Os impactadores usados nas instalações estacionárias podem ser enormes: o grande impactador usado por Kleemann Reiner em Ultrecht pode lidar com 700 toneladas de resíduo de construção por hora, ou mais de um milhão de toneladas por ano. O rotor então tem de ter uma resistência ao desgaste muito grande. O mesmo se aplica às placas rompedoras e às paredes da cobertura de proteção do rotor, que devem resistir a fortes golpes e têm, freqüentemente, vários centímetros de espessura. Eles são geralmente feitos de aço de magnésio (com 12% – 14% Mn). Os impactadores usados nas instalações móveis são geralmente muito menores que em instalações estacionárias.

O rotor é dirigido por uma haste comprida que na virada é dirigido por um motor elétrico pesado. O motor é logicamente instalado fora da cobertura de proteção do rotor e tem de ser muito bem montado.

Quando o rotor tem de parar para a manutenção, pode levar um longo tempo antes que sua grande massa pare de girar. Uma vez que o rotor faz uma pausa, o topo da cobertura de proteção do rotor é desparafusado ou aberto hidraulicamente. É então possível entrar na cobertura de proteção e realizar os reparos necessários, por exemplo, substituir ou "soldar" as partes desgastadas.

Às vezes, o rotor inteiro é removido de sua cobertura de proteção para poder realizar o trabalho de soldagem, substituir as lâminas rompedoras, soldar ou substituir o puxador na superfície do rotor. Às vezes, o rotor inteiro deve ser substituído.

Os braços de levantamento hidráulico para a cobertura do rotor são freqüentemente tão fortes que podem também ser usados para levantar o rotor.

Figura 5.20 Uma britadeira de impacto usada como pré-britadeira

Fragmentador

O fragmentador de carros e o impactador de RCD diferem um do outro principalmente em termos do seu "impacto", isto é, a forma na qual a força é exercida no material. Usar um fragmentador de carros para triturar RCD tem a desvantagem de a quantidade de energia por unidade de volume ser tão grande que o RCD é praticamente pulverizado, perdendo então a "cubicidade" desejada.

Um fragmentador é muito mais pesado na construção que um impactador, tem uma velocidade maior, um percentual maior da potência em cavalo e um rotor mais pesado, com martelos que podem girar 360°. Esses martelos são presos a pesados discos de metal com um diâmetro de 1 a 2,5 metros. Através dos discos, existem grossas hastes de aço nos quais os martelos giram (por isso o termo *swing hammers*). Os martelos podem ser substituídos retirando-se as hastes hidraulicamente. Um fragmentador tem entre 9 e 12 discos, cada um dos quais contêm de 10 a 30 martelos.

Trituradores de rolo

O RCD pode também ser triturado entre dois rolos, que são geralmente dentados ou nervurados. Para prevenir a obstrução ou a sobrecarga, um dos dois rolos pode ser montado com molas em rolamentos hidráulicos para que os rolos possam mover-se separadamente se necessário. No caso de sobrecarga ou uma obstrução eminente, a direção pára imediatamente e então os rolos automaticamente viram na direção contrária e descarregam o material pesado. Trituradores de rolo são derivados da indústria de pedra calcária e raramente são usados para RCD.

Figura 5.21 Trituradores de rolos dentados; da frente: aberto; ao fundo: fechado (Foto: Hazemag)

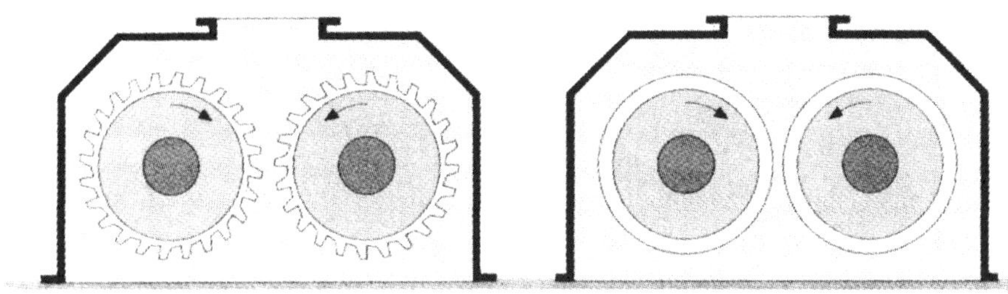

Figura 5.22 Diagrama dos trituradores de rolo; dois tipos diferentes de trituradores de rolo, rolos dentados e lisos, respectivamente

5.3.4 Separação

Separadores magnéticos e de correntes de turbilhão

O RCD tem a tendência de conter grandes quantidades de metais, principalmente ferragens ou aço, que podem ser removidos magneticamente. No caso do concreto armado, isso logicamente tem de ser feito depois da trituração.

Como resultado da trituração feita pelas máquinas descritas anteriormente, o ferro é solto para que possa ser removido.

O ferro tem de ser separado cedo da fração de pedra, caso contrário ele estará propenso a rasgar ou danificar as várias correias transportadoras usadas para transportar o material pedregoso depois da trituração. O RCD triturado, ou pré-triturado, é geralmente levado para uma correia transportadora abaixo do ímã fixo ou da correia magnética rotativa. A correia magnética tem a vantagem de carregar o ferro para um lado que possa ser removido do RCD.

Anteriormente, um eletroímã era usado para extrair materiais ferrosos, mas nos dias de hoje ímãs permanentes são também usados. Estes são feitos de uma combinação de boro, ferro e neodímio sendo de três a cinco vezes mais fortes que o ímã permanente convencional feito de ferro. As vantagens desses ímãs de Nd-B-Fe são que eles não perdem seu magnetismo quando sujeitos a choques mecânicos ou a variações de temperatura e que não consomem nenhuma força. Contudo, são também muito caros.

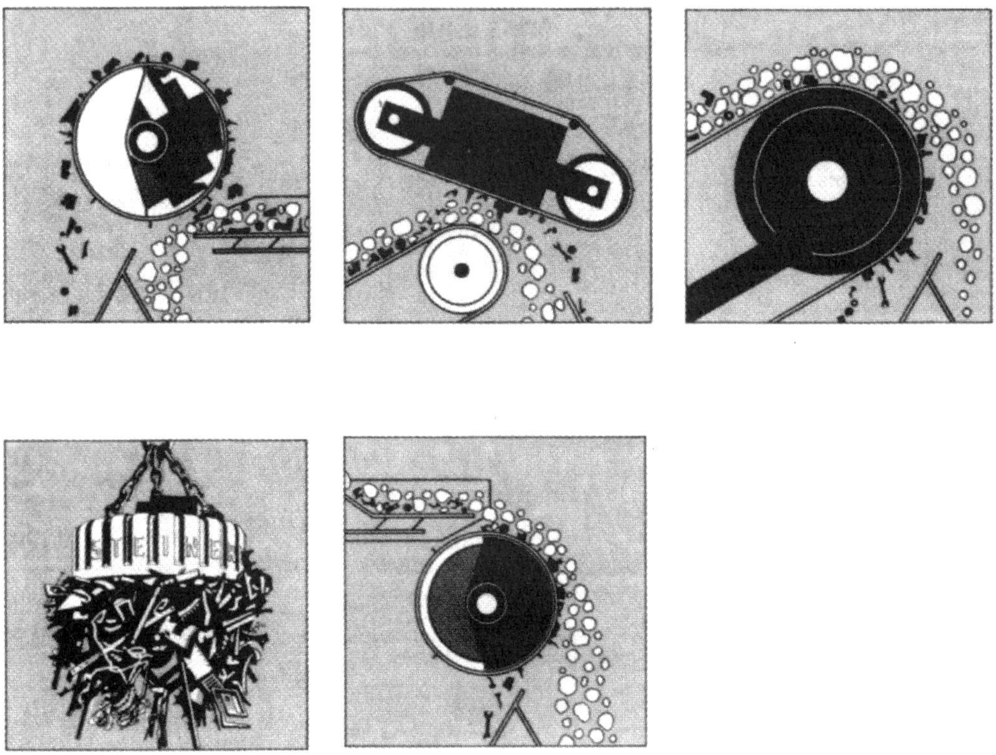

Figura 5.23 Cinco tipos de ímãs Steinert. Em sentido horário: de tambor suspenso, de correia suspensa, de tambor, de correia rolante e de ímã içador

Além de ferro, o RCD contém normalmente grandes quantidades de metais não-ferrrosos, como alumínio, cobre, latão, chumbo e zinco. Atualmente eles também tendem a conter uma quantidade cada vez maior de aço inoxidável. Tais metais ou ligas são não-magnéticos, portanto têm de ser removidos do RCD de uma maneira diferente. Anteriormente, metais não-ferrrosos eram separados manualmente, mas agora isso é feito mecanicamente pela técnica da corrente de turbilhão.

Os tipos modernos de ímãs permanentes mencionados anteriormente são também ideais para fazer correntes de turbilhão ou ímãs magnéticos (descobertos pelo físico francês J. B. L. Foucault). O ímã de corrente de turbilhão é baseado no princípio de que quando um metal condutor é atraído por um campo magnético variável são geradas correntes de turbilhões no metal. As correntes de turbilhões estabelecem um campo magnético cuja direção se opõe ao campo através do qual o metal está sendo atraído. O resultado é que o metal não-magnético e não-ferroso é repelido.

O alumínio reage de modo especialmente forte ao efeito das correntes de turbilhões por ser um condutor muito bom, o que torna possível a remoção do alumínio simplesmente deixando-o descer numa rampa constituída por planos posicionados do pólo norte para o pólo sul.

Contudo, quanto mais forte for o campo magnético e mais rápido ele variar, mais forte será a repulsão. Eletroímãs eram inicialmente usados para esse propósito, mas foi descoberto que ímãs permanentes de Nd-B-Fe em rotação rápida eram muito mais eficientes e logicamente não consomem eletricidade.

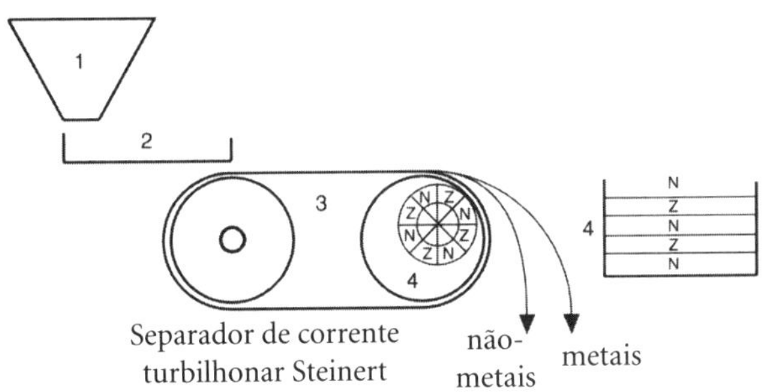

1 = Tanque
2 = Canal vibratório
3 = Correia transportadora
4 = Gerador de corrente elétrica em turbilhão com ímãs permanentes (pólos norte e sul alternados)

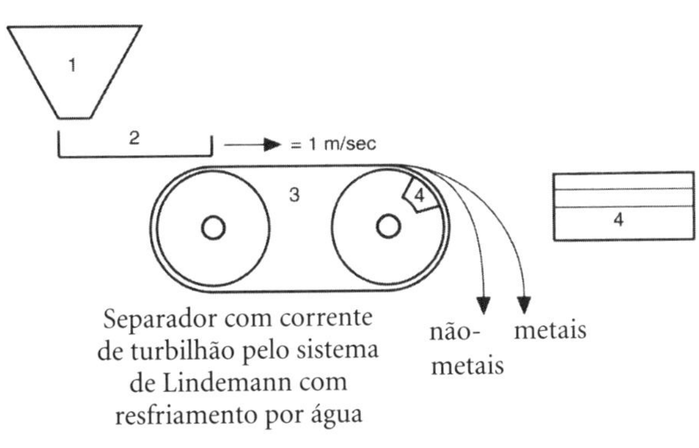

1 = Tanque
2 = Canal vibratório
3 = Correia transportadora
4 = Gerador de corrente elétrica em turbilhão com ímãs permanentes (pólos norte e sul alternados)

Figura 5.24 Separador de corrente de turbilhão (Desenho: TU Delft)

Ímãs de corrente de turbilhão são usados das mais diversas formas em vários processos de reciclagem. Em incineradores para "todos os rejeitos" na Holanda, por exemplo, o alumínio (latas de bebidas, tampas de garrafas, papel alumínio de cozinha, etc.) é "atirado" antes ou depois da incineração, separando-o assim de lixo ou dos escombros.

Muitos equipamentos para triturar o RCD são agora equipados com separador de corrente de turbilhão para que o alumínio e outros metais não-ferrrosos não tenham mais de ser retirados manualmente.

Figura 5.25 Sistema de corrente de turbilhão duplo com peneira em barra no incinerador Alkmaar (Foto: Duos)

Classificação e organização

O processamento do RCD tem muitos pontos em comum com o processamento de outros produtos recicláveis, como o metal, mas difere em um aspecto essencial: a classificação dos produtos finais.

No caso do RCD existe um processo de organização duplo: primeiramente o material não-pedregoso é removido, depois o produto final – a mistura granular – é cuidadosamente organizado em diferentes dimensões. Dessa forma, os diferentes materiais exigidos pelo consumidor – como os entulho de concreto, entulho misturado e entulho de tijolos – são organizados com base nas dimensões. Peneiras são ferramentas essenciais para isso. A classificação compreende as operações de separação e limpeza antes e durante o processamento. O processo de limpeza consiste numa separação a seco ou molhada. A separação a seco inclui, entre outros itens, classificação manual, separação magnética, exclusão por sopro, peneiramento e vibração do material. O processo úmido consiste principalmente na separação com a ajuda de um banho de água ou *aquamator*.

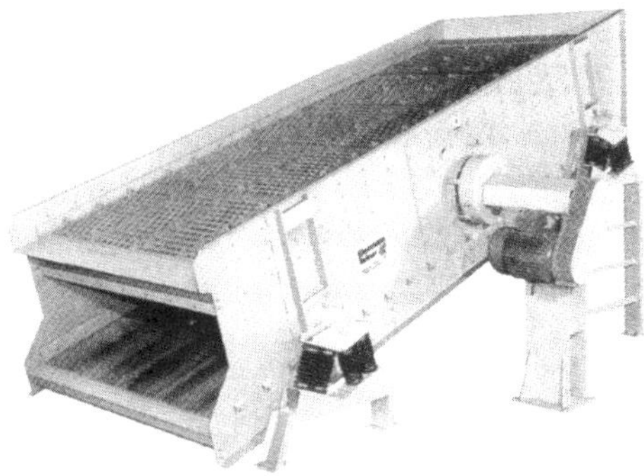

Peneira com tela simples ou dupla para separação grossa

Pré-peneiramento VUB em peneira dupla com tela íngreme no nível inferior

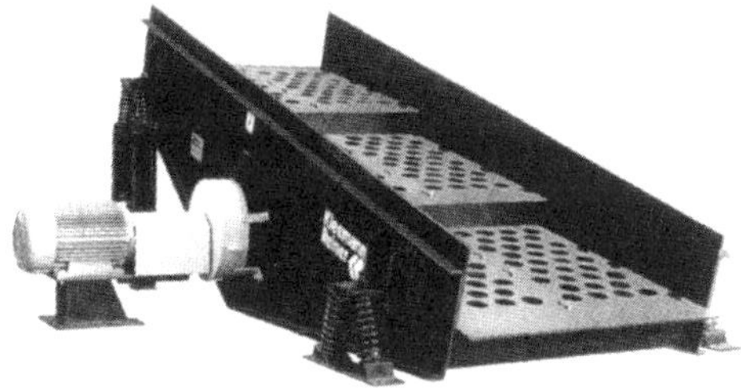

Pré-peneiramento com tela simples VUS

Peneira pesada de tela dupla VUS

Peneira grossa de tela dupla VUSt

Peneira grossa de tela dupla VUSt

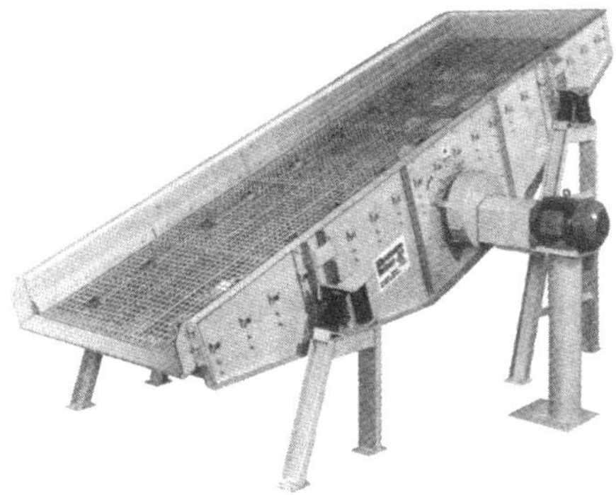

Peneira de tela simples VU1F

Peneira de tela dupla VU2F

Peneira de tela tripla VU3F

Peneira de tela quádrupla VU4F

Figura 5.26 Vários sistemas de peneiramento

Pré-separação

O resíduo de construção contém muito mais tipos de materiais não-pétreos do que o resíduo de demolição, o que significa que se o resíduo de construção tem de ser organizado na instalação, então é preciso fazer uma pré-separação. O resíduo de demolição é também freqüentemente separado em seus diferentes componentes antes de ir para a britadeira fixa ou móvel. Quando a pá deposita o resíduo de demolição na tremonha de alimentação, no alimentador ou na correia transportadora, este é geralmente peneirado imediatamente para poder remover a areia peneirada. Esta não pode ser usada para a mistura granular, pois contém muitas substâncias tóxicas, como hidrocarbonos aromáticos policíclicos, PCB e dioxinas; além disso, ela é fina demais. Debaixo da tremonha, do alimentador ou das correias transportadoras há todo tipo de grelhas e peneiras, das grossas às finas. Essas grelhas e peneiras são encontradas em quase todos os casos, por exemplo debaixo das britadeiras de tipo mandíbulas, giratórias ou cônicas e nos impactadores.

Uma peneira em barra é também usada, como mostrado nas (figuras 5.12 e 5.25).

Atualmente, cada vez mais peneiras são feitas de plástico ou borracha, substituindo o modelo tradicional de aço. Estas têm a grande vantagem da grande flexibilidade do material, o que significa que emperram menos do que as peneiras de aço, reduzindo substancialmente os riscos de interrupção.

Esteira de separação

Um método particular de pré-separação automática é o de usar uma esteira de separação de metal. Esta toma a forma de uma esteira muito grande, em forma de banana, na qual o RCD misturado é despejado de uma correia transportadora ou de um alimentador. No transportador de prato, que consiste em ligas de aço unidas umas às outras por dobradiças de "piano", estão localizados degraus horizontais que carregam os pequenos pedaços para cima, depositando-os do outro lado da correia. Durante esse transporte quase vertical, grandes pedaços empolados caem novamente no fundo, onde são reunidos e removidos.

Figura 5.27 Esteira de separação (Foto: Thole Group Enschede)

Separação manual

A separação manual do resíduo de construção é freqüentemente realizada antes da separação mecânica, e, em alguns casos, depois dela. É freqüentemente feita numa correia transportadora montada em altura, também conhecida como "correia de coleta". Os coletores trabalham "a olho e à mão", geralmente jogando os diferentes materiais em contêineres debaixo deles.

Sucção e sopro

Estes métodos são utilizados para separar os materiais mais leves, tais como papel, papel-cartão, papel compensado, plásticos (incluindo folhas de poliestireno expandido), materiais isolantes (lã de vidro e lã de rocha, etc.) e madeira.

A separação por meio de poderosas correntes de ar é também conhecida como "peneiramento pelo vento". Ela pode ser realizada acima da correia transportadora (extração vertical), ou através da correia transportadora (que nesse caso é perfurada) soprando para cima ou para os lados; o material removido é então levado embora. Em alguns casos as duas operações podem ser combinadas e usadas em vários pontos nos processo.

Hazemag e mais tarde também Kleemann Reiner desenvolveram sistemas eficientes para isso. A fração quebrada é levada por uma correia transportadora. No final da correia, quando o material está prestes a cair, ele entra numa poderosa corrente de ar horizontal proveniente da parte inferior da correia. O material leve é levado "pela corrente de ar" para um grande tambor giratório que o leva embora, enquanto o material pedregoso cai numa correia transportadora mais embaixo.

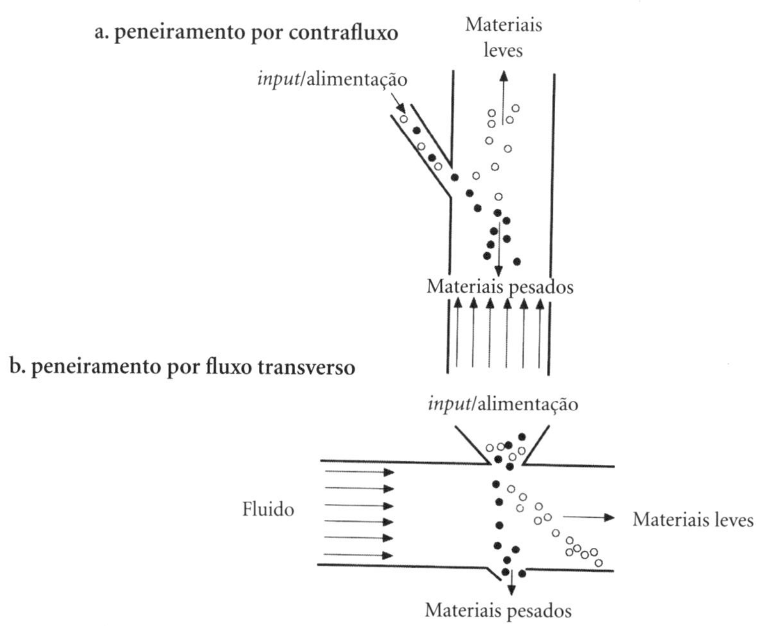

Figura 5.28 Separação a seco por meio do peneiramento pelo vento

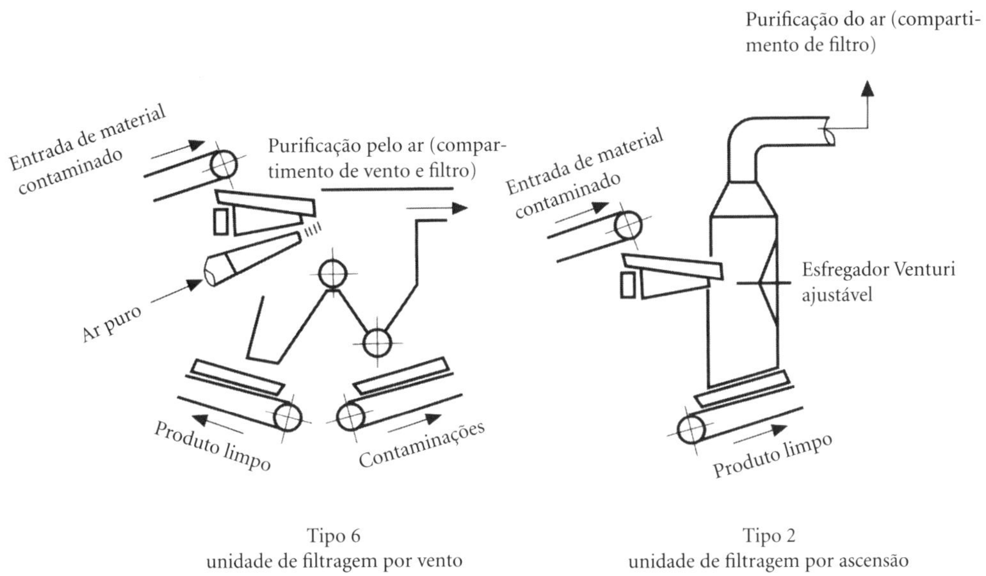

Figura 5.29 Diagrama esquemático duplo

SEPARAÇÃO ÚMIDA

Um outro método de separar o material indesejado leve é dar um banho d'água no material de demolição: o material mais leve geralmente flutua, enquanto o material pedregoso afunda. Uma vantagem deste método é que os materiais pétreos são lavados ao mesmo tempo. Uma desvantagem é que resta um lado que tem de ser removido, o que pode envolver custos relativamente grandes.

Um moderno refinamento na separação úmida é o *aquamator*, no qual uma correia transportadora longa carrega os grânulos de pedras quebradas através de uma corrente de água fluindo na direção oposta da direção da correia. Esse sistema é rápido e eficiente, e ainda que ele produza lado, este pode ser mais facilmente controlado. O sistema aparece na figura 5.30.

SEPARAÇÃO *A JUSANTE*

Uma vez que as várias operações de processamento descritas se completam, o material é separado (categorizado) mecanicamente de acordo com o tamanho e a qualidade dos grânulos.

Isso é feito por um sistema de peneiras, com duas, três ou quatro camadas. Depois de serem categorizados dessa forma, os grânulos são depositado em silos, compartimentos e contêineres separados e em grandes bolsas até serem levados embora.

5.3.5 Transporte interno

Um fator típico de uma instalação para processamento de RCD é o grande número de correias transportadoras, especialmente em instalações fixas; dez a vinte correias não são um caso raro.

Para poder reduzir a quantidade de poeira, as correias transportadoras são geralmente cobertas, comumente com placas semicirculares de chapas onduladas (ver figura 5.9).

Uma dificuldade em ter tantas correias transportadoras é a vulnerabilidade do sistema como um todo; se apenas uma correia quebra ou rompe, o sistema inteiro está sujeito a ser desligado.

O operador é capaz de ver da sacada de controle do painel central onde tal incidente ocorreu. Uma das opções disponíveis a ele neste caso é ligar a seção definitiva do circuito de trituração numa via secundária ou temporariamente isolada para que a instalação como um todo possa continuar funcionando.

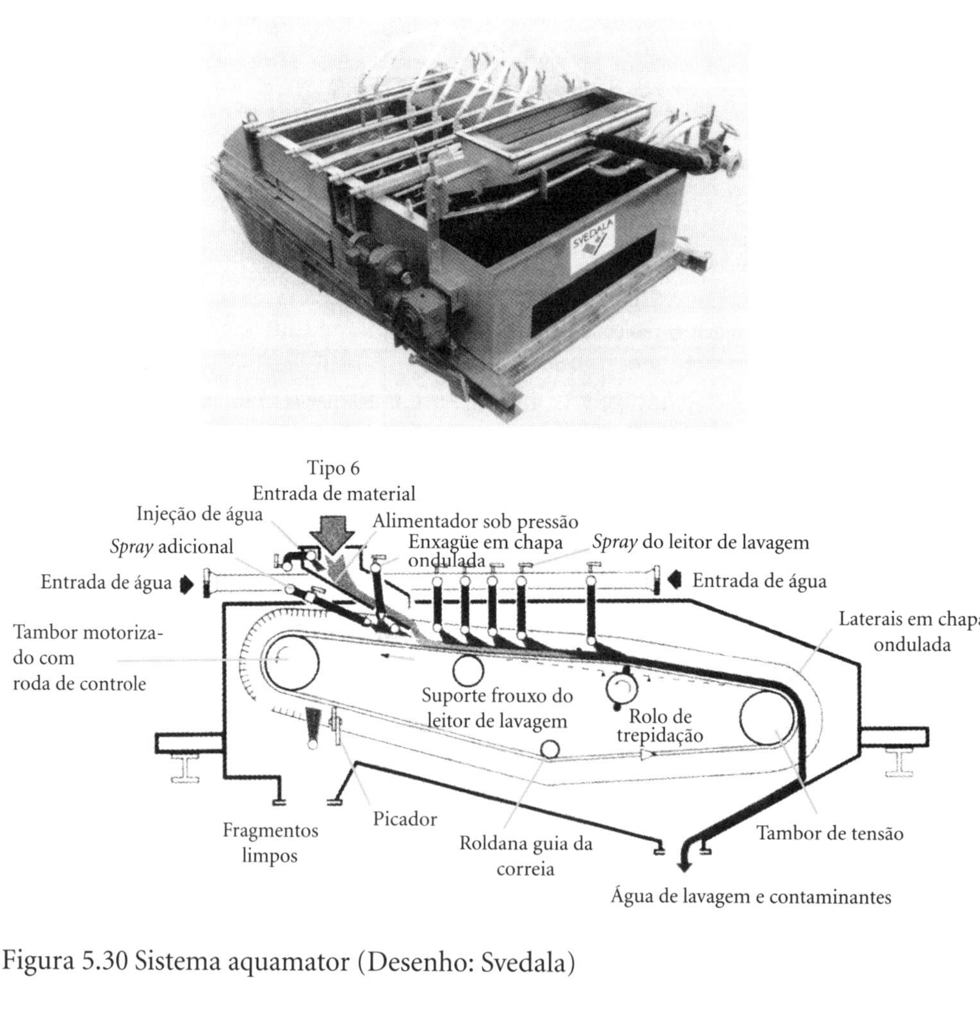

Figura 5.30 Sistema aquamator (Desenho: Svedala)

6 Resíduo de construção e demolição, quantidades e aplicações potenciais

6.1 Introdução

Atualmente, aproximadamente 14 milhões de toneladas de resíduo de construção e demolição (RCD) são produzidos por ano na Holanda, provenientes diretamente de atividades de construção, renovação e demolição (ver tabela 6.1). O RCD é, portanto, a terceira maior fonte de lixo na Holanda, superado somente por um excedente de 65 milhões de toneladas de material proveniente de escavação e 14,5 milhões de toneladas de esterco. Comparativamente, a produção total de lixo doméstico na Holanda atualmente é de 5,5 milhões de toneladas por ano.

Tabela 6.1 Quantidade de resíduo de construção e demolição em 1990 (real) e em 2000 (estimada)

Aplicação	1990 (em 10^6 toneladas)	2000 (em 10^6 toneladas)
Construção de edifícios residenciais	2,9	3,1
Construção de edifícios não residenciais	6,2	7,5
Engenharia civil e de solo	4,8	4,8
Total	13,9	15,4

A atual política governamental na Holanda tem como objetivo reutilizar pelo menos 90% de RCD no ano 2000. Em 1999 somente cerca de 50% foi realmente reutilizado. As quantidades de RCD previsto, que será produzido em 2005 e 2015, estão listadas na

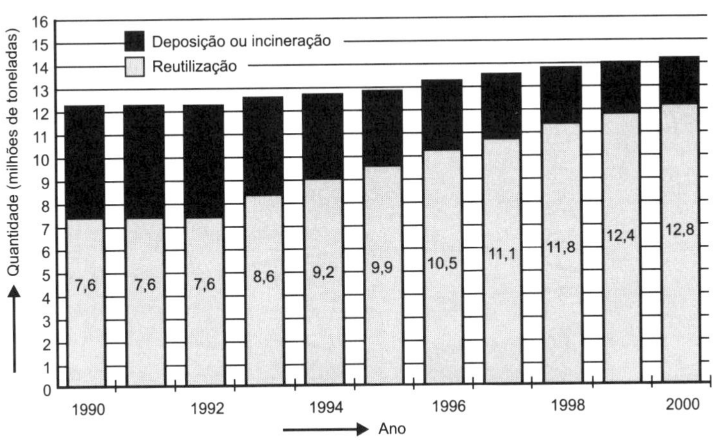

Figura 6.1 Metas do Plano de Implementação de Resíduo de Construção e Demolição (excluindo areia peneirada)

tabela 6.2. Dado que o objetivo é conseguir um ciclo da construção tão fechado quanto possível e prevenir a propagação da contaminação, o uso de RCD não tratado não é considerado reutilização. A figura 6.1 mostra as metas planificadas de reutilização e as porcentagens de deposição ou incineração.

Tabela 6.2 Quantidades estimadas de RCD em 2005 e 2015 (Departamento de Serviços Públicos)

Entulho de construção e demolição em milhões de toneladas	**2005**		**2015**	
	min.	**máx**	**min.**	**máx.**
Produção*	**15**	**25**	**18**	**30**
Comercializado para:				
Camadas de base	5	12	3,5	10
Arrimos	6	6,5	6,5	10
Concreto	0,25	5	0,5	10
Enrocamento, drenos	0,25	1	0,2	2,5
Economias em:				
Brita	0,25	4	0,5	7,5
Areia de concreto	–	1	–	2
Areia de aterro	10,3	15,4	12,7	15,1
Enrocamento	0,1	0,5	0,1	1,25
Pedra calcária	–	0,1	–	0,5
Reutilização, em %	80	95	80	95

* A produção refere-se à quantidade de material predregoso fornecido para o processamento.

A porcentagem de reutilização do produto é limitada pelo tempo por causa dos métodos da construção usados antigamente e mesmo os atuais. Por essa razão, os materiais produzidos devem ser incorporados no processo de produção tentando fechar o ciclo das matérias-primas. Noventa por cento do RCD produzido consiste em material pedregoso, e os 10% remanescentes consiste em madeira, metal, resíduos de embalagens e plásticos (ver figura 6.2).

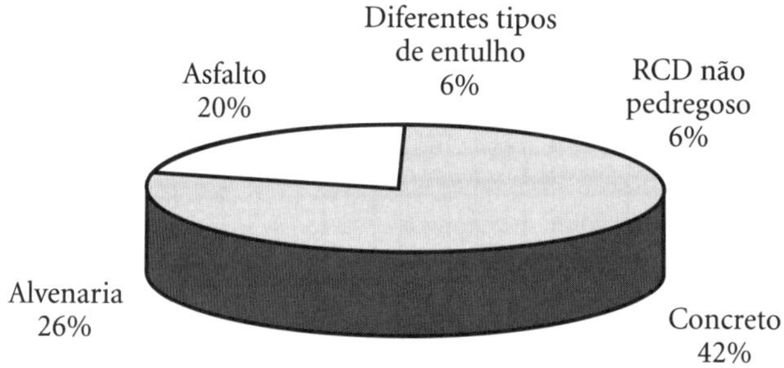

Figura 6.2 Composição do resíduo de construção e demolição (RCD) produzido, expresso em porcentagens

Atualmente, a maior parte do RCD pedregoso processado é usada como agregado em estruturas de engenharia civil e de solos (ver tabela 6.3).

Ao lado das possíveis limitações da indústria da construção em absorver este material, a oferta de RCD pode sofrer modificações na quantidade e na composição futuramente. Espera-se que mais concreto seja produzido, e que haja uma proporção maior de tijolos calcários, gesso e concreto celular, por causa da modificação do uso de materiais na construção e da demolição de gerações de estruturas mais novas.

Tabela 6.3 Potencial de aplicação de agregados e areia de entulho de concreto e alvenaria

Material de construção / Aplicação	Agregado de concreto	Agregado misto	Agregado de alvenaria	Areia triturada reciclada	Areia peneirada (classificada)
Primeiro agregado do concreto					
Concreto protendido	(+)	–	–	(+)	–
Concreto armado	(+)	(+)	(+)	(+)	–
Produtos para concreto	(+)	(+)	(+)	(+)	+
Concreto simples (e concreto magro)	+	+	+	(+)	+
Camadas de base de estradas					
Cimento arenoso	–	–	–	(+)	+
Cimento de asfalto comprimido	–	–	–	0	–
Camada de base impermeável	(+)	(+)	(+)	–	–
Mistura levemente aderente	+	+	–	–	–
Mistura de pedras volumosas	+	+	+	–	–
Estruturas de engenharia hidráulica					
Material central	+	0	–	–	–
Estruturas do solo					
Camada de selador granular	–	–	–	0	0
Estrutura das ruas	–	–	–	(+)	–
Leito de areia	–	–	–	+	+
Arrimo ou preenchimento	0	0	0	+	+

+ aplicação comum (muitos anos de experiência prática).
(+) aplicação em um ou mais testes ou projetos demonstrativos (não há experiência de longo prazo).
0 pesquisa em andamento em escala de laboratório.
– nenhuma aplicação potencial.

6.2 Processamento

Independentemente dos fluxos separados de material de demolição e resíduos de construção, que são devolvidos aos fabricantes pelos sistemas de retorno, a maior parte do resíduo de construção e demolição é apresentada em instalações de processamento, de classificação ou em locais de deposição. A reutilização de alta qualidade suprida não somente pela garantia de qualidade do processo de demolição, mas também pela certificação da fase de processamento. Um Guia de Avaliação Nacional para agregados reciclados usados em concreto e construção de estradas foi elaborado consultando as várias partes envolvidas. Este guia estabelece as exigências que norteiam o sistema de qualidade do fabricante para o processamento de RCD, juntamente com as especificações para o desempenho técnico e ambiental e das propriedades dos agregados reciclados no concreto e na construção de estradas.

6.2.1 Operadores de processamento

O operador de processamento tritura e processa o resíduo de construção e demolição para obter materiais reutilizáveis na construção de edifícios residenciais e não residenciais e estradas. Ocasionalmente, o processamento inclui também limpeza. Agregados, areia peneirada triturada e areia triturada reciclada são obtidos após vários períodos de processamento. Os agregados podem ser classificados, com base nos materiais originais, como: agregado de concreto reciclado, agregado de alvenaria reciclada, agregado misto reciclado e agregado de asfalto reciclado. A areia peneirada e a areia triturada reciclada são obtidas do processamento do RCD pedregoso para agregado. A areia peneirada é produzida durante o primeiro período de peneiramento do RCD antes que o material seja transportado para um triturador. Estamos lidando aqui, principalmente, com resíduo de alvenaria e concreto que foi submetido à demolição seletiva. A areia triturada reciclada é produzida enquanto se peneira o material pedregoso triturado. Uma instalação de trituração liberando seus fluxos separados é mostrada esquematicamente na figura 6.3.

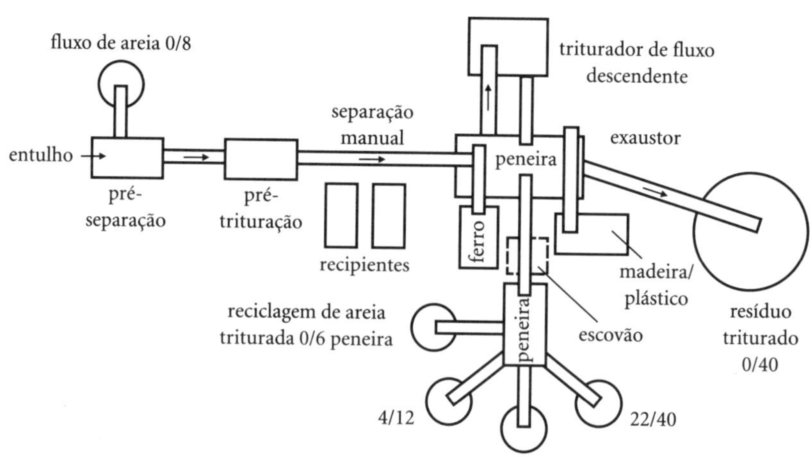

Figura 6.3 Representação esquemática da operação de processamento

A qualidade dos fluxos separados produzidos é determinada principalmente pelo número de períodos do processo, pelo tipo de triturador, pela técnica de separação e pelo critério de aceitação estabelecido previamente.

6.2.2 Operadores de classificação

Os operadores de classificação podem utilizar diferentes técnicas para separar o resíduo em várias partes. A separação, na maior parte dos casos, é feita manualmente. Somente o resíduo da construção é classificado. O resíduo de demolição quase nunca é separado em uma maquinaria de classificação. O processo é mostrado esquematicamente na figura 6.4.

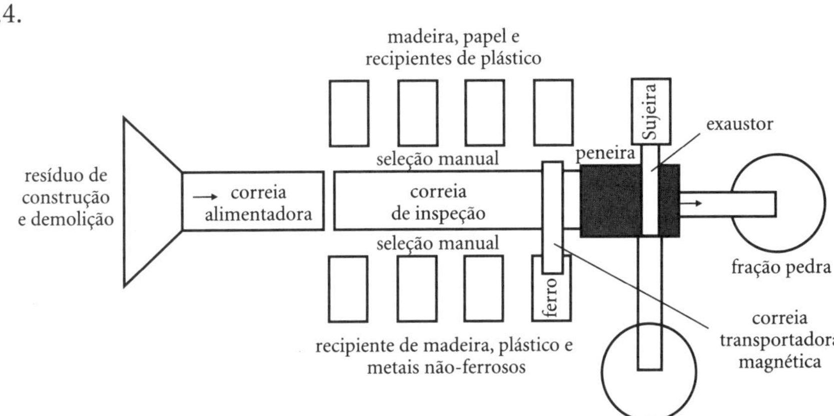

Figura 6.4 Representação esquemática do processo de classificação

Os custos de classificação são muito mais altos que os custos cobrados por um operador de processamento para limpar resíduo. Conseqüentemente, os empreiteiros de demolição já mantêm a maior parte do entulho separada dos outros resíduos no local. Um empreiteiro de demolição pode, no entanto, optar por não demolir seletivamente, e sim levar o resíduo para uma instalação de classificação em razão da falta de espaço no local da construção, pressão de tempo ou retorno insuficiente, porque a quantidade de resíduo é muito pequena para ser separada em diferentes fluxos de material. A areia peneirada classificada é produzida depois que o resíduo da construção e demolição é passado através da peneira, em uma maquinaria de classificação (isto se aplica principalmente à classificação de resíduo misto de demolição).

6.3 Política governamental

6.3.1 Introdução

Os mecanismos de oferta e demanda natural não promovem a prevenção de resíduo e reutilização. Como conseqüência, as autoridades tentam influenciar o mercado de resíduo de construção e demolição por meio da legislação e da regulamentação. O papel das autoridades é principalmente estabelecer valores limites e propor uma política de apoio.

O Plano de Implementação de Resíduo de Construção e Demolição é elaborado para fazer com que os objetivos da política de remoção do resíduo de construção e demolição sejam atingidos. As autoridades têm à disposição muitos meios para influenciar a quantidade e a qualidade do resíduo de construção e demolição. Essas medidas incluem o Decreto de Deposição, os Regulamentos Ambientais Municipais e o Decreto de Materiais de Construção.

Mais adiante examinamos cada um desses detalhadamente, identificando os problemas e fazendo sugestões para promover um alto grau de reutilização por meio da legislação e da regulamentação.

6.3.2 Decreto de Proibição de Deposição de Resíduo de Construção e Demolição

A introdução em duas fases do Decreto de Proibição de Deposição de Resíduo de Construção e Demolição é uma medida importante para a promoção da reutilização. Esta proíbe, por exemplo, deposição de RCD reutilizável e passível de incineração e uso de RCD não tratado.

O Decreto de Proibição de Deposição tem o objetivo de promover a separação de RCD em subfluxos e a sua subseqüente remoção para as instalações de processamento, prevenindo que desapareçam do ciclo da construção.

Além do RCD reutilizável, o Decreto de Proibição de Deposição também se aplica ao RCD produzido durante o processamento de RCD (classificação e trituração). Este resíduo (por exemplo, areia peneirada) muitas vezes ainda contém uma quantidade considerável de material que pode ser utilizado.

Como resultado do Decreto de Proibição de Deposição, o resíduo é levado para as instalações de classificação, onde é separado em várias frações, levando a uma considerável redução na quantidade de resíduo a ser depositado.

Antes da implementação forçada do Decreto de Proibição de Deposição (1º de abril de 1997), os empreiteiros de deposição eram livres para aceitar RCD sem cobrar tarifas. Na prática, este era freqüentemente entulho limpo, que poderia ser utilizado como material de pavimentação, sem processamento anterior. O único modo que as autoridades municipais encontraram para desencorajar isto foi impor tarifas e oferecer licenças para deposição.

O Decreto de Proibição de Deposição também garante que a capacidade excedente do incinerador seja utilizada. Antes que o Decreto fosse introduzido, o RCD não reutilizável e passível de ser incinerado freqüentemente era depositado, apesar da taxa governamental antipoluição de 1993, porque era mais barato do que levar o material aos incineradores.

A certificação das companhias de classificação é um pré-requisito para a implementação apropriada do Decreto de Proibição de Deposição. Desde que o Decreto foi imposto, os proprietários de locais de deposição somente podem aceitar resíduo de companhias certificadas.

Esses operadores de classificação afixam uma "etiqueta de deposição" aos materiais depositados. Essa etiqueta somente pode ser colocada se o resíduo em oferta contiver menos de 12% de material reutilizável. Apesar disso, a implementação apropriada do Decreto de Proibição de Deposição parece ter sido dificultada pela pouca uniformidade de coação por parte das diferentes autoridades municipais.

Os empreiteiros da demolição que separam o RCD na fonte encontram problemas em ter de ir primeiro a uma empresa de classificação, para obter a etiqueta de deposição, antes de levar o material separado, não reutilizável, para o local de deposição. Isso também faz com que a operação seja muito mais cara para eles. Em alguns casos, o custo adicional pode fazer com que a separação na fonte seja menos atraente. Na maneira ideal, os empreiteiros da demolição deveriam ser autorizados a certificar o resíduo não reutilizável, de forma que este pudesse ser levado diretamente para o local de deposição. Tal certificado poderia ser parte do "Certificado do Processo de Demolição".

O Decreto de Proibição de Deposição constitui uma medida importante para atingir a porcentagem de reutilização. Além disso, promove uma melhor qualidade do material reutilizável e faz com que as técnicas de separação e limpeza utilizadas sejam de maior alcance. Dessa forma, além de contribuir para um aumento em geral na proporção de entulho reutilizável, o decreto também contribui enormemente para a reutilização de alta qualidade.

6.3.3 Regulamentos ambientais municipais

A remoção de resíduo é primeiramente organizada em nível municipal; o poder do governo central é descentralizado em favor das autoridades municipais. Essas autoridades têm o poder de incluir regras obrigatórias nos Regulamentos Ambientais Municipais para implementar seu Plano de Políticas Ambientais Municipais.

Isso significa que as autoridades municipais podem aplicar uma política ambiental mais rigorosa do que o governo central, caso não sejam impedidas por exigências de qualidade estabelecidas nas Ordens no Conselho e outros regulamentos.

As doze províncias holandesas formularam regras para resíduos industriais nos Regulamentos Ambientais Municipais, incluindo regras de relatório e separação. As regras de relatório para resíduos industriais têm como objetivo proporcionar aos municípios maior conhecimento dos fluxos de resíduos e permitir o monitoramento apropriado do processamento de resíduos. Sujeitos aos Regulamentos Ambientais Municipais, os coletores de resíduos e os operadores de processamento devem relatar as quantidades de resíduos recebidos trimestralmente. O transporte de resíduo industrial para outro município sem uma licença municipal anterior é proibido. Com estas medidas, as autoridades municipais pretendem desencorajar o transporte desnecessário de resíduo e garantir o uso total de seus caros aparatos, como, por exemplo, as instalações de processamento municipais e os locais de deposição. O lixo incluído na "Lista Verde" (incluindo o RCD pedregoso) está isento dessa proibição de transporte. Apesar disso, esta isenção somente se aplica se o resíduo for realmente reutilizado.

Contudo, podem surgir tensões para as autoridades municipais quando essas não somente agem como administradores de locais de deposição e incineração, mas também operam como elaboradores de políticas, organismos reguladores e inspetores de companhias privadas de processamento de resíduos.

6.3.4 Decreto dos Materiais de Construção

Quando se usam materiais secundários, o impacto ambiental a longo prazo destes materiais no ar ou no solo deve também ser examinado. O Decreto de Materiais de Construção para Proteção do Solo e da Água (ou abreviadamente "Decreto dos Materiais de Construção") é elaborado para levar em conta o conflito de interesses entre a máxima reutilização de resíduo e a máxima proteção do solo e da água.

O Decreto de Materiais de Construção impõe regulamentos para os usuários dos materiais de construção. Por exemplo, misturar com o solo existente enquanto se está processando é proibido; além disso, é possível devolver os materiais de construção, e estes devem ser removidos depois que a estrutura tiver sido limpa.

Também é feita uma distinção entre duas categorias de material de construção. Os materiais da categoria 1 atendem aos critérios-padrão e podem ser usados sem medidas de isolamento. Os materiais da categoria 2 somente atendem aos critérios-padrão se forem tomadas medidas para isolá-los e devem também atender a exigências adicionais.

Os padrões baseiam-se na máxima poluição do solo permitida, causada por substâncias dissolvidas e transportadas lixiviadas por um material de construção. Quando faltam testes de lixiviação suficientemente acurados para certas substâncias, assume-se a composição orgânica do composto.

O Decreto de Materiais de Construção faz, portanto, uma correlação entre as emissões do material de construção por um lado e a poluição do solo resultante (imissão) do outro.

Quando se estabelece a quantidade de emissões dos materiais de construção, distingue-se entre materiais de construção consolidados (C) e não consolidados (N). Consolidado significa que o material tem massa superior a 50 cm^3 e força maior que 2 N/nm^2.

Materiais de construção feitos a partir de matérias-primas secundárias do próprio ciclo da construção (tais como agregados de asfalto, agregados do concreto, agregados mistos, areia triturada reciclada e agregado de alvenaria lavada) situam-se parcialmente na categoria 1. Areia peneirada e resíduo de construção e demolição indefinido enquadram-se em sua maioria na categoria 2. Isso acontece porque todo resíduo de construção e demolição apresenta o risco de ter sido contaminado com compostos orgânicos. Como conseqüência, parte do resíduo não pode ser usada em materiais de construção (especialmente materiais não consolidados), pelo menos não sem prévia seleção e/ou processamento.

O Decreto de Materiais de Construção cria oportunidades para o uso de materiais de construção secundários do ciclo da construção como materiais de construção não consolidados. Além disso, as matérias-primas secundárias podem também ser usadas como parte dos materiais de construção consolidados. Os agregados podem então ser usados para substituir a brita no concreto.

Juntamente com o Decreto de Proibição de Deposição, os requisitos de qualidade do Decreto dos Materiais de Construção resultaram em melhor aceitação e processamento do RCD, que por sua vez são importantes pré-requisitos para a reutilização de alta qualidade.

6.4 Aspectos econômicos

O modelo econômico é baseado em um processo de elaboração de preços por parte dos proprietários individuais, dos operadores de processamento e dos compradores. O modelo é mostrado esquematicamente na figura 6.5, baseado no processo representado na figura 6.6.

Os atores do mercado envolvidos são:

- Proprietários de RCD. Eles podem escolher submeter o RCD a:
  - processamento final;
  - processamento de circuito cinza (não processado ou usando um triturador móvel);
  - processamento em uma instalação de processamento de RCD ou uma instalação de classificação.
- As instalações de processamento de RCD que produzem agregados para o mercado de materiais de construção e podem escolher entre produzir agregados para:
  - aterros e arrimos;
  - bases de estradas e estradas de ferro;
  - agregado para concreto.
- Outros fornecedores para o mercado de materiais, o circuito cinza (usando trituradores móveis) e fornecedores de materiais primários.
- Compradores de materiais para uso em produtos finais que podem escolher entre:
  - materiais primários exclusivamente;
  - substituição completa ou parcial de materiais primários por agregados.
- Compradores dos produtos finais.

O fator-chave é a posição dos materiais produzidos nas unidades de processamento de RCD (coluna UPCD na figura 6.5) com relação aos fluxos dos materiais

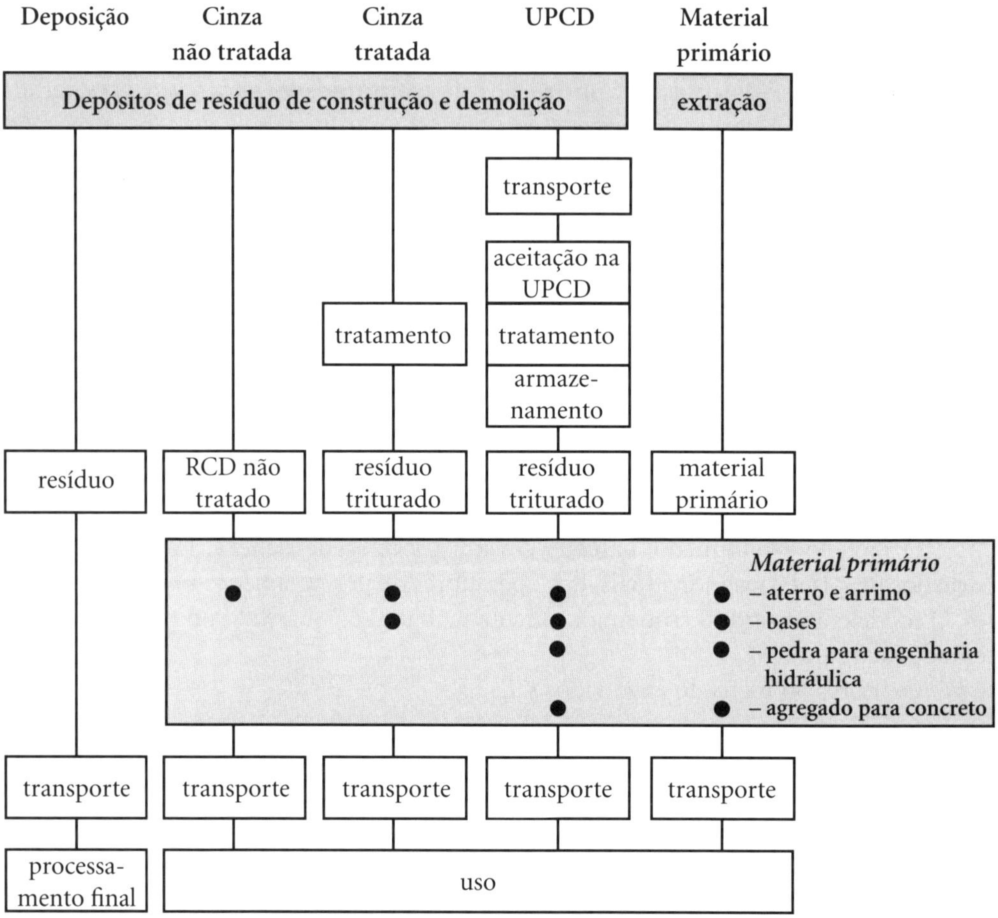

Figura 6.5 Representação esquemática do modelo econômico

"competitivos". Isso se aplica especialmente aos agregados usados na argamassa de concreto e nos produtos de concreto.

O modelo econômico pode ser usado para determinar a margem de lucro para as unidades de processamento de RCD em certos níveis de taxa de aceitação de RCD, custos de processamento e preços dos materiais secundários produzidos. Nessa conexão, é importante para a instalação de processamento de RCD ser capaz de produzir diferentes tipos de agregados, cada um com uma diferente estrutura de custos e uma diferente posição competitiva no mercado dos materiais. A diferença de custos entre materiais secundários e primários é determinada pelo preço de venda na extração ou na unidade de processamento de RCD, pelos custos de transporte ou pelos custos adicionais que incorrem durante o processamento.

Para o primeiro caso, assume-se que os preços da areia e do cascalho de rio são mais ou menos fixos. Isso tem-se comprovado desde que, em preços atuais, a importação de matérias-primas do exterior começou a se tornar atraente.

Figura 6.6 Diagrama do fluxo de processamento do resíduo de construção e demolição

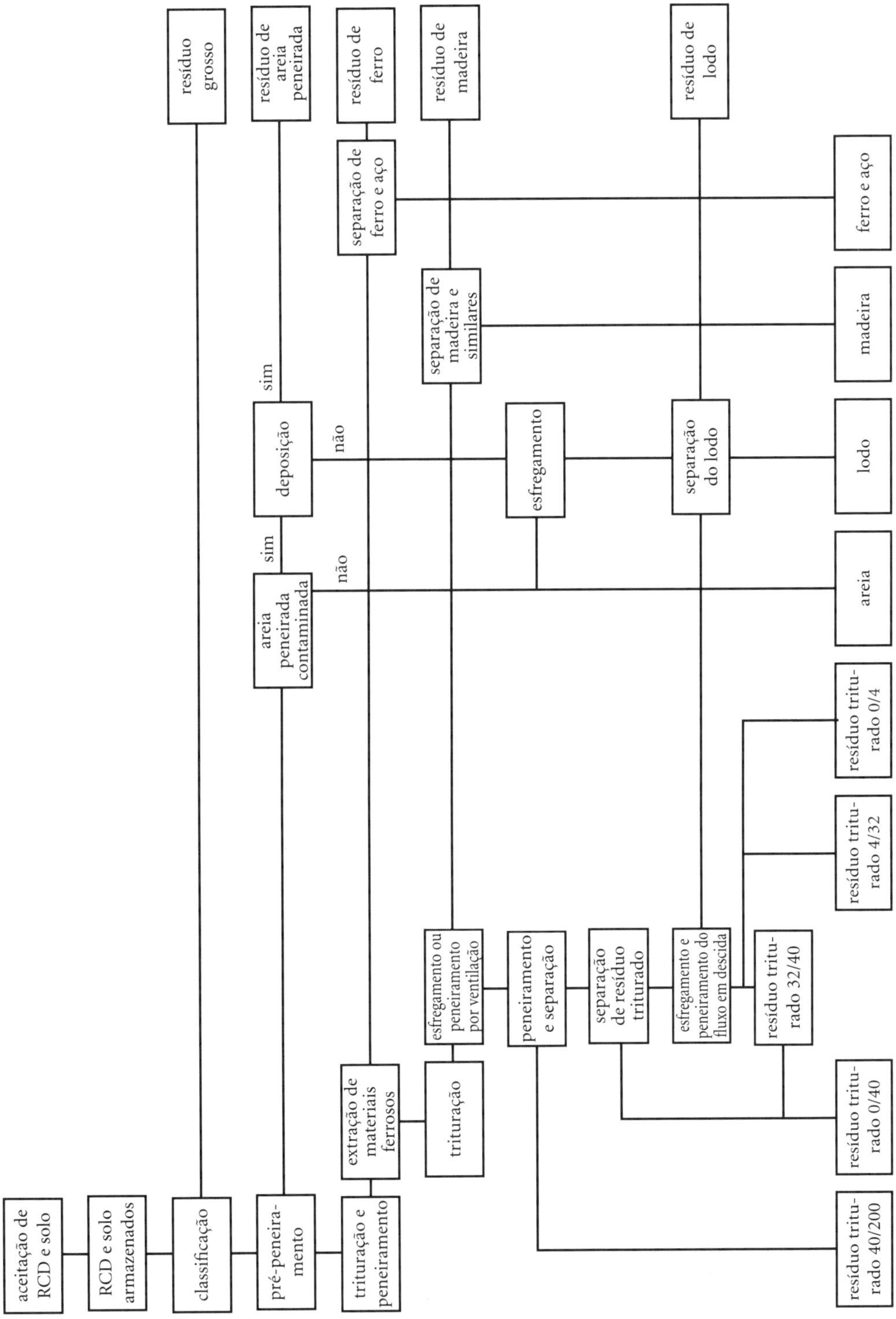

Onde os custos de transporte influenciam, o fator principal é o transporte por caminhão, pois muitos locais de demolição e instalações de processamento de RCD normalmente não podem ser alcançados por água. Os materiais primários, ao contrário, são freqüentemente transportados por navio, pois os locais de extração de cascalho e areia de rio e instalações de argamassa de concreto podem ser normalmente acessados por água, sem necessitar de outro transporte. Nesse sentido, o processo de elaboração de preços para os materiais secundários envolve custos de transporte mais altos do que para os materiais primários.

Essa desvantagem tem menor influência quando os compradores e as instalações de processamento de RCD se encontram distantes dos locais de extração de areia e cascalho de rio.

Finalmente, custos adicionais podem subir para o processamento de materiais secundários, porque mais cimento tem de ser usado em comparação com os materiais primários.

As hipóteses básicas na determinação dos preços dos agregados usados no concreto são as seguintes:

- deve haver suficiente RCD disponível e o excedente deve ser recusado pelas instalações de processamento de entulho;
- deve haver suficiente matéria-prima natural para fabricação do produto final;
- os custos para reutilização da madeira e do ferro devem ser cobertos pelo lucro advindo da reutilização.

6.5 Melhoria do agregado

Atualmente, (1998) há 110 unidades de processamento de RCD fixas e um número crescente de unidades móveis na Holanda. Quando se recebem os materiais no local, o operador inspeciona e pesa a carga, e, se necessário, solicita outros detalhes sobre sua origem. Se há alguma dúvida sobre sua composição, o material é mantido separado para investigação posterior, mas, de outra forma, o RCD inicia o processo.

Os produtos fabricados por essas instalações devem atender aos requisitos técnicos e ambientais. Os componentes que apresentam problemas para reutilização devem ser removidos por demolição seletiva ou técnicas de separação durante o processamento (ver tabela 6.4).

A quebra de estradas e estruturas de engenharia hidráulica deve ser feita seletivamente por duas razões:

- prevenir a mistura de componentes que são perigosos para a qualidade do material para serem reutilizados (ver tabela 6.5);
- melhorar as possibilidades técnicas para reutilização.

Tabela 6.4 Problemas potenciais dos materiais secundários

Aplicação	Componentes problemáticos relacionados com a origem do resíduo	
	Problemas físicos e químicos com a qualidade da construção (padrões de produto)	**Problemas ambientais para o solo e a superfície da água (Decreto de Materiais de Construção)**
Agregado bruto para concreto: • Agregado de concreto • Agregado de alvenaria • Agregado misto	Madeira Sulfatos (gesso) Solo (esferas de argila) Alumínio Cloreto Pedras reagentes com álcali Plásticos (poliestireno)	Cobertura contendo breu Fuligem e breu Sulfatos
Agregados para asfalto quente: • Agregados de asfalto	Solo e areia fina Pedras "estranhas" Contaminação orgânica	Agregantes contendo breu Cinzas contendo chumbo Fuligem e breu
Pedras trituradas para engenharia hidráulica: • Concreto • Alvenaria • Misto	Madeira e plásticos Rochas moles Solo e areia	Cobertura contendo breu Sulfatos
Processo à base de pedras na construção de estradas: • Agregado de concreto 0/40 • Agregado de alvenaria 0/40 • Agregado misto 0/40	Rochas moles Contaminação orgânica Solo e areia Metais Madeira	Cobertura contendo breu Fuligem e breu Sulfatos
Processo à base de cimento na construção de estradas: • Agregado de alvenaria • Agregado de asfalto • Areia peneirada	Solo Contaminação orgânica	Materiais contendo breu Sulfatos
Areia industrial para asfalto: • Areia lavada 0/4	Fração<63 μm Sulfatos (gesso) Contaminação orgânica	Componentes contendo breu
Areia industrial para concreto: • Areia lavada 0/4	Madeira Sulfatos (gesso) Solo (esferas de argila) Alumínio Cloretos Rochas reagentes com álcali Plásticos (poliestireno)	Cobertura contendo breu Fuligem e breu Sulfatos

Areia para aterro • Areia peneirada	Fração<63 µm Contaminação orgânica Metais	Óleos minerais Componentes contendo breu Sulfatos

Tabela 6.5 Componentes podem apresentar problemas para a qualidade das partes da estrutura de estradas

Parte da estrutura da estrada	**Componentes problemáticos em razão da construção dos materiais ou ao uso**
Pavimentação asfáltica	Agregante contendo breu Areia contendo chumbo e hidrocarbonos aromáticos policíclicos (HAP)
Pavimentação de concreto	Areia contendo chumbo e HAP(de fuligem)
Elemento da pavimentação (tijolos de pavimentação, telhas)	Areia contendo chumbo, HAP e óleo mineral
Processo de base	Aglutinante contendo breu Escória (metais pesados) Areia contendo chumbo, HAP e óleo mineral
Material de sustentação e leito de areia	Areia contendo chumbo, HAP e óleo mineral

A demolição separada é relativamente fácil quando se está demolindo estradas e estruturas de engenharia hidráulica porque os diferentes materiais geralmente estão em uma estrutura em camadas.

Os materiais produzidos devem ser separados em algumas categorias e subcategorias:

- Aderido com betume:
  - concreto asfáltico aplainado a altas temperaturas, incluindo tratamentos de superfícies betuminosas;
  - asfalto de areia;
  - asfalto poroso, asfalto frio, metálico betuminoso, misturas especiais de asfalto;
  - asfalto contendo breu.
- Aderido com cimento:
  - cimento com areia;
  - concreto com cimento liso, blocos de concreto, concreto magro;
  - concreto armado.
- Não aderente:
  - material pedregoso, tijolos;
  - areia.

Apesar disso, essa separação deve ser feita somente se a categoria ou a subcategoria em questão totalizar mais de 5% (em peso) do material a ser fragmentado. Ao contrário, cada (sub) categoria, após a separação, não deve conter mais de 5% (de peso) do material de outras subcategorias, a menos que se saiba anteriormente que a mistura de materiais de várias (sub) categorias não gera nenhum problema para o uso futuro.

Os materiais da primeira categoria (aderido com betume) devem ser quebrados separadamente em todos os casos. De acordo com as exigências para a separação de materiais da primeira categoria, os tratamentos de superfícies betuminosas devem ser removidos primeiramente por meio de moagem e classificados como asfalto arenoso, se isso for necessário pelas diferenças em composição ou pelas quantidades envolvidas. Os materiais da segunda categoria (aderidos com cimento) podem ser fragmentados juntos desde que o material seja separado em frações depois de ter sido reduzido em um triturador. Os materiais sem campo definido devem ser geralmente quebrados separadamente. Se houver possibilidade de esses materiais serem usados como base em pedra, a opção de quebrá-los juntos pode ser considerada.

No caso da areia, a decisão de triturá-la separadamente ou junto com outros materiais (pelo menos parcialmente) também depende do uso futuro. A presença de 10% – 15% de areia, desde que não seja muito fina, pode ser eventualmente desejável, se esta for reutilizada para concreto asfáltico misturado a frio. A presença de areia nos materiais do campo do cimento não necessariamente cria problemas, desde que a qualidade desejada possa ser obtida durante o tratamento seguinte, se necessário por peneiramento.

Quando estiver sendo usado o processo de moagem a quente para remover o asfalto antigo, os materiais, de preferência, devem ser reutilizados imediatamente. Caso isso não seja feito, começa a ocorrer excesso de adesão, de forma que o material deve ser pré-reduzido (em tamanho) antes de ser colocado no triturador.

Os materiais quebrados separadamente devem ser armazenados isolados uns dos outros no depósito. Isso é extremamente importante para que cada carga recebida no depósito seja registrada, anotando-se a quantidade e a natureza do material (para os propósitos da armazenagem separada), o local de origem e a possível presença de contaminação desconhecida ou indesejável. No caso de contaminação indesejada, o lote em questão deve ser mantido provisoriamente separado, aguardando investigação. Os blocos de asfalto quebrados não devem ser empilhados em mais de 3 m de altura para prevenir o endurecimento.

O asfalto para regeneração a quente deve também ser mantido coberto, como, por exemplo, com uma fina camada de areia ou armazenado embaixo de uma cobertura para prevenir a penetração de água. O acesso ao depósito de armazenagem deve ser restrito para evitar a mistura de diferentes tipos de resíduo.

7 Gestão da cadeia*

7.1 Introdução

O termo "gestão da cadeia" refere-se ao gerenciamento de todo o ciclo de vida dos materiais de construção, ou seja, a cadeia completa de produção, demolição, reutilização/reciclagem ou deposição.

O resíduo de construção e demolição (RCD) é reutilizado quase completamente – e do melhor modo – na construção de estradas. O problema do entulho é, dessa forma, quase totalmente resolvido, gerando ainda uma economia adicional, especialmente no uso de areia e brita. Apesar disso, esse tipo de reutilização é uma forma restrita da gestão da cadeia, que, em sua forma ideal, envolve o máximo possível de retorno do material à sua aplicação de origem, em um ciclo fechado. Do ponto de vista ambiental, a gestão da cadeia em ciclo fechado dos vários subfluxos do resíduo presentes no RCD da construção e demolição é preferível quando comparado a outras formas de reutilização. Um pré-requisito importante para promover aplicações de alta qualidade dos materiais secundários é a garantia de qualidade dos vários tipos de resíduo triturado. Este capítulo aborda os pré-requisitos mais importantes em termos de propriedades técnicas e composição dos materiais de resíduo triturado para várias aplicações na engenharia.

7.2 Uso do resíduo triturado na engenharia civil

7.2.1 Introdução

Uma grande proporção dos materiais pedregosos gerados durante a construção e a demolição é processada em materiais de resíduo triturados. Esses resíduos são facilmente vendidos, especialmente para a indústria da construção de estradas. A qualidade e o preço favoráveis desses materiais, principalmente se comparados com os materiais tradicionais de base de estradas em pedra, significam que praticamente todo o resíduo triturado na Holanda é vendido para a indústria de construção de estradas. O resíduo triturado deve atender aos requisitos estabelecidos em normas pelas várias partes envolvidas no processo de construção. Essas normas foram relacionadas com a utilização do entulho triturado.

Esta seção aborda, de maneira sucinta, a composição do resíduo triturado e discute as propriedades de engenharia civil do RCD para várias aplicações em construção de estradas.

* Leitura técnica deste capítulo de Marcello Moreira Santos.

7.2.2 Composição do material

O resíduo de concreto triturado pode ser definido como pedra triturada obtida por demolição seletiva e por processamento adequado de entulho de concreto e produtos de concreto em uma unidade de processamento para resíduo de construção e demolição.

O resíduo de concreto triturado é derivado de um tipo de material, ou seja, o concreto. O concreto triturado não deve ser considerado, no entanto, um material uniforme. Dependendo da quantidade de argamassa que houver nas partículas do resíduo, maiores diferenças na composição do material podem ocorrer. Os subcomponentes podem estar presentes em uma extensão limitada, mas devem ser todos naturalmente pedregosos.

A tabela 7.1 resume os requisitos para o resíduo de concreto triturado, assim como para alvenaria triturada e resíduo misto.

Tabela 7.1 Resumo dos requisitos para a composição de resíduo triturado usado na construção de estradas

Material triturado	Componente principal	Subcomponente	Aplicação
Resíduo de concreto triturado	Pelo menos 80% de concreto triturado com densidade seca maior que 2.100kg/m³	Não mais que 10% de tipo diferente de pedra e não mais de 10% de asfalto	Sub-bases embaixo de todos os tipos de estrada
Resíduo de alvenaria triturada	Pelo menos 85% de pedra triturada com densidade seca maior que 1.600 kg/m³	Não mais que 15% de tipo diferente de pedra e não mais que 10% de asfalto	Somente em sub-bases para estradas de tráfego não pesado
Resíduo misto triturado	Pelo menos 50% de concreto triturado com densidade seca maior que 2.100 kg/m³ e não mais que 50% de pedra com densidade seca maior que 1.600 kg/m³	Não mais que 10% de tipo diferente de pedra e não mais que 5% de asfalto	Sub-bases para todos os tipos de estradas

O resíduo de alvenaria triturada é a pedra triturada obtida pela demolição seletiva e processamento de entulho de alvenaria extensiva em uma instalação de processamento de RCD.

O entulho consiste principalmente de blocos, tijolos calcários e resíduos de argamassa. A argamassa compreende aproximadamente 25% do volume total. O resíduo de alvenaria triturada tem propriedades menos favoráveis que o resíduo de concreto triturado e, portanto, sua aplicação é mais limitada.

O resíduo misto triturado é uma mistura de resíduo de concreto e alvenaria. As propriedades de engenharia civil do resíduo podem ser comparadas com as do entulho do concreto triturado nas aplicações em construção de estradas.

Para estas aplicações, o resíduo é misturado com 10% – 20% de estabilizador (agregante hidráulico), baseado na escória de aço (escória LD ou EAF) ou ocasionalmente com escória de alto-forno granulada. Esse tipo de resíduo triturado é chamado de resíduo triturado hidráulico.

A areia triturada reciclada, também chamada de resíduo triturado 0/4, é outro produto. Este é um material de qualidade fina formado por partículas pedregosas trituradas, produzidas quando se separa o RCD triturado. Esta areia não apresenta nenhuma desvantagem do ponto de vista ambiental. A comercialização da areia triturada reciclada para a construção de estradas atualmente não constitui um problema.

Quando se está classificando e tratando o RCD pedregoso, a areia peneirada classificada e triturada é também obtida como fração residual. Esta areia, de dimensões de aproximadamente 6 a 10 mm, é separada do restante do RCD por razões ambientais (e algumas vezes também por questões relacionadas à engenharia civil).

O RCD consiste de 25% (em peso) de areia peneirada e areia triturada reciclada. O comércio dessa areia tem o mais importante impacto na viabilidade de reutilização em larga escala.

7.2.3 Propriedades do material

Conteúdo de poros e massa específica úmida

Geralmente, a resistência de um determinado material diminui à medida que o número de poros aumenta. O conteúdo de poros, ou seja, a razão entre o volume de poros e o volume do material sólido está entre 12% e 20% para resíduo de concreto triturado e entre 20% e 55% para resíduo de alvenaria triturada.

A massa específica úmida, ou seja, a razão entre a quantidade de material e o volume total de partículas (não incluindo vazios) é de 2.100 a 2.340 kg/m^3 para resíduo de concreto triturado e de 1.700 e de 2.060 kg/m^3 para resíduo de alvenaria triturada.

A massa específica úmida de cálculo de resíduo triturado em massa (incluindo os vazios entre as partículas) é de aproximadamente 1.250 kg/m^3 para resíduo de concreto triturado e aproximadamente 1.000 kg/m^3 para resíduo de alvenaria triturada.

Essa massa específica úmida é medida para a fração de 4 a 31,5 mm. As frações grossas têm massa específica úmida maior do que as finas. Porque durante a trituração o cimento endurecido especialmente, tem menor densidade que o resíduo e, conseqüentemente, termina nas frações menores.

Fator de trituração

O fator de trituração é um importante parâmetro de projeto para bases em pedra, dado que é a medida da força da partícula e da trituração correspondente sob carga pesada. O fator de trituração foi determinado para várias frações entre as telas de separação C4 e C5. O fator de trituração vai de 0,71 a 0,84 para resíduo de concreto triturado, de 0,63 a 0,71 para resíduo de alvenaria triturada e de 0,67 a 0,75 para resíduo misto triturado. O valor para resíduo de alvenaria triturada pode chegar perto do exigido (no mínimo 0,65), especialmente se o material for reduzido usando o triturador correto.

Dureza elástica e plástica

Dureza elástica e plástica são propriedades importantes para entender o comportamento do resíduo triturado em estruturas de estradas. A dureza elástica tem um papel importante nos métodos de projeto atuais para pavimentos em asfalto.

A dureza elástica do resíduo de concreto triturado, ao qual foi adicionado um estabilizador, é pelo menos tão grande quanto a dos materiais de sub-base pedregosos regulares. A dureza elástica do resíduo de alvenaria triturada pode ser comparada à de um bom tipo de areia.

A dureza elástica do resíduo de concreto triturado aumenta com o tempo. Este fenômeno também ocorre quando se usa escória de alto-forno, mas neste caso o aumento é ainda maior. A dureza elástica do resíduo misto triturado aumenta ligeiramente com o tempo. No caso do resíduo de alvenaria triturada, dificilmente se verifica algum aumento.

A prática demonstrou que a contribuição do resíduo de concreto triturado e misto para a força estrutural de uma estrutura de pavimentação flexível, imediatamente após a construção, pode ser comparada com a de uma camada adicional de concreto asfáltico com brita.

A regra geral de que 1 cm de asfalto equivale a 4 cm de uma pavimentação não aderente também se aplica a esses resíduos triturados. Para resíduo de alvenaria triturada essa razão é de 1:5.

Apesar disso, depois de alguns meses a contribuição da pavimentação supera a de uma camada adicional de asfalto; isso ocorre porque o concreto triturado ou o resíduo misto se tornam mais duros com o tempo.

No caso de resíduo de alvenaria triturada, não é necessário reduzir a espessura da camada de asfalto exigida.

Outra propriedade importante é a dureza plástica, que determina a possível formação de sulcos na estrutura da estrada com pavimentação em blocos de concreto ou tijolos. Utilizando uma pavimentação não aderente nessa estrutura da estrada, a ocorrência esperada de sulcos é consideravelmente limitada. Todos os três tipos de resíduo triturado podem ser usados para este fim. O resíduo triturado, em parte por causa de suas propriedades especiais, é totalmente aceito como material de alta qualidade para sub-base.

7.2.4 Aplicações

Os vários tipos de resíduo triturado podem ser usados em vários componentes estruturais do corpo da estrada (ver figura 7.1).

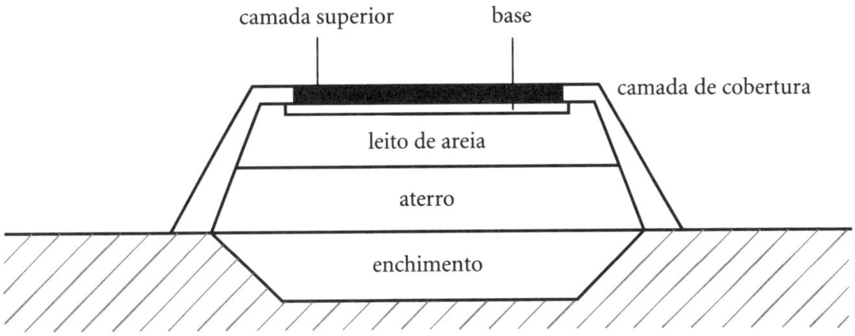

Figura 7.1 Representação esquemática dos componentes estruturais do corpo da estrada

CAMADA SUPERIOR

A camada superior de uma estrutura de estrada é uma pavimentação que consiste em asfalto, concreto ou tijolos. O resíduo triturado pode ser reutilizado na camada superior para substituir parcialmente a brita ou o saibro nas pavimentações de concreto.

Em estradas submetidas a menores cargas, o resíduo de concreto triturado pode ser usado em uma pavimentação de concreto sem problemas. Em estradas onde ocorrem cargas maiores, uma camada superior com brita ou saibro é preferível para conferir maior força e resistência à abrasão.

O resíduo de alvenaria triturada e mistos não são apropriados para o uso em camadas superiores, pois a argamassa da alvenaria, aderindo às partículas do resíduo, não tem suficiente resistência ao congelamento e os sais de degelo.

Somente em pavimentações com menor carga de tráfego, como caminhos para pedestres e bicicletas, os pequenos pedaços de resíduo de alvenaria triturada da superfície não necessariamente constituem um problema, e o uso de alvenaria triturada e resíduos mistos pode ser considerado.

Na Holanda, um pavimento de concreto é normalmente aplicado em uma camada. Em aplicações de duas camadas, no entanto, os três tipos de resíduo triturado podem ser usados na camada de base, e 100% dos entulhos triturados podem ser usados nesta camada.

Quando a brita é totalmente substituída por uma camada de base usando resíduo triturado, misto ou alvenaria triturada, pode-se alcançar uma classe de resistência B25 ou B15. Nessas estruturas compostas, o concreto, incluindo o resíduo triturado, age somente como uma sub-base de fronteira, e a resistência à compressão pode ser menor do que a normalmente exigida para um pavimento de concreto.

Em tais casos, o conteúdo de cimento também pode ser menor; no entanto a sub-base deve ser mais espessa para fornecer à estrutura uma capacidade de carga similar. Uma comparação de custos deve ser elaborada para determinar se a economia em cimento compensa o uso de mais material. Esta última é, obviamente, a opção melhor para a reutilização de alta qualidade.

Quando se está reconstruindo pavimentos de concreto, o projeto da estrutura (espessura da camada, composição do concreto e qualidade de cada camada) depende parcialmente da quantidade de resíduo de concreto triturado gerado e da qualidade possível ou desejável do concreto obtido usando este resíduo triturado.

Camada de base

A camada de base e o leito de areia são respectivamente a primeira e segunda camadas de distribuição de cargas. Uma base de pedra deve melhorar a capacidade de carga, ser mais facilmente compactada e ter resistência à umidade e ao gelo.

Como resultado de pesquisas e experiência em um grande número de projetos, o concreto triturado e outros tipos de resíduos do entulho têm se tornado totalmente aceitos como material de sub-base pedregoso não aderente e de alta qualidade.

O Regulamento-Padrão RAW inclui os requisitos de engenharia civil para o uso de misturas de pedras em bases estruturais de estradas.

Tabela 7.2 Requisitos para bases de pedras de acordo com os Regulamentos-Padrão RAW de 1995

Requisitos para bases de pedras
• Não utilizar componentes estranhos
• Fator de trituração maior do que 0,65
• Classificação dentro de limites, determinados com frações nas telas entre C45 e 2 mm
• Não mais do que 10% (do peso) de pedaços inteiros e não fracionados de material em uma tela de separação C4

Apesar de misturas de pedras inteiras não serem utilizadas em larga escala na Holanda, este produto tem algum espaço. Especialmente em estradas para carga pesada, com pavimentação em concreto, uma pavimentação de concreto magro ou outro tipo de base no campo do cimento é considerada atraente. Os requisitos relevantes também estão incluídos nos Regulamentos-Padrão RAW.

O concreto magro é uma mistura de pedras, areia e cimento que pode ser usada como uma base, especialmente embaixo de pavimentação em concreto em estradas com cargas pesadas. Comparado com uma base não aderente, o concreto magro tem uma capacidade de carga alta e boa resistência à erosão. Os agregados grossos usados no concreto magro podem consistir inteiramente de resíduo triturado (em vez de brita).

O tipo de resíduo triturado considerado adequado depende da resistência à compressão que pode ser alcançada, com o conteúdo de cimento admissível. Quando se usa resíduo triturado, deve-se levar em conta que é necessário ter maior quantidade de cimento para se obter a resistência à compressão exigida do que quando se usa brita.

A quantidade necessária é maior para resíduo de alvenaria triturada do que para resíduo de concreto triturado.

Resíduo triturado 0/40, também utilizado em misturas de pedra não aderente, contém uma alta porcentagem de partes finas (a fração 0/4 é parte da fração 0/40 de 30% a 60%). Como resultado, um maior conteúdo de cimento é exigido do que quando se usa uma fração selecionada de 4/32. A escolha entre estas duas frações de resíduo triturado – ambas adequadas – depende do custo do cimento adicional e da separação (com telas). Do ponto de vista da reutilização de alta qualidade, o uso da fração 0/40 é considerado melhor.

O uso comum da areia triturada reciclada como areia para sub-bases e arrimo é relativamente de baixa qualidade. A falta de canais de comercialização e mercado potencial suficientemente grande, a custo aceitável, é um obstáculo à reutilização de alta qualidade.

O concreto magro é considerado menos desejável como material de sub-base embaixo de pavimentações de asfalto para carga pesada. O motivo é que o alto conteúdo de cimento (de 3% a 5%) pode causar excesso de rachaduras.

Uma sub-base aderida com cimento, embaixo de pavimentações de asfalto para cargas leves é menos atraente, porque a mínima espessura de asfalto necessária para prevenir rachaduras é maior do que o necessário para a carga de tráfego.

Assim como com uma base de concreto magro, o agregado com outra base aderida com cimento pode também ser de 100% de resíduo triturado.

Outra aplicação útil do resíduo triturado no campo do cimento é na chamada estrutura de sustentação "limpa", usando granulado de asfalto triturado contendo breu. Essa estrutura previne, especialmente, que os hidrocarbonetos policíclicos aromáticos (HPA) sejam dissolvidos e transportados pelo solo (lixiviados).

Aterros e arrimos

Além de serem usadas como solo de cobertura para aterros, as areias trituradas e as areias classificadas também são usadas como material de aterro e arrimo na construção de estradas (ver tabela 7.3).

Tabela 7.3 Requisitos para materiais de aterros e arrimos de acordo com os Regulamentos-Padrão RAW de 1995

Requisitos para materiais de aterros e arrimos
• Devem ser de origem mineral • Devem ser inertes, ou seja, não solúveis em água • Podem conter 50% (por peso) de partes finas < 63 µm. No entanto, na prática, o requisito para a areia usada em um leito de areia normalmente pode ser aplicado (max. 15% < 63 µm) • Não pode conter mais do que 3% (por peso) de material orgânico • Quando usada como material de arrimo, deve ser triturada em dimensões máximas de 45 mm; o produto resultante deve ter uma distribuição de partículas regular para permitir sua compactação (a distribuição de partículas de 0/40 dos materiais à base de pedras)

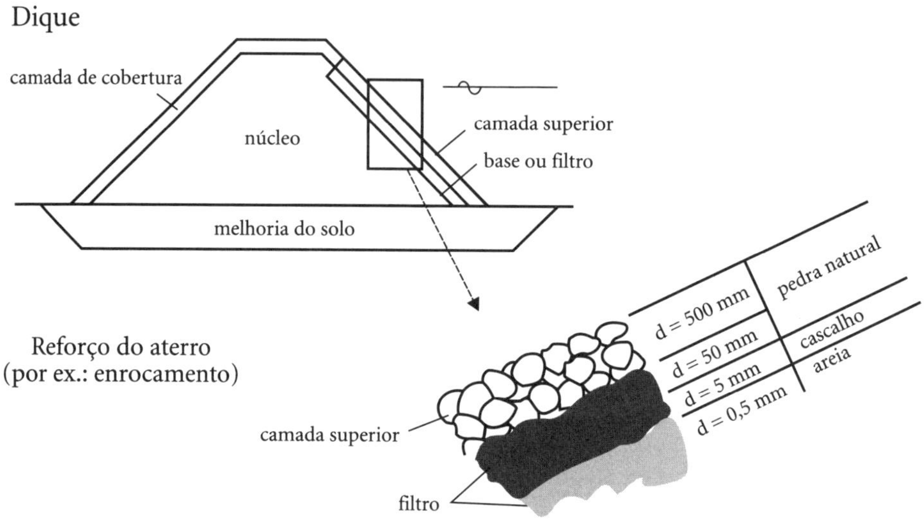

Figura 7.2 Representação esquemática dos componentes estruturais de um dique e um reforço do aterro

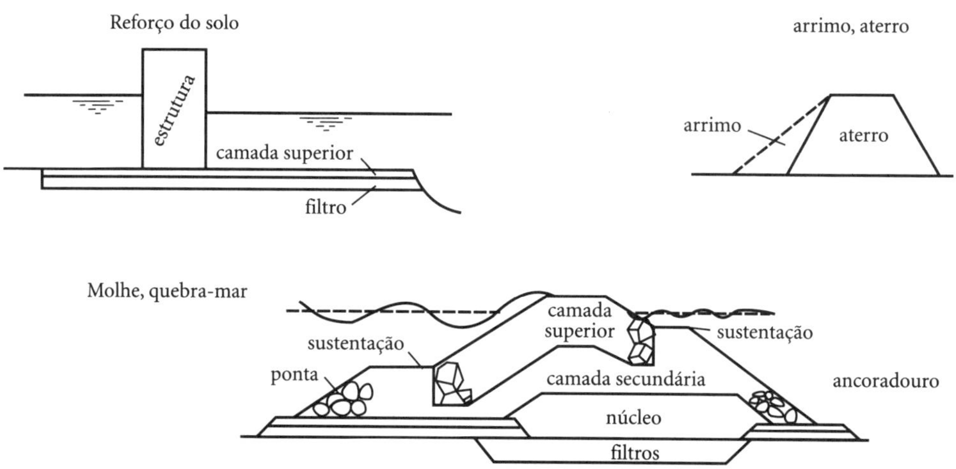

Figura 7.3 Representação esquemática dos componentes estruturais de várias estruturas de engenharia hidráulica

Areia classificada e areia peneirada triturada são comumente usadas como materiais de arrimo na construção de estradas. No entanto, tornou-se difícil comercializar essa areia por causa dos problemas ambientais relacionados com a pureza.

No caso da areia peneirada triturada, a pureza atingiu um tal nível que é possível seu uso irrestrito como material de construção da Categoria 1, de acordo com o Decreto de Materiais de Construção; isso se deve em parte à demolição seletiva e à aceitação seletiva do RCD.

A areia peneirada classificada, ao contrário, é freqüentemente contaminada em tal grau que seu uso irrestrito geralmente não é possível, especialmente quando contaminada com hidrocarbonetos policíclicos aromáticos. Esta deve ser primeiramente lavada para somente então ser comercializada.

Reutilização na engenharia hidráulica

O uso de resíduo triturado na engenharia hidráulica tradicionalmente se limita a enrocamento para aterros, camadas intermediárias e camadas de nivelamento. Depois de ter sido preenchido com asfalto mástique, pode também ser usado para estruturas de proteção de diques (ver figura 7.2).

Outras aplicações possíveis são camadas superiores, filtros usados como aterro, núcleos permeáveis à água e aterros de suporte (ver figura 7.3).

Apesar de existirem muitas possibilidades para uso na indústria de engenharia hidráulica, a quantidade real de resíduo triturado é limitada na prática corrente.

O uso de resíduo triturado nos produtos de concreto e argamassa de concreto pode aumentar a quantidade e a proporção de reutilização de alta qualidade nesta indústria.

Como em outros setores da construção, existem vários problemas práticos de gerenciamento da cadeia de concreto. Esses problemas serão discutidos em maiores detalhes na próxima seção.

7.3 Concreto

7.3.1 Introdução

O concreto é o material mais importante usado na indústria da construção holandesa. Fora da quantidade total de brita usada na construção, aproximadamente 12 milhões de toneladas acabam no concreto.

A extração da brita é sujeita a sérias restrições na Holanda, principalmente para prevenir danos à paisagem. A extração de areia também está sofrendo maior pressão.

Resíduos de alvenaria e concreto triturado são adequados para serem usados como agregado para concreto. O uso em larga escala desses resíduos triturados pode ser uma importante contribuição para reduzir o consumo de matérias-primas primárias.

Com a introdução do Decreto de Deposição e a saturação dos mercados de engenharia hidráulica, outros canais de comercialização precisam ser criados para competir com a grande quantidade de resíduos de concreto (aproximadamente 40% da quantidade total de RCD).

Em 1997, a indústria de construção da Holanda usou aproximadamente 30 milhões de toneladas de concreto por ano. Aproximadamente 17,5 milhões de toneladas são fundidas como argamassa nova e 12,5 toneladas são usadas em componentes pré-fabricados de concreto. Cerca de 80% da argamassa fresca é fornecida na classe de resistência B25.

A quantidade de concreto usada na construção aumentou consideravelmente, especialmente depois da Segunda Guerra Mundial. Infelizmente, existe pouca informação sobre a extensão desse aumento. Os dados de produção e comercialização começaram a ser registrados totalmente na Holanda somente no início dos anos 1970.

7.3.2 Entulho de concreto

Um inventário mostrou que a quantidade total de resíduo de concreto gerado por ano soma mais de 5 milhões de toneladas. Isso significa que o concreto representa 40% do estoque total de resíduo de construção e demolição. A figura 7.4 mostra como e onde esses entulhos são gerados. O resíduo de concreto é, contudo, normalmente fornecido para as instalações de processamento já misturado com resíduo de alvenaria.

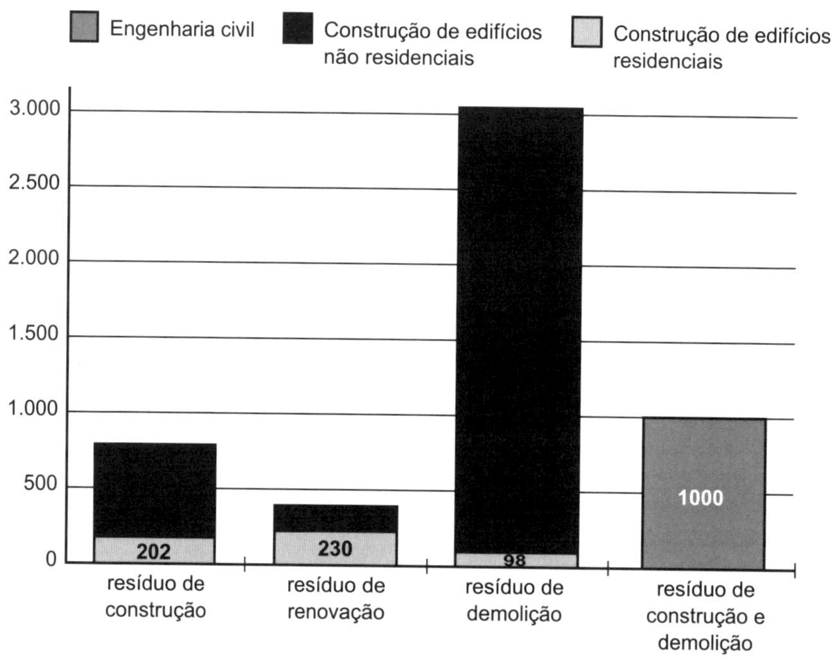

Figura 7.4 Quantidades de concreto geradas (em quilotoneladas)

Com relação aos componentes para edifícios residenciais e não residenciais, descobriu-se que as gerações de edifícios mais novos contêm uma quantidade relativamente maior de concreto. Baseando-se nessa mudança e no aumento esperado do número de edifícios não residenciais a serem demolidos, pode-se assumir que a quantidade total de resíduo de concreto gerado irá aumentar no futuro. Há estimativas de 10 milhões de toneladas para o início do século XXI.

7.3.3 *Propriedades do concreto usando resíduo triturado como agregado*

GERAL

Quando o resíduo triturado é usado no concreto, deve primeiro ser caracterizado. Valores limite são estabelecidos para as impurezas com efeitos negativos na resistência e na durabilidade, tais como:

- assentamento mais lento do cimento;
- corrosão do aço de reforço (pelos cloretos);
- dilatação decorrente da absorção da mistura (por exemplo, pela madeira);
- formação de etringite (por exemplo, pelo gesso), causando dilatação;
- reação álcali-sílica (por exemplo, envolvendo vidro pirex);
- redução da resistência à compressão (por exemplo, por causa do entulho de asfalto triturado).

Existe uma relação linear entre a massa específica úmida do material com massa seca e a densidade das partículas secas para vários tipos de resíduo triturado (ver figura 7.5).

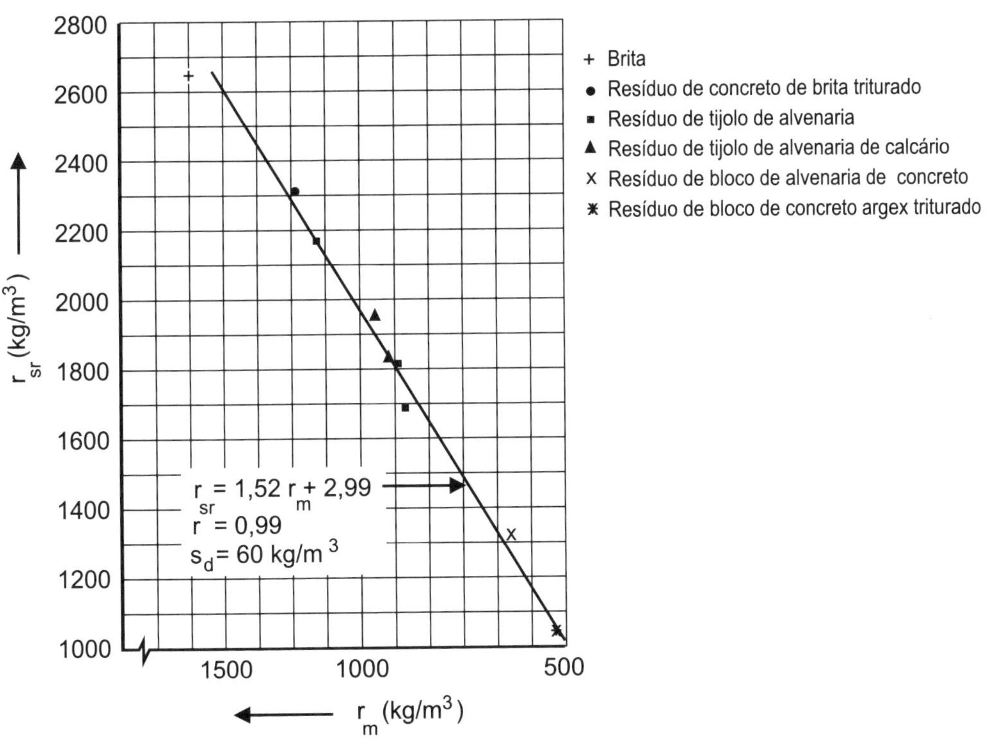

Figura 7.5 Relação entre as massas específicas úmidas do material com massa seca e das partículas secas para vários tipos de resíduos triturados

Quando se comparam as propriedades do concreto de resíduo triturado com as do concreto de brita comum, é necessário considerar o que exatamente está sendo comparado. Quando, por exemplo, se está lidando com misturas com composição similar com relação à proporção volumétrica de resíduo, temos de permitir diferenças na massa específica úmida produzidas pela variação dos diâmetros das partículas do resíduo. Além disso, a diferença em massa específica úmida entre um resíduo triturado e uma mistura areia/brita deve, é claro, ser considerada. Quando se está lidando com misturas de trabalhabilidade similar, deve-se notar que o resíduo triturado poroso absorve a umidade e também requer mais água (por causa de sua angularidade) do que uma mistura areia/brita. A maior necessidade de água do resíduo poroso pode ser resolvida molhando-o antes ou saturando-o com água na maquinaria do concreto.

O concreto com resíduo de alvenaria triturada possui maior conteúdo de ar e uma proporção água/cimento mais efetiva do que uma mistura de referência de concreto com brita. Além disso, foi demonstrado que a resistência à compressão e o módulo de elasticidade para o concreto que contém somente resíduo de alvenaria são, respectivamente, 80% e 60% das do concreto com brita de composição similar. No entanto, usando resíduo de alvenaria triturada, exclusivamente para a fração maior do que 4 mm, essas porcentagens tornam-se consideravelmente mais altas (respectivamente 90% e 75%). Ainda mais, a diferença entre a resistência à tensão desse concreto com resíduo triturado e o concreto de areia/brita pode ser consideravelmente maior do que a diferença entre resistências à compressão de misturas similares.

A resistência de fratura à tensão do concreto com resíduo de alvenaria triturada é somente um pouco menor do que a do concreto com brita. A resistência à flexão desse concreto com resíduo triturado é somente de 50% a 60% da resistência do concreto com brita de composição similar.

A retração é, em média, 40% maior do que para o concreto com brita. O concreto feito com resíduo de alvenaria triturada tem retração inicial menor do que o concreto com brita por causa do maior conteúdo de umidade do resíduo triturado poroso. A maior retração decorrente da secagem acontece somente muitos meses depois.

Quando usado como agregado, o resíduo de alvenaria triturado é mais ou menos comparável ao agregado leve.

A substituição da fração grossa do agregado no concreto de brita com resíduo de alvenaria de tijolos calcários reduz a resistência à compressão em aproximadamente 10%, e a resistência à flexão, em 5%. Quando se usa alvenaria de blocos de concreto triturados, essas porcentagens são muito mais altas, aproximadamente 25% e 35%; o conteúdo de ar, neste caso, é também 2% a 3% maior do que o da mistura de referência. Em ambos os casos, a retração aumenta em aproximadamente 40%.

A resistência à compressão e o módulo de elasticidade são mais baixos do que os do concreto com brita de composição similar, respectivamente de 0% a 15% e de 10% a 40%.

O concreto com resíduo de concreto triturado e o concreto com resíduo de alvenaria triturada, além disso, apresentam maior escorrimento (15% – 40%) e maior retração do que o concreto comum com brita (proporção de 1,4 em média). Por causa da quantidade relativamente grande de água nos poros do resíduo da alvenaria triturada, a retração pode até mesmo ser menor do que a do concreto com brita, pelo menos inicialmente. No entanto, a longo prazo, a retração provavelmente tenderá a ser maior, dependendo das condições.

No caso do resíduo de concreto triturado, usando-se somente a fração grossa, tem-se como resultado diferenças menores nas propriedades em comparação com o concreto com brita. As diferenças são ainda menores se o peso volumétrico do resíduo de concreto for próximo ao peso da brita. Nesses casos, e com a mesma trabalhabilidade, o concreto de resíduo de concreto triturado e o concreto de brita têm praticamente o mesmo conteúdo de ar e a mesma proporção efetiva água/cimento.

Demonstrou-se que o fator de trituração dos vários tipos de entulhos não é uma boa medida para prognosticar a resistência à compressão cúbica. Esse fator depende muito do número e do diâmetro dos espaços capilares. O fator de trituração pode, no entanto, ser usado para o peso volumétrico. Existe uma relação linear entre o peso volumétrico e a resistência à compressão cúbica que se torna mais pronunciada à medida que aumenta o conteúdo de cimento. Esse fenômeno é esperado, pois quanto mais alta a resistência da matriz do cimento endurecido, mais a resistência das partículas determina a resistência do concreto.

Além disso, a absorção da água é proporcional ao quadrado do peso por volume. O peso volumétrico é proporcional ao quadrado do peso da massa. Estas relações aplicam-se somente a medidas idênticas de arranjo e conteúdo idêntico de cimento.

O comportamento à fadiga do concreto de resíduo triturado não difere essencialmente do concreto com brita.

A profundidade de carbonatação, penetração da água e resistência ao congelamento e aos sais de degelo são importantes fatores para a sustentabilidade.

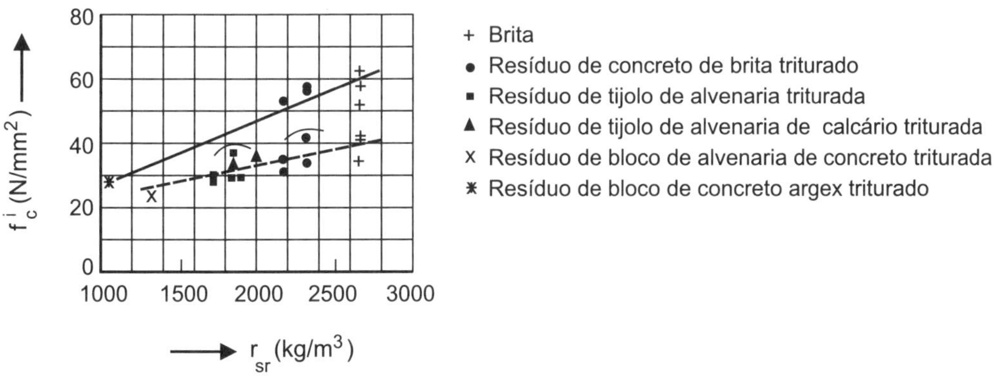

Figura 7.6 Relação entre a resistência à compressão cúbica de 28 dias do concreto usando diferentes tipos de resíduo triturado e a massa específica úmida das partículas secas desses tipos de resíduo triturados

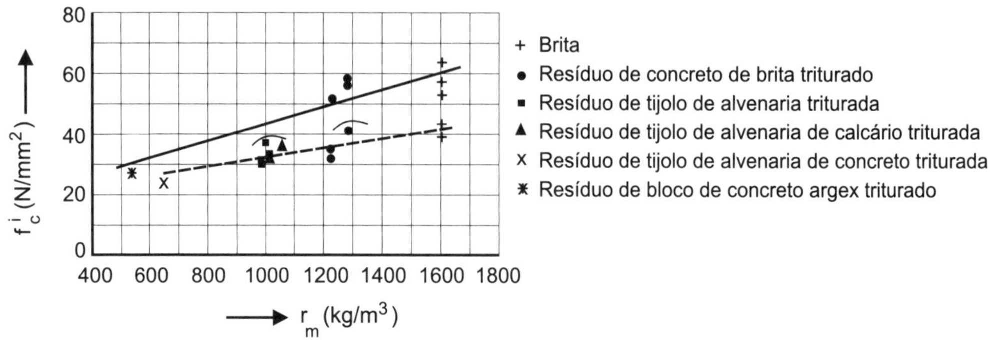

Figura 7.7 Relação entre a resistência à compressão cúbica de 28 dias do concreto usando diferentes tipos de resíduo triturado e a massa específica úmida seca do material desses tipos de resíduo triturado

O resíduo triturado no concreto normalmente afeta a carbonatação de forma perceptível. Testes para estabelecer a penetração de água e cloreto mostraram que esta pode ser de até 50% maior do que no concreto com brita, especialmente no caso de resíduo de alvenaria triturada.

A resistência ao gelo do resíduo de concreto triturado é um ponto que gera controvérsias, em parte porque não existem bons testes para fazer previsões confiáveis nas condições climáticas holandesas. Na Holanda, a ocorrência de danos causados pelo gelo em concreto endurecido com areia e brita não é muito comum. A probabilidade dessa ocorrência é maior quando o material supera um grau crítico de saturação, seguida por congelamento. No método de medição de Fagerlund, esse valor crítico é determinado realizando-se ciclos de congelamento–descongelamento com vários conteúdos de umidade.

Um método diferente é, alternadamente, congelar o concreto de um lado e molhar e descongelar por meio da imersão em água. A penetração do gelo por um lado muitas vezes dá resultados diferentes do congelamento em todos os lados, pois este último pode causar danos internos sem que os efeitos sejam visíveis externamente. Por fim, a chuva e os padrões de temperatura de inverno, com muitos ciclos de congelamento–descongelamento, também podem ser simulado para lajes verticais ou horizontais.

De acordo com as informações disponíveis, o resíduo de concreto triturado pode ser considerado resistente ao gelo, a menos que o conteúdo de umidade seja extremamente alto.

De qualquer modo, especialmente no concreto de resíduo de alvenaria triturada, os danos por congelamento não podem ser excluídos se houver um alto conteúdo de umidade. A combinação de gelo e sais de degelo também resulta em dano (descamação da superfície), especialmente nos resíduos triturados mais porosos. Recomenda-se, então, não usar resíduo triturado e, de forma alguma, resíduo de alvenaria triturada, com uma densidade seca menor que 2.100 kg/m³, no concreto com superfícies horizontais expostas a gelo e sais de degelo.

Em resumo, a aplicabilidade de diferentes tipos de resíduo triturado no concreto pode ser descrita da seguinte forma:

Resíduo de concreto triturado

- apropriado a todos os tipos de concreto;
- quando a quantidade de resíduo triturado adicionado não é maior que 20% do agregado denso natural, as propriedades mecânicas basicamente permanecem as mesmas. Em porcentagens mais altas, é necessário verificar se as propriedades mecânicas menos favoráveis exigem correções no projeto, especialmente em estruturas sujeitas a cargas de flexão;
- quando se usa a fração fina do resíduo triturado, sua natureza hidráulica pode levar a um bloqueio da máquina misturadora/transportadora; por esse motivo, recomenda-se mistura com areia natural.

Resíduo de alvenaria triturada

- adequado para concreto com classe de resistência até B25;
- não deve ser usado quando sujeito a altas umidades e quando exposto a congelamento e sais de degelo;
- o mesmo procedimento pode ser usado para a fração fina, assim como para resíduo de concreto triturado;
- não há modificação das propriedades mecânicas quando esse tipo de resíduo triturado é usado para substituir não mais do que 10% da brita.

É interessante ter uma idéia antecipada das propriedades de resistência do concreto feito com resíduo triturado. A fórmula de Bache pode ser usada para isso:

$$F_{rc} = F_{ra} \times F_{m}^{(1-n)} \tag{7.1}$$

Onde:

F_{rc} = resistência à compressão do concreto de resíduo triturado

F_{ra} = resistência à compressão do resíduo triturado (assumindo uma relação linear com a densidade desses resíduos)

F_{m} = resistência à compressão da argamassa

n = porcentagem (em volume) do resíduo triturado no agregado total

Esta fórmula pode ser usada somente quando a resistência das partículas do resíduo não supera a resistência da argamassa.

Um segundo método para calcular a resistência baseia-se no grau de hidratação e na proporção (efetiva) água/cimento:

$$x = \frac{\text{volume do gel}}{\text{volume do gel + volume capilar}} = \frac{0{,}68\ m}{(w/c)_{eff} + 1/\rho_c\ m} \tag{7.2}$$

Onde:
m = grau de hidratação
$(w/c)_{eff}$ = razão efetiva água/cimento
$1/\rho_c$ = correspondência do peso específico do cimento (0,32 para cimento Portland e 0,34 para cimento de alto-forno)

Foi estabelecido empiricamente que:

$$\sigma_c = 93{,}0\ x - 16{,}5 \tag{7.3}$$

Onde:
σ_c = resistência à compressão cúbica

O grau de hidratação pode ser derivado de métodos gráficos do fator de água/cimento e da idade.

O módulo de elasticidade pode ser derivado empiricamente da seguinte forma:

$$E = 2{,}1.10^4 \left(\frac{\gamma}{2300}\right)^{1.5} \left(\frac{\sigma_c}{20}\right)^{0{,}5} \tag{7.4}$$

Onde:
γ = peso da massa de concreto, em kg/m³

Requisitos de qualidade

O uso de resíduo de concreto triturado e resíduo de alvenaria triturada é regulamentado pela Norma Holandesa NEN 5905, "Agregados sólidos densos para concreto", que se baseia na Recomendação CUR 4, "Resíduo de concreto triturado como agregado para concreto", e na Recomendação CUR 5, "Resíduo de alvenaria triturada como agregado para concreto", respectivamente.

A tabela 7.4 resume os requisitos mais importantes.

Tabela 7.4 Resumo dos requisitos mais importantes para resíduo triturado quando se usa concreto de acordo com a Norma Holandesa NEN 5905

Variável	Unidade	Requisito	Método de avaliação
Classificação		Ver nota de pé de página	NEN 5916
Forma da partícula			
• peças chatas	por peso	< 40%	NEN 5935
• agregado com superfície arredondada	por peso	Porcentagem limitada para estradas e pavimentos	NEN 6240
• conteúdo de casca		Conteúdo de carbonatos deve ser < 10% em agregado grosso Conteúdo de carbonatos deve ser < 25% em agregado fino	NEN 5922
• Material muito fino	por peso	Intervalo de tamanho das partículas de 0 a 1 mm: < 10% Intervalo de tamanho das partículas de 0 a 2 e de 0 a 4 mm: < 4% Material grosso: < 3%	NEN 5917
Propriedades físicas e requisitos			
• Composição do resíduo triturado	por peso	Entulho de concreto triturado: conteúdo de concreto > 90%; valor LA < 40 Entulho de concreto misto: Conteúdo de concreto > 50% Valor LA < 50	NEN-EN 1079-2/ Visual
• Outros componentes não-pedregosos	por volume	Betume, borracha, metal, vidro, etc < 1%	NEN 5942
Requisitos químicos			
• Cloretos	por peso	Grupo de partículas 0-4 mm > 4 mm Lisas : < 1% < 1% Reforçadas : < 0,1% < 0,05% Pré-pressionadas : < 0,03% < 0,015%	NEN 5921
• Sulfatos	por peso	< 1%	NEN 5930
• Total de componentes	por peso	< 1% < 2% quando o agregado seco consiste em escória	NEN 5936
• Componentes de ferro e vanádio causando manchas	–	Índice de manchas não deve ser maior que 20	NEN 5923
Material orgânico fino	–	Descoloração é permitida	NEN 5919 NEN 5920
Componentes macios	por peso	< 0,5	NEN 5918
Material leve	por peso	< 0,1%	NEN 5933

Classificação

A classificação é determinada pela NEN 5916. Os requisitos para os grupos relevantes de partículas, quanto à distribuição de seu tamanho, são listados abaixo:

Grupo de partículas 0/4 mm:
< 0,5 mm: mín. 5% e máx. 45%
< 4 mm: mín. 85% e máx. 100%

Grupo de partículas 4/16 mm:
< 2 mm: máx. 5%
< 4 mm: máx. 15%
< 8 mm: mín. 30% and máx. 70%
< 16 mm: mín. 90%

Grupo de partículas 16/32 mm:
< 8 mm: máx. 5%
< 16 mm: mín. 20%
< 32 mm: mín. 95%

Grupo de partículas 4/32 mm:
< 2 mm: máx. 5%
< 4 mm: máx. 15%
< 16 mm: mín. 30% e máx. 70%
< 32 mm: mín. 95%

A classificação da fração 0/4 geralmente contém uma porcentagem muito alta de partes finas (< 63 μm). Essa fração fina afeta desfavoravelmente a trabalhabilidade, e por essa razão geralmente só a fração 4/32 é usada no concreto.

As partículas no resíduo triturado são pontudas e angulosas por causa do processo de trituração. No entanto, a forma pode ser afetada pela escolha do triturador ou pela combinação de diferentes tipos de trituradores no processo de trituração.

Para obter maior trabalhabilidade da argamassa fresca, uma forma cúbica do resíduo triturado é recomendada. O melhor modo de obter uma forma cúbica é triturar com um triturador cônico ou triturador de impacto.

Materiais orgânicos finos, componentes maleáveis e materiais leves

O RCD triturado ocasionalmente contém pequenas quantidades de madeira e outros componentes leves. Essas impurezas constituem um problema particular quando acabam dentro do concreto usado em pisos superiores. Durante a compactação e o alisamento do piso, esses componentes irão flutuar para a superfície e produzir leves manchas na camada superior. No entanto, a contaminação pode ser reduzida para um nível aceitável por meio da lavagem do RCD triturado.

Sulfato

O conteúdo de sulfato no resíduo triturado normalmente se deve à presença de partículas de gesso no RCD. Um inchaço local indesejável pode ocorrer entre o gesso e o cimento por causa da formação de etringite, possivelmente causando danos à superfície do concreto. A quantidade de gesso no RCD triturado é limitada por procedimentos de aceitação restritos nas instalações de processamento. O gesso remanescente é também removido durante a lavagem. Finalmente, o resíduo triturado é checado regularmente para verificar o conteúdo de sulfato.

Outras propriedades

Algumas propriedades físicas do resíduo triturado (tais como massa específica úmida, absorção da água, valor de trituração e resistência ao gelo) não têm exigências específicas. No entanto, o fornecedor do resíduo triturado deve expor os valores medidos, se solicitado.

A nova norma NEN 5905 aplica-se não somente ao concreto triturado e ao resíduo misto, mas também ao resíduo de alvenaria triturada. No entanto, o resíduo de alvenaria triturada normalmente não está de acordo com esses requisitos, porque sua massa específica úmida é muito baixa. Como conseqüência, as exigências são listadas nas Recomendações CUR 5.

Tabela 7.5 Requisitos de composição do resíduo de alvenaria triturada usado como agregado para concreto de acordo com a Recomendação CUR 5

Descrição	**Requisitos para resíduo de alvenaria triturada, % (por peso)**
Componentes principais	Total < 65
• Tijolo triturado	
• Tijolo arenoso	
• Concreto	
Subcomponentes	Total < 35
• Concreto leve	< 20
• Concreto espumado	< 10
• Materiais cerâmicos (telhas, tubos de pedra e outros produtos feitos de terra)	< 20
• Pedra natural	< 20
• Argamassa de alvenaria (com ou sem gesso)	< 25
Impurezas	
• Gesso	Não deve ser visível
• Componentes prejudiciais ao concreto ou ao aço	Quantidade prejudicial deve ser determinada

Sem tratamento adicional, a areia peneirada triturada e classificada não é adequada para ser usada no concreto. O alto conteúdo de sulfato e partes finas de ambos os tipos de areia peneirada constitui um problema quando a areia é usada como agregado no concreto. Os componentes mais prejudiciais ao meio ambiente contidos na areia peneirada são os hidrocarbonos policíclicos aromáticos, e as maiores fontes são, por exemplo, chaminés e materiais do telhado. Outro problema é a presença de componentes que atrasam a pega. A lavagem é necessária para minimizar os componentes contaminadores e o conteúdo de partes finas.

No entanto, o custo da limpeza é alto, por causa do lodo remanescente da lavagem. Ao lado disso, areia lavada, peneirada, triturada e classificada pode ser usada para substituir a areia natural no concreto, sem problemas do ponto de vista técnico. As possibilidades de usar areia triturada reciclada são muito mais limitadas, pois o material tem baixa trabalhabilidade e afeta negativamente as propriedades do concreto, em virtude da massa específica úmida relativamente baixa.

Substituir a areia natural por areia triturada reciclada no concreto leva a uma diminuição da resistência à compressão, da resistência à tensão e da rigidez e a um aumento da retração. Manter a porcentagem de substituição abaixo de 50% limita as mudanças nessas propriedades mecânicas. Além disso, previne o problema causado pelo assentamento hidráulico da areia durante o transporte e a armazenagem.

Assim como no caso da fração grossa do resíduo de alvenaria triturada, a fração fina não deve ser usada em concreto sujeito aos efeitos do clima. A resistência ao congelamento e ao degelo e a penetração pela água e pelo cloreto no concreto que contém as frações finas do misto triturado e do resíduo de concreto podem ser comparadas com as do concreto feito com areia natural.

Além dos requisitos de qualidade mencionados, a porcentagem de substituição de brita também determina as propriedades do concreto. A visão geral de que todos os agregados que seguem a NEN 5905 são adequados para fabricação do concreto é incorreta, pois as propriedades do agregado também determinam as propriedades do concreto.

As Normas do Concreto simplesmente fornecem valores de cálculo para uma série de propriedades do concreto. Pode-se supor que o uso de um agregado "diferente" irá resultar em algumas propriedades diferentes do concreto, de forma que estes cálculos não são mais corretos. A fim de evitar isso, a NEN 6720 "Normas do Concreto. Requisitos Estruturais e Métodos de Projeto (VBC 1995)" especifica os materiais que podem ser usados no concreto. O resíduo de concreto triturado pode ser usado, desde que a porcentagem de substituição não supere 20%. No caso de resíduo de alvenaria triturada, a substituição até 10% é possível.

Até o momento, as Normas do Concreto não oferecem a opção de usar uma porcentagem de substituição mais alta. Uma Recomendação com relação a essas regras de projeto foi, no entanto, emitida.

O Decreto da Construção oferece essa opção, desde que possa ser demonstrado que o resíduo de concreto triturado em questão e o concreto com brita são equivalentes. A retração e a fluência são as propriedades críticas mais importantes.

7.3.4 Garantia de qualidade

Um método para garantir a qualidade dos materiais de resíduo triturado foi desenvolvido há poucos anos. Esse método tem sido usado por alguns fabricantes como base de um sistema de garantia de qualidade para fornecer resíduo triturado com garantia de qualidade.

O "Stichting Kwaliteitsmerk Korrelmix" (SKK, Fundação de Etiquetas de Qualidade para Partículas Mistas) foi elaborado para este fim. Essa fundação emitia uma etiqueta de qualidade SKK de atendimento aos requisitos para a maquinaria, o processo de fabricação, o controle de qualidade e o produto final.

Quando os fabricantes cumpriam todos esses requisitos, podiam usar a etiqueta com o nome "partículas mistas" para seu resíduo triturado.

Em parte por causa da introdução da NEN 5905 e do Decreto da Construção, foi decidido, juntamente com as entidades de certificação, que seriam combinados os seus requisitos com esse sistema de garantia de qualidade e desenvolvida uma Diretriz de Avaliação Nacional (BRL 2506) para RCD triturado usado no concreto e na construção de estradas.

A Diretriz BRL tentou fazer uma articulação com a etiqueta KOMO, normalmente usada nesse setor. A BRL também contém requisitos para composição e emissões no solo, de acordo com o Decreto da Construção.

Ao contrário do certificado SKK (que agora está saindo de uso), o certificado KOMO é independente. Esse é um passo importante na promoção da reutilização de alta qualidade, porque significa uma imagem melhor e mais confiável para a qualidade do resíduo triturado.

7.3.5 Modelo europeu

Um modelo europeu foi desenvolvido para resíduo triturado em concreto, em geral correspondente à NEN 5905. Por causa dos problemas com a exatidão na determinação da composição, este modelo estabelece requisitos para a densidade seca e a densidade saturada dos resíduos de concreto.

Tabela 7.6 Densidade mínima dos resíduos triturados para concreto, em kg/m³

	Resíduo de concreto triturado	Resíduo de alvenaria triturada e misto	Pelo menos 80% de agregado natural e não mais do que 20% de resíduo triturado
Seco	2.000	1.500	2.400
Saturado (água)	2.000	1.800	2.600

Resíduos de alvenaria triturada e mistos podem ser usados somente para aplicações internas, até a classe de resistência B35.

7.3.6 *Problemas logísticos*

Os fabricantes de concreto freqüentemente reclamam que a disponibilidade do resíduo triturado não é satisfatória e que, de fato, os trituradores de entulhos que podem fornecer resíduo triturado certificado não estão homogeneamente distribuídos pela indústria do concreto.

Esse é um problema real. Quando a indústria do concreto puder absorver suficiente resíduo triturado, a disponibilidade desse material irá aumentar automaticamente. Uma solução para esse gargalo no mercado poderia ser, talvez, preços mais competitivos.

Várias soluções vêm sendo propostas na literatura para aumentar as vendas de resíduo triturado. Uma das opções é aumentar a disponibilidade. A coordenação central de vendas de resíduo triturado (assim como a de vendas de areia triturada reciclada) poderia permitir que as instalações de trituração colaborassem em larga escala para obter uma posição mais forte no mercado.

Essa coordenação central poderia evitar transporte desnecessário, o que poderia eventualmente baixar o preço do resíduo triturado.

Seria também possível estabelecer um preço fixo para o resíduo triturado vinculando as companhias participantes. Além desse preço médio, uma taxa baixa fixa por tonelada poderia ser estabelecida para o transporte baseada na distância ou no tempo de deslocamento. Nesses casos, haveria uma perda para longas distâncias, mas esta seria compensada pelos lucros das distâncias menores.

7.3.7 *Problemas econômicos*

O uso de resíduo triturado no concreto não se disseminou realmente por causa de problemas econômicos.

Existe uma demanda potencial de mercado de 4,3 milhões de toneladas de resíduo triturado para ser usado como agregado em concreto, mas um fornecimento atual de somente 100 mil toneladas em curto prazo. As unidades de classificação e trituração de RCD aparentemente não preenchem essa lacuna no mercado, principalmente porque a margem de lucro para resíduo triturado como agregado é muito menor do que para material de fundação. Isso, por sua vez, acontece porque o resíduo triturado para concreto exige lavagem, e o lodo da lavagem, atualmente, tem de ser depositado (com um certo custo). Além disso, a produção de agregado grosso gera uma fração 0/4 (areia triturada), que é difícil vender para a indústria do concreto.

Os altos custos de fabricação não são compensados pelos altos preços, de forma que as instalações de trituração e classificação realmente não têm interesse em produzir para a indústria do concreto.

Do ponto de vista dos compradores, o resíduo triturado usado como agregado no concreto atualmente tem várias desvantagens:

- Aos olhos de muitos compradores, o produto não atende aos requisitos de qualidade. Alega-se que é altamente contaminado ou incapaz de atingir a resistência desejada.
- O preço é considerado menos favorável do que o da brita. O problema anteriormente mencionado do lodo da lavagem é uma razão importante para isso. Além do mais, custos adicionais são criados como resultado do trabalho adicional envolvido (checagens, ajustes, etc), ou da necessidade de usar mais cimento.
- Com relação à locação, o custo de transporte do resíduo triturado é desfavorável quando comparado ao da brita, principalmente pelo fato de que a maioria das instalações de trituração não se localiza ao lado de cursos d'água que possam servir para transporte fluvial. Um fornecimento constante, com qualidade suficiente, portanto, não é garantido. Finalmente, os fabricantes do concreto freqüentemente não possuem capacidade de armazenagem adequada para os vários tipos de agregados.
- A promoção do resíduo triturado como agregado obviamente deixa muito a desejar, certamente em vista dos preconceitos contra o produto. Como todo bom vendedor sabe, "sentimentos são fatos", e a incerteza que os compradores aparentemente sentem quando usam o resíduo triturado como agregado deve ser levada a sério. Isso significa que, ao lado das medidas descritas a seguir, são necessárias mais pesquisas sobre o desempenho do resíduo triturado como agregado, juntamente com informações idôneas e acima de todas as etiquetas de qualidade e certificação. Isso irá, por sua vez, criar uma base sólida para a efetiva promoção.

A longo prazo, as perspectivas de mercado para o resíduo triturado como agregado não são desfavoráveis. As análises têm mostrado que há muitos fatores apontando nessa direção. Em primeiro lugar, as políticas governamentais (o Decreto de Deposição) foram engatadas para criar uma situação em que o RCD tem de ser trazido às instalações de trituração. Isso dará às instalações de trituração mais influência em termos de aceitação de políticas e taxas, o que irá, por sua vez, permitir que desenvolvam novos mercados para seus produtos.

Além disso, a lacuna existente entre os custos de fabricação do resíduo triturado como agregado e como material para fundações irá diminuir; mesmo quando usado como material de fundação, o resíduo triturado tem de ser lavado, o que significa que o problema do lodo da lavagem não é exclusivo das instalações de trituração que fabricam para a indústria do concreto. O custo de processamento do lodo de lavagem provavelmente será passado aos proprietários por meio de um aumento das taxas de aceitação. Finalmente, a demanda de mercado potencial de resíduo triturado como agregado em concreto provavelmente irá crescer.

Em curto prazo, no entanto, os problemas mencionados anteriormente, do lado da demanda e do fornecimento, significam que o mercado do resíduo triturado como agregado não será criado automaticamente. Dada a disparidade entre os custos de fabricação do resíduo triturado para a construção de estradas e para a construção em concreto, não é economicamente vantajoso para as unidades de trituração individuais desenvolverem um fornecimento deste último, com suficiente qualidade e quantidade, pelo menos atualmente. Se não houver melhoramento, os fabricantes do concreto irão continuar a evitar o uso do resíduo triturado como agregado. O mercado para o resíduo triturado como agregado terá de ser criado por meio de medidas externas para interromper esse círculo vicioso. De qualquer forma, uma abordagem orientada para o mercado terá de oferecer perspectivas de venda mais favoráveis (por exemplo, maior margem de lucro) para instalações de trituração a curto prazo. Somente então essas instalações estarão propensas a investir no desenvolvimento do resíduo triturado como um agregado. Outras mudanças também devem ser feitas, como, por exemplo, no campo da logística.

Globalmente, serão necessárias mudanças organizacionais ou institucionais, para trazer o desenvolvimento desejado ao mercado do resíduo triturado na construção em concreto, com atenção adequada ao alinhamento de interesses das unidades de trituração e dos produtores de concreto. Por exemplo, estudos de casos apontaram problemas com as preparações para teste do uso do resíduo triturado, assim como revelaram possibilidades para limitar os custos do controle de qualidade e estocagem, baseados em informações idôneas.

7.4 Tijolo

7.4.1 Introdução

A principal matéria-prima para tijolos é a argila. O produto final é obtido aquecendo-se os tijolos crus em uma fornalha. A cor pode ser controlada por meio do processo de aquecimento e adicionando pigmentos, tais como óxido de manganês ou cal (rocha calcária).

A massa específica úmida dos tijolos varia de 1.200 kg/m^3 (tijolo furado) a 2.000 kg/m^3 (tijolo maciço), dependendo do tipo.

Os tipos mais duros de tijolo são usados para pavimentação de ruas, os mais macios como tijolos para paredes internas e o resto (a maioria) como tijolos de fachadas.

As propriedades estruturais e físicas são particularmente importantes em paredes. O tijolo pode absorver e liberar calor quando necessário, e, dessa forma, age como um amortecedor contra rápidas mudanças de temperatura. O mesmo acontece com o conteúdo de umidade. Uma parede de tijolos contribui para um clima interno estável.

Apesar de vários materiais de construção, juntamente com os tijolos, terem sido usados no século 20 (por exemplo, concreto e tijolos calcários), os tijolos ainda são usados em muitas estruturas graças especialmente às muitas possibilidades de variação de forma, cor e estrutura, vida útil praticamente ilimitada e pouca exigência de manutenção.

Tijolos para pavimentação de ruas têm a mesma vida útil que os tijolos de alvenaria e são freqüentemente usados como pavimentação em praças e estradas, especialmente porque a superfície de uma estrada aberta deixa espaço para a vegetação (as raízes podem ser sufocadas embaixo de uma superfície de estrada fechada) e permite facilmente o conserto de canos e cabos no subsolo.

7.4.2 Aplicações dos tijolos

A indústria da construção holandesa atualmente usa cerca de 2,5 milhões de toneladas de tijolo de alvenaria anualmente. Além disso, a indústria de tijolos produz aproximadamente 0,2 milhões de toneladas de tijolo para pavimentação de ruas. Os tijolos de pavimentação de ruas de concreto são também usados em vários tamanhos (30 milhões de m^2 por ano).

A figura 7.8 mostra a quantidade de tijolos de alvenaria usados anualmente durante as últimas décadas. As quantidades podem variar muito de um ano para outro.

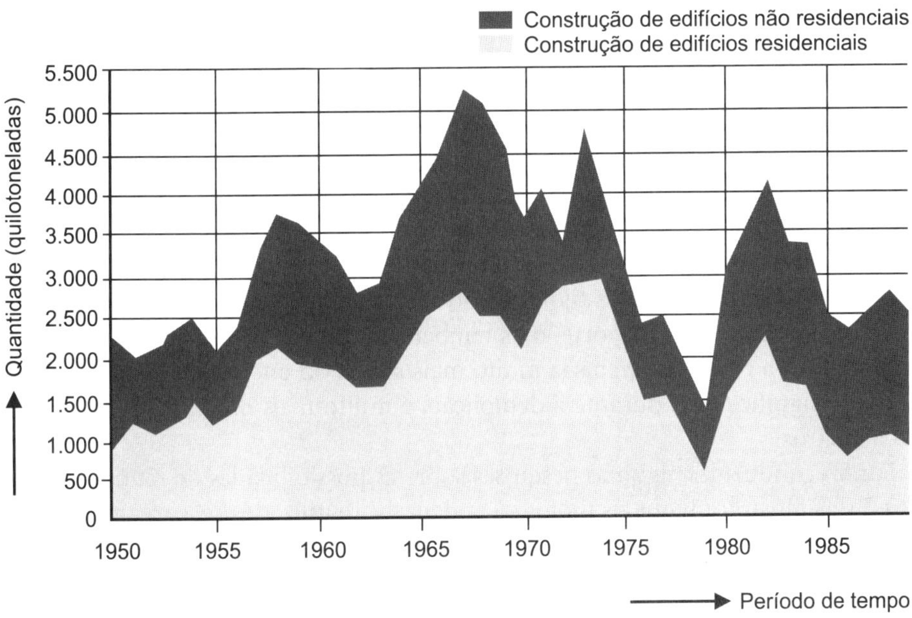

Figura 7.8 Consumo de tijolos de alvenaria pela indústria da construção holandesa (quilotoneladas)

A proporção de tijolo de alvenaria foi reduzida aos níveis atuais em decorrência da diminuição da demanda e da crescente popularidade de outros materiais de construção.

Espera-se que as vendas permaneçam nesse nível futuramente. A indústria desenvolveu uma política ativa para manter sua própria posição de mercado e aumentá-la onde for possível.

O desenvolvimento preciso do consumo de tijolos para pavimentação de ruas, nas décadas anteriores, não pode ser determinado por um longo período de tempo. A longa vida do material, seu bom estado de conservação após muitos anos de uso e ocasionalmente seu valor histórico resultam em um alto grau de reutilização.

7.4.3 Resíduos de tijolos

Com aproximadamente 3,2 milhões de toneladas por ano, o resíduo de alvenaria totaliza 26% do total anual da oferta de RCD. As quantidades geradas durante a construção, a demolição e a renovação foram estimadas para construção de edifícios residenciais e não residenciais. Um estudo anterior examinou a composição média de resíduo da construção em porcentagem, distribuída ao longo desses três fluxos de resíduo. Uma distinção foi feita entre tijolos, tijolos calcários e gesso.

Pode-se concluir que a quantidade futura de resíduo de tijolo não se irá modificar muito. Em vista do aumento esperado na quantidade de resíduo de tijolo calcário, a composição do resíduo de alvenaria, no entanto, terá maior modificação.

7.4.4 Reutilização

Nos séculos anteriores, os tijolos geralmente eram escassos e, conseqüentemente, caros. Como resultado, havia uma reutilização em larga escala. Essa situação ainda persiste no caso dos tijolos de pavimentação de ruas, em uma certa extensão. Os maiores rivais de mercado dos tijolos novos para pavimentação de ruas são os tijolos reutilizados.

A situação mudou para os tijolos de alvenaria, em parte por causa da maior capacidade de fabricação e transporte, mas também porque as modernas argamassas de alvenaria resultam em uma alvenaria muito mais sólida do que a argamassa de cal anterior, o que significa que, durante a demolição, é muito mais difícil manter os tijolos limpos e inteiros.

Foram conduzidas algumas pesquisas sobre as possibilidades de reutilizar tijolos inteiros. Estas mostraram que os tijolos só podem ser reutilizados se a argamassa usada para a alvenaria tiver cal adicionada a ela. Na alvenaria com argamassa que consiste predominantemente de cimento (e areia), a ligação com o tijolo é muito forte; quando se retira a argamassa, normalmente o tijolo se quebra.

Após 1945, raramente a alvenaria externa foi feita somente com argamassa ou cal. O maior potencial de reutilização de tijolos está, portanto, nos edifícios construídos antes dessa época.

Recentemente, houve um renovado interesse no uso de argamassa de cal como alternativa adequada à argamassa de cimento. O preço baixo do cimento e a melhor trabalhabilidade das argamassas de cimento foram responsáveis pela queda do uso da argamassa de cal. Os novos desenvolvimentos, no entanto, removeram a idéia da menor trabalhabilidade da argamassa de cal.

Argamassas de alvenaria prontas, baseadas em argamassa de cal, tornaram-se disponíveis há poucos anos. A argamassa de pedra calcária raramente é mais cara do que a argamassa de cimento.

No entanto, a reutilização de tijolos comuns é muito laboriosa na prática para competir com os novos tijolos por causa da necessidade de soltar a argamassa. Do ponto de vista da reutilização em larga escala, o uso de tais argamassas não apresenta nenhuma compensação.

Um desenvolvimento desfavorável na reutilização de tijolos inteiros é o interesse crescente em fachadas de tijolos intertravados. Além das razões originais para esse desenvolvimento, como melhores condições de trabalho e construção mais barata, essa opção recebeu um grande impulso a partir da criação de novas opções de projeto, baseadas na maior resistência do tijolo intertravado. O intertravamento dos tijolos da alvenaria acarreta uma economia na argamassa de alvenaria. As juntas de argamassa somam cerca de 25% a 30% do volume total de uma estrutura de alvenaria, enquanto as juntas intertravadas somam somente de 2% a 5%. Uma melhor coesão, em princípio, também permite estruturas mais esbeltas.

7.4.5 Gestão da cadeia

Introdução

A indústria de tijolos ainda não realizou pesquisas sobre as possibilidades de reutilizar o resíduo de tijolos gerado durante a construção e a demolição.

No entanto, recentemente foi realizado um estudo sobre medidas de prevenção no processo de produção. Foi feito um inventário sobre medidas preventivas com relação ao resíduo gerado pelo processo, resíduo tecnológico-ambiental (lodo limpo e outros) e resíduo proveniente de embalagens. O resíduo de construção e demolição não foi considerado.

Assume-se uma taxa média de sobras de 0,5% durante a produção. O resíduo interno é gerado durante a queima e a secagem. O "resíduo fraturado seco" normalmente é reutilizado internamente. Os tijolos com falhas na queima só podem ser reutilizados internamente como pavimentação de piso ou barreiras. Os tijolos com problemas de queima nem sempre podem ser identificados. Quando os tijolos são secos e depositados em fornadas, faz-se o controle de qualidade somente nos tijolos externos. Possíveis fraturas na fornada não são visíveis e a fornada é entregue ao cliente. Cerca de 30% do entulho fraturado é reutilizado internamente.

O fluxo de resíduo remanescente, de aproximadamente 20 mil toneladas, é levado para uma instalação de processamento final. As possíveis medidas para prevenção de fraturas são: computadorizar o sistema de carregamento, otimizar a curva de secagem e queima e melhorar o controle de qualidade da composição das matérias-primas.

O resíduo de tijolos gerado durante a construção e a demolição não é usado novamente no processo de produção.

Requisitos de qualidade

Os requisitos de fabricação para tijolos de alvenaria são listados na norma de tijolos de alvenaria NEN 2489. Essa norma é baseada em três áreas de aplicação: tijolo de paredes internas, tijolo de paredes externas e tijolo de alta pressão. Em cada um desses grupos, podemos distinguir algumas classes de usuários. Requisitos específicos com relação às propriedades físicas, mecânicas e químicas aplicam-se às classes individuais.

As Normas RAW aplicam-se a *clinkers* endurecidos por queima para pavimentação de ruas.

Absorção da água e sucção da água

O critério de absorção da água é baseado na quantidade de água absorvida por um tijolo depois de ter sido submerso por um longo período de tempo.

A sucção de água é determinada posicionando-se o tijolo na água e medindo quanta água o tijolo suga em um minuto. Esse parâmetro é importante no estágio de colocação dos tijolos em camadas, pois um tijolo de alta sucção irá retirar água demais da argamassa. Nesse caso, as especificações do produto devem indicar que o tijolo deve ser umedecido antes.

Resistência ao gelo

O material apropriado ao tijolo demonstra boa resistência a baixas temperaturas e ciclos de congelamento-degelo. Na prática, os tijolos podem ser expostos à umidade como resultado do clima ou do contato com o solo. Dado que os tijolos absorvem água, a água no tijolo expande-se durante o congelamento. O requisito para resistência ao congelamento serve para garantir que o tijolo pode resistir a baixas temperaturas na prática.

Resistência à compressão e resistência a fissuras

Duas importantes propriedades mecânicas quando se está usando tijolos são a resistência à compressão e a resistência a fissuras. Quando se usa um tijolo de uma certa classe de uso, este deve atender a um limite mínimo para ambas. Para tijolos de paredes externas e tijolos de alta pressão, os requisitos são fixados em um valor mínimo médio. Os requisitos para a resistência à compressão (limite inferior) vão de 5 a 40 MPa. A resistência a fissuras é ocasionalmente determinada em vez da resistência à compressão (de 0,3 a 2 MPa).

Conteúdo de sulfatos e número de Lipinski

O requisito de conteúdo de sulfato é relacionado especialmente ao fato de que grandes quantidades de sulfato aumentam a probabilidade de descoloração dos tijolos. Requisitos rigorosos para o conteúdo de sulfato aplicam-se a tijolos para paredes externas e a tijolos de alta pressão, comumente usados em aplicações externas em climas úmidos. O número de Lipinski é uma medida da presença de sulfatos de magnésio, potássio e sódio.

Os testes físicos e mecânicos usados para determinar essas propriedades são incluídos na NEN 2871. Os testes químicos são incorporados na Norma para Tijolos de Alvenaria.

O atendimento a estes requisitos depende principalmente da pureza da matéria-prima, além do método de fabricação.

A composição do tipo de argila determina a extensão da deformação. A argila rica contém muitas partículas planas entre as quais a água pode ser retida, permitindo que as partículas escorreguem entre si muito facilmente. A argila que contém muitos componentes grossos, como partículas de areia (argila magra), deforma menos rapidamente.

Para produzir uma boa classe, e, conseqüentemente, um produto final idôneo, a argila deve conter partes finas suficientes, mas não demais. Isso permite à classe reter sua resistência crua até secar. A argila pode ser classificada de acordo com o tipo e o tamanho das partículas e a presença de outras substâncias (óxidos de metal e contaminação orgânica).

Misturando-se muitas variedades de argila, pode-se obter a composição desejada desta para atender aos requisitos do produto.

A composição da argila é monitorada em um laboratório. Os requisitos de composição são importantes não somente para obter uma deformabilidade adequada, mas também para o processo de queima. A altas temperaturas de queima, de 1.000 a 1.200 °C, várias conversões químicas acontecem, criando novos componentes cerâmicos.

É, portanto, essencial certificar-se que os componentes voláteis evaporaram e que as substâncias orgânicas queimaram antes de atingir a temperatura de sinterização. Dado que os poros são reduzidos em número e tamanho durante o processo de sinterização, o gás não pode por muito tempo escapar do tijolo, e o tijolo "cresce" como pão.

O grau de qualidade também é um parâmetro crítico no processo de sinterização. Um bom grau de qualidade afeta especialmente a ligação dos espaços entre partículas, determinando a resistência final. A redução no conteúdo de poros, responsável pela retração durante a deposição, também depende em grande parte do grau de qualidade.

7.4.6 Viabilidade da gestão da cadeia na prática

Muita atenção foi dada ao resíduo produzido durante a fabricação de tijolos; por outro lado, poucas pesquisas foram conduzidas sobre o uso potencial do resíduo de tijolo. Presume-se que o motivo principal disto é que, na ausência de medidas abrangentes, os requisitos estritos para matérias-primas provavelmente nunca serão atendidos. Outra razão importante é que os tijolos são usados parcialmente por causa de suas propriedades estéticas e, portanto, exigem coloração homogênea. A argamassa de cimento, especialmente no resíduo de tijolo, pode impedir a reutilização, porque o sulfato nela contido pode causar descoloração e emissões indesejáveis. A argamassa de cal, por outro lado, é mais fácil de ser separada do tijolo por meio de processos térmicos e mecânicos.

7.5 Tijolo calcário

7.5.1 Introdução

Os tijolos calcários consistem em uma mistura de cal apagada (7% do peso) e areia comprimida em tijolos, blocos ou elementos e endurecida em autoclaves sob uma pressão de 8 a 16 atmosferas. A formação sob a influência de uma força de alta pressão resulta em uma argamassa de base cálcio silicato hidratado. Colorantes, agregados ou cinzas voláteis (como substituição parcial da areia) podem ser adicionados, se desejado.

A massa específica úmida do tijolo calcário é de 1.750 kg/m³. A força de compressão vai de 15 a 35 MPa, dependendo do produto.

O tijolo calcário é usado especialmente em paredes internas portantes e não portantes na construção de edifícios residenciais e não residenciais. É também usado em paredes divisórias entre casas, paredes externas, chaminés e dutos de fumaça, gás e ventilação.

7.5.2 Uso do tijolo calcário

Um estudo sobre as quantidades de tijolos calcários usados antigamente foi realizado para estimar as quantidades futuras de resíduo de tijolo calcário geradas durante a construção e a demolição. Para este estudo, os dados da produção disponíveis foram recuperados de vários fabricantes. Em seguida, assumiu-se que as vendas domésticas eram iguais às modificações da construção nos anos relevantes, e foi estabelecida uma relação entre a cota em construção residencial e a cota em edifícios não residenciais para cada período. Os resultados são ilustrados na figura 7.9.

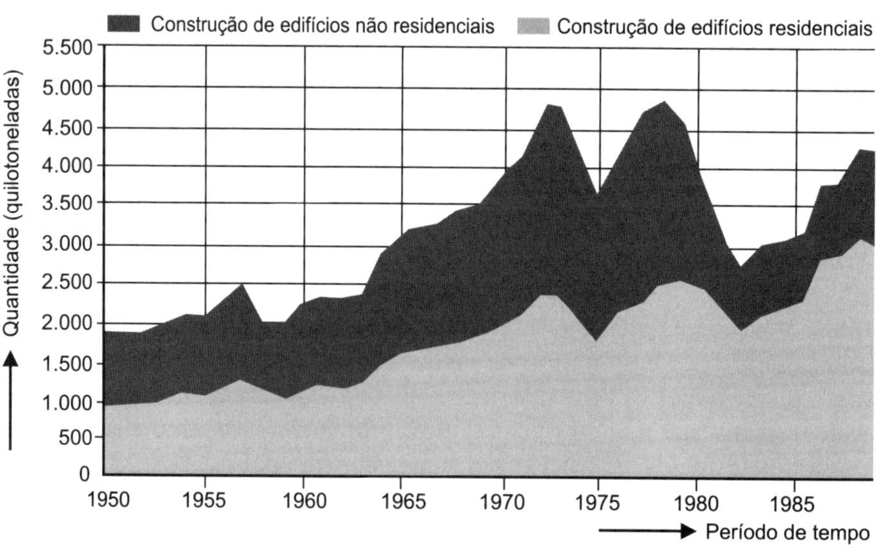

Figura 7.9 Consumo de tijolos calcários pela indústria da construção holandesa (quilotoneladas)

Atualmente, cerca de 5 milhões de toneladas de tijolo calcário são usadas anualmente, quase totalmente para paredes internas.

7.5.3 Resíduo de tijolo calcário

O consumo de tijolo calcário aumentou desde os anos 1950, e há uma expectativa de aumento igual nas quantidades de resíduo de demolição de tijolos calcários em um futuro próximo. O estudo mencionado anteriormente sobre consumo de tijolo calcário comparou este consumo com a probabilidade de demolição de edifícios residenciais e não residenciais e as freqüências de substituição esperadas.

Isso resultou em estimativas sobre as quantidades de tijolo calcário geradas na década passada e que possivelmente serão geradas na década atual.

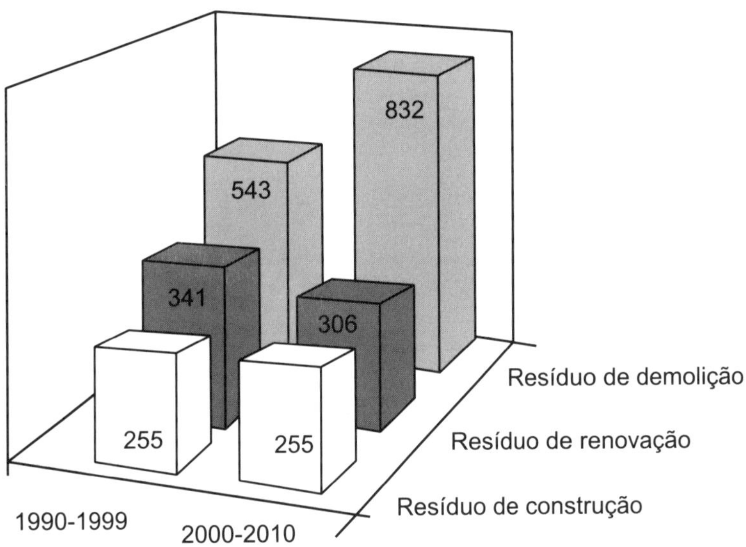

Figura 7.10 Quantidade média anual de resíduo de tijolo calcário gerado nos períodos 1990-2000 e 2000-2010 (quilotoneladas)

A figura mostra que o resíduo de demolição é responsável pela maior proporção de RCD e que esta proporção irá crescer em termos relativos e absolutos num futuro próximo. A quantidade de tijolo calcário gerado como RCD a cada ano é atualmente estimada em mais de 1 milhão de toneladas. Isso leva a proporção a aproximadamente 7% da quantidade total de RCD gerado.

O tijolo calcário é apresentado nas unidades de processamento juntamente com o resíduo de tijolo e concreto e é processado dentro do resíduo de alvenaria e misto triturado. Assumindo uma produção de 5,4 milhões de toneladas de resíduo misto triturado e 0,5 milhões de toneladas de resíduo de alvenaria triturada, isso significa que a proporção atual de tijolo calcário no resíduo de alvenaria e misto triturado é de aproximadamente 15%.

Durante as últimas décadas, especialmente, o consumo de tijolo calcário em relação ao tijolo comum aumentou muito. A figura 7.11 mostra o consumo destes materiais juntamente com outros dois materiais de alvenaria, o gesso e concreto poroso (que são tratados nas seções 7.6 e 7.7).

A proporção de tijolo calcário para tijolo no resíduo atualmente fornecido é de 1:2. Como mostrado na figura, é possível que futuramente ocorra uma distribuição mais equilibrada entre os dois materiais.

No caso mais extremo, com quantidades iguais de resíduo de concreto misto (3,5 milhões de toneladas) e entulho de alvenaria (3,2 milhões de toneladas), isso significaria que a porcentagem máxima permitida de 25% no resíduo misto triturado poderia ser superada caso nenhum resíduo de concreto limpo fosse adicionado.

O limite de 25% de tijolo calcário em resíduo misto triturado é colocado para seguir os requisitos dos Regulamentos-Padrão RAW para o fator de trituração.

Na prática, esse padrão não pode ser superado em curto prazo, pois assumir uma proporção fixa de concreto não é muito realista.

A estimativa anterior é somente uma expectativa global. Números "rígidos" são essenciais para fazer prognósticos idôneos. Para isto, testes de prova podem ser conduzidos em algumas unidades de processamento para estimar exatamente a natureza e a quantidade do material recebido.

Estendendo os testes em um período de anos, pode-se discernir melhor a mudança da composição do resíduo recebido.

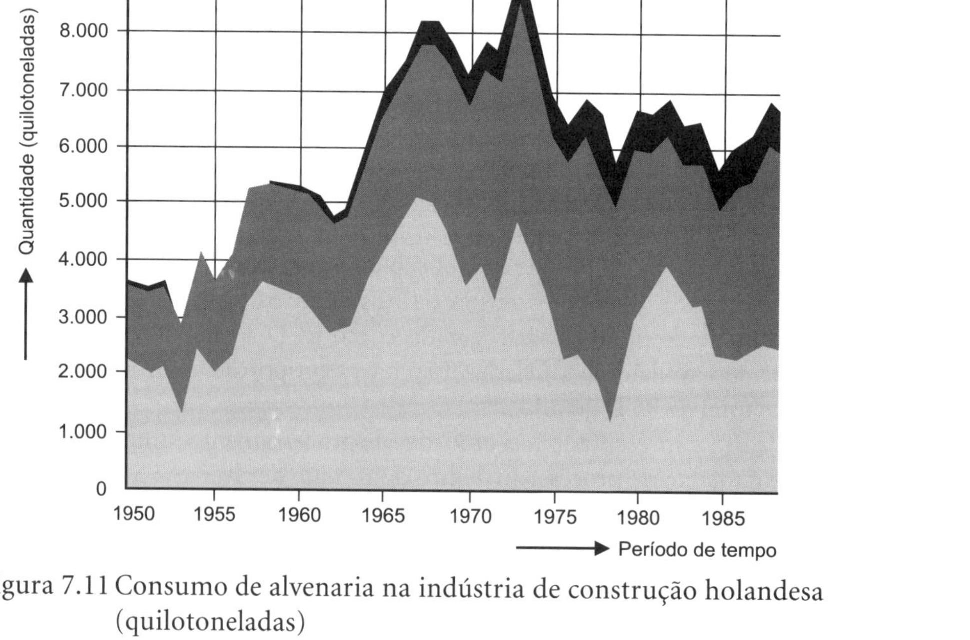

Figura 7.11 Consumo de alvenaria na indústria de construção holandesa (quilotoneladas)

7.5.4 Gestão da cadeia

Introdução

Praticamente todo o resíduo de alvenaria é usado na construção de estradas. Atualmente, todo o resíduo de tijolo calcário, misturado com outros resíduos de alvenaria (e possivelmente resíduo de concreto), é levado para as instalações de trituração e processado em resíduo misto triturado. A demanda de construção de estradas é atualmente alta o suficiente para justificar o processamento de todo o resíduo de tijolo calcário. Em termos de demanda de mercado, não há, portanto, razão direta para devolver o RCD para sua própria cadeia de produção.

A indústria de tijolos calcários realizou várias pesquisas para subsidiar um levantamento das condições limite em casos nos quais o resíduo deve ser incluído na cadeia de materiais.

Um relatório sobre as possibilidades futuras de reutilização do resíduo de tijolo calcário foi publicado em dezembro de 1996. Esta pesquisa foi conduzida pelo Centro de Pesquisa da Indústria de Tijolos calcários como parte do Programa de Pesquisa Nacional em Reutilização de Resíduos (NOH).

O objetivo da pesquisa era estabelecer condições para o uso de resíduo de tijolo calcário na construção de estradas e na fabricação de tijolos calcários novos. O foco principal foi a reutilização de resíduo de tijolo calcário como matéria-prima para novos produtos de tijolos calcários.

Requisitos de qualidade para gestão da cadeia

A indústria de tijolos calcários tem uma visão clara dos requisitos das matérias-primas (areia e cal), necessárias para obter tijolos calcários de boa qualidade. Na prática, até 10% da areia pode ser substituída com resíduo industrial triturado.

Quando se usa o resíduo de construção e demolição como matéria-prima, é necessário permitir anomalias nas propriedades físicas, químicas e de proteção ambiental relacionadas ao resíduo industrial triturado.

Foram estabelecidas condições para a composição de resíduo industrial, baseadas na experiência com o uso de areia regular e resíduo industrial.

Tabela 7.7 Valores limites de provisão para resíduo triturado usado como matéria-prima na fabricação de tijolo calcário

Variável	Unidade	Requisito de provisão	Método de avaliação
Sílica reativa	mg/kg	Aproximadamente igual à areia	Solução em NaOH
Carbono orgânico	% do peso	< 0,10	Oxidimétrico em dicromato e em ácido sulfúrico

Componentes semelhantes a húmus	–	Não mais escuro que o padrão da foto A	NEN 5919
Betume	–	Sem betume	Visual
Cloreto	% por peso	< 0,015	NEN 5921
Sulfato	% por peso	< 0,1	NEN 5930
Sulfeto	% por peso	< 0,1	NEN 5936
HPA	mg/kg	< 50	Listado na BRL 2506
Absorção água	% por peso	Sem requisito	–
Distribuição do tamanho de partículas	–	Ver abaixo	–

Sílica reativa

A reação química envolvida no endurecimento do tijolo calcário é baseada em quartzo (SiO_2) e cal "dissolvendo" sob alta pressão. O agregante então formado (silicato de cálcio hidratado – *hydrate calcium silicate*) – é o que dá ao tijolo de calcário sua coesão e resistência à compressão. Além do conteúdo de quartzo, a área de superfície específica do quartzo é também um fator determinante na dissolução da sílica.

A reatividade do resíduo triturado pode ser mais ou menos a mesma dos tipos de areia normalmente usados na indústria. Não foram estabelecidas condições rigorosas para o resíduo triturado.

Material orgânico

Os componentes orgânicos presentes no resíduo de construção e demolição normalmente aparecem sob forma de madeira, plástico, material isolante, betume e outros. Esses componentes orgânicos decompõem-se quando submetidos às altas temperaturas da autoclave. Isso afeta negativamente a reação de endurecimento nos locais em volta destas partículas, criando pontos fracos no tijolo.

Além desse problema, manchas marrons ou pretas podem também se formar. Estas são produzidas especialmente pelas partículas de madeira, que causam expansão local, em razão da maior absorção de água. A descoloração local é causada pela presença de betume.

O máximo conteúdo orgânico permitido é 0,1% (por peso). Como as manchas marrons são indesejáveis, deve-se atender também a condição de que nenhum produto contendo betume, como concreto ou cobertura asfáltica, deve estar presente no resíduo triturado.

Componentes semelhantes a húmus

A contaminação do resíduo com solo deve ser evitada. Componentes semelhantes a húmus e resíduos de plantas encontrados no solo afetam negativamente o endurecimento do tijolo, por causa da sua alta acidez. Podem também causar descoloração marrom na área da superfície.

Cloreto

O tijolo calcário com alto conteúdo de cloreto tem menor durabilidade, quando sujeito a ciclos de molhagem-secagem e congelamento-degelo. Além disso, há maior propensão a eflorescência de sais, por causa do transporte de umidade.

Os dois efeitos dependem muito da distribuição de tamanho das partículas. O limite do conteúdo de cloreto, portanto, difere para cada tipo de areia e resíduo triturado. O cloreto na areia ou no resíduo triturado pode também causar corrosão nas autoclaves, pois o vapor saindo através da autoclave condensa na sua parede e no tijolo. Por fim, o tijolo não absorve a condensação, que vai para a parte inferior da autoclave. A corrosão também ocorre em decorrência de alguns dos cloretos, que são retirados das matérias-primas.

Sulfato solúvel

O sulfato pode ser encontrado no resíduo de entulho triturado pela presença de gesso, concreto ou concreto celular.

O sulfato na argamassa fresca pode atrasar o apagamento da cal, resultando em expansão do produto durante a autoclavagem. Os sulfato também causa eflorescências no tijolo calcário. Sulfatos solúveis, especialmente como gesso ($CaSO_4.H_2O$), são indesejáveis. Sulfato na forma de barita ($BaSO_4$) e sulfatos contidos na matriz do cimento são menos prejudiciais.

Dependendo da forma, os sulfitos também devem ser evitados, pois podem ser convertidos em sulfatos solúveis com o tempo.

Hidrocarbonetos policíclicos aromáticos (HPAs)

Juntamente com o conteúdo de sulfatos, o conteúdo de hidrocarbonetos policíclicos aromáticos é também um parâmetro crítico para o resíduo de entulho triturado. Os hidrocarbonetos provêm principalmente de materiais de chaminés e coberturas.

Desde 1998, os materiais de construção usados em contato com o solo devem cumprir com o Decreto de Materiais de Construção. Quando se usa resíduo de entulho triturado em tijolos de calcário, não é o resíduo triturado, mas o tijolo calcário que deve atender aos requisitos para os materiais de construção consolidados da categoria 1.

Dado que atualmente não se sabe a extensão das modificações da estrutura de tijolos calcários quando se acrescenta o resíduo de entulho triturado (e conseqüentemente o comportamento das emissões no solo não é conhecido), assume-se que o conteúdo de hidrocarbonetos policíclicos aromáticos (assim como o conteúdo de sulfato) nos resíduos de entulhos triturados deve atender aos requisitos da categoria 1 para materiais de construção não consolidados.

Absorção de água

Quando o conteúdo de umidade do resíduo triturado de entulho é menor que a quantidade de umidade que pode ser absorvida pelo resíduo triturado, deve-se estimar a quantidade de água a ser acrescentada a este resíduo. Isso é necessário para garantir um conteúdo de umidade constante durante a pressão. A absorção de água durante o processo de mistura não constitui um problema, pois os lotes de resíduo triturado de escombros podem ser molhados precedentemente na unidade de processamento.

Distribuição de tamanhos de partículas

Após ser pressionado, o material deve ter a necessária "resistência crua" para prevenir fraturas durante o transporte para a autoclave.

Uma boa estrutura das partículas das matérias-primas é essencial para obter uma alta resistência. Para isto, os vazios entre partículas devem ser os menores possíveis, e o número de pontos de contato entre partículas tão alto quanto possível, o que significa que deve haver uma grande variedade de tamanhos de partículas.

A experiência tem demonstrado que a distribuição de tamanhos de partículas pode ser ajustada para obter uma resistência otimizada dos produtos endurecidos e não endurecidos.

Tabela 7.8 Distribuição de tamanhos de partículas de matérias-primas de tijolos calcários

Tamanho da partícula	Distribuição de tamanhos de partículas, em %	
	Mínimo	Máximo
< 63 µm	2	10
< 125 µm	10	20
< 250 µm	20	35
< 500 µm	35	60
< 1 mm	60	75
< 2 mm	75	90
< 4 mm	90	100
< 8 mm	98	100

A distribuição é aplicada especialmente quando se usam grandes quantidades de resíduo de entulho triturado. Quando se adicionam pequenas quantidades, esses limites não precisam ser rigidamente seguidos. A areia triturada reciclada, na prática, muitas vezes apresenta uma falta de partículas finas quando os limites anteriormente mencionados são seguidos.

Problemas qualitativos no gerenciamento da cadeia de materiais

Foi examinado, na prática, o cumprimento das condições limite para a composição e algumas propriedades físicas. Não foi feita nenhuma distinção entre o resíduo de construção ou de demolição.

O resíduo de tijolo calcário foi separado dos lotes de RCD em oferta, baseando-se apenas na avaliação visual. Isso incluiu a retirada de madeira, plástico e resíduo de gesso. Lotes contendo muitas impurezas não foram selecionados para seguir adiante, mas processados no resíduo misto triturado juntamente com os entulhos remanescentes.

Após a inspeção visual, o entulho foi reduzido em partículas menores do que 40 mm em unidades de tratamento.

Isso revelou os seguintes resultados:

- o conteúdo de tijolo calcário no entulho de tijolos calcários coletado, proveniente de estruturas de demolição e construção, variou de 84% a 94% (por peso). Uma pureza de, no mínimo, 90% do tijolo calcário, incluindo resíduos de alvenaria e argamassa adesiva, deve ser possível na prática;
- a mistura com material indesejável, como concreto asfáltico e feltro de coberturas, foi encontrada em testes conduzidos na prática. A verificação das cargas e a classificação final é, portanto, necessária, para prevenir a possibilidade de mistura;
- o conteúdo orgânico, de cloreto e sulfato no entulho triturado demonstrou ser um problema especial. Essas microcontaminações normalmente superaram as condições limite estabelecidas. Talvez os padrões estabelecidos sejam atingidos somente se a coleta de entulho de tijolos calcários for limitada a somente entulho de edifícios;
- todo o entulho triturado atingiu a distribuição de partículas desejada (de 0 a 4 mm). A lavagem do entulho triturado reduziu o conteúdo de componentes orgânicos, mas também diminuiu o conteúdo de partículas menores que 125 μm.

Pesquisas de laboratório

Pesquisas de laboratório foram conduzidas para determinar se os requisitos de qualidade podem ser atendidos, quando a areia é parcialmente substituída com resíduo de tijolos calcários. Dado que o entulho de tijolos calcários é também presente no resíduo misto triturado regular, a pesquisa também se focalizou no resíduo de alvenaria triturada como substituição parcial para a areia. O resíduo de concreto triturado também foi incluído na pesquisa. Foi demonstrado nos testes que:

- com maior conteúdo de resíduo triturado, deve-se permitir uma umidade de prensagem mais alta em razão da diferente distribuição de partículas e de um maior grau de absorção de água pelo resíduo triturado;

- a resistência crua da classe é mais alta por causa da extensa distribuição de tamanhos de partículas e da natureza angular das partículas;
- até uma certa porcentagem de substituição, as resistências à compressão e à flexão permanecem as mesmas, ou até diminuem um pouco. Quando se está triturando resíduo de pedra calcária, é possível que aconteça uma diminuição na resistência (acima de 50% de substituição) mais do que quando se está usando resíduo de concreto triturado ou alvenaria;
- a mudança higrométrica no comprimento aumenta quando se usa resíduo de tijolo calcário triturado. O mesmo não acontece quando se usa resíduo de concreto triturado;
- manchas marrons e pretas antiestéticas são visíveis na superfície, e resultam do conteúdo total de material orgânico superior a 0,1% (por peso) no resíduo triturado. As partículas de madeira levam a rachaduras, e as substâncias betuminosas causam manchas marrons;
- há uma grande quantidade de eflorescência na pedra, em presença de alto conteúdo de impurezas, como cloreto e sulfato, por causa do transporte de umidade através dos capilares.

Testes realizados na prática

Para verificar os resultados das pesquisas de laboratório na prática, foram fabricados blocos em uma maquinaria de tijolos calcários, com a areia parcialmente ou completamente substituída pelo resíduo de tijolo calcário triturado e por areia triturada reciclada lavada.

Quando comparados com os resultados dos testes de laboratório, estes testes práticos mostraram que:

- a resistência à compressão dos produtos com resíduo de tijolo calcário triturado é muito reduzida quando se aumenta o conteúdo de resíduo triturado. A diminuição ocorre em uma porcentagem de substituição menor do que a encontrada nas pesquisas de laboratório. Foi demonstrado que o resíduo de tijolo calcário triturado pode substituir a areia no máximo de 10% a 15%;
- uma resistência comparável com a do tijolo calcário normal é obtida quando a areia é completamente substituída pela a areia triturada reciclada. É necessário permitir períodos maiores de endurecimento e, conseqüentemente, maior consumo de energia;
- ocorre uma redução no comprimento higrométrico, contradizendo os resultados dos testes de laboratório. Por essa razão, não se pode chegar a uma conclusão clara, pois dois tipos diferentes de areia levam a resultados diferentes;
- manchas na superfície do produto também ocorrem quando se usa areia triturada reciclada lavada. No entanto, o número de manchas é menor.

7.5.5 Problemas logísticos na gestão da cadeia

A indústria de tijolos calcários realizou testes práticos para examinar os benefícios da criação de um sistema de retorno de resíduo da construção. O teste foi focalizado em um projeto de construção residencial de noventa casas e uma estrutura não residencial.

O inventário demonstrou que na construção de edifícios residenciais a taxa de falhas é de 1% da quantidade de tijolo calcário usado (por causa de danos ou quebra). Em um mês, um contêiner cheio foi devolvido. No caso do edifício não residencial, 10% do tijolo calcário falhou. Quinze contêiners foram devolvidos em um período de dois meses.

O resíduo das estruturas residenciais foi despejado mais contaminado do que o resíduo da construção não residencial. Neste primeiro projeto, foi mais difícil controlar a contaminação em razão da presença de vários empreiteiros da construção.

7.5.6 Viabilidade da gestão da cadeia na prática

A indústria produz aproximadamente 5 milhões de toneladas de produtos de tijolos calcários anualmente.

A máxima substituição possível da areia pelo resíduo de tijolo calcário é de 10% a 15%, por causa das exigências de resistência.

Isso significa que de 500 mil a 750 mil toneladas de resíduo de tijolo calcário podem ser usadas no processo de produção do próprio produto. Atualmente, isso significa que aproximadamente metade do entulho de tijolo calcário gerado poderia ser reutilizado na cadeia dos materiais.

Na prática, o resíduo de tijolo calcário triturado não atende a todos os requisitos de qualidade, apesar do cuidado com a coleta, a trituração e a separação.

Dado que o gestão da cadeia do tijolo calcário não é possível na prática, este será usado, onde possível, como substituto da brita em concreto, como componente do resíduo misto triturado. Isso ocorre em parte por causa do aumento esperado na quantidade de entulho gerado.

Atualmente, o conteúdo permitido de 25% de tijolo calcário no resíduo misto triturado deixa margem suficiente para garantir a comercialização do resíduo triturado na indústria da construção de estradas.

No futuro, não é provável que este valor limite seja superado. Em vista do aumento esperado no total de entulho de alvenaria e concreto, as vendas à indústria da construção de estradas sofrerão maior pressão.

O volume estimado do mercado para aplicações de material de base é em torno de 8 milhões de toneladas. Na ausência de aplicações alternativas e potencial de vendas adequado como material de base em pedra, provavelmente, e infelizmente, o tijolo calcário terá de ser comercializado não mais para aplicações de alta qualidade (material de aterro).

7.6 Concreto espumado

7.6.1 Introdução

Concreto espumado é um tipo de concreto leve com uma grande quantidade de poros, com diâmetro de até alguns milímetros. Esses poros são produzidos pela adição de pó de alumínio. O alumínio reage com a cal ou o cimento para formar hidrogênio, o que cria bolhas na matriz do cimento.

A pega acontece sob altas temperaturas. O gás hidrogênio sai muito rapidamente, e o ar ocupa seu lugar nos poros.

A presença dos poros resulta em uma resistência à compressão menor, quando comparado com concreto comum (3 a 6 MPa *versus* 15 a 50 MPa), e uma grande quantidade de água pode ser absorvida. A resistência ao congelamento ainda é excelente, a um grau de saturação inferior a 40%. A resistência ao congelamento diminui com uma saturação maior que 40%. No entanto, uma saturação tão alta não é encontrada na prática normal.

Os materiais básicos para o concreto espumado são o cimento, a cal e a areia: de 2% a 3% por peso em cimento e cal e de 7% a 8% por peso em areia. O pó de alumínio é uma pequena fração, menos de 1% por peso.

O concreto espumado é usado para produzir lajes para tetos, pisos e paredes, assim como blocos e painéis. Os blocos e painéis são usados em paredes internas não portantes e dentro de paredes ocas. Por causa da sua massa específica úmida relativamente baixa, são adequados para uso em projetos de reformas, onde pisos ou fundações já estão sob a carga máxima. O concreto espumado é também usado por causa de suas boas propriedades de resistência ao fogo.

Na prática atual, a maior parte do entulho de concreto espumado é fornecida às instalações de tratamento misturada com outros entulhos.

A baixa massa específica úmida é uma vantagem na fase do edifício, mas passa a ser uma propriedade indesejável mais tarde, durante o processamento do entulho. Com uma massa específica úmida de 400 a 800 kg/m^3 (no estado seco), o concreto espumado é um componente indesejável no processamento do entulho pedregoso.

Por essa razão, as Normas Holandesas e o Regulamento RAW impõem limites para a porcentagem de concreto celular nos vários tipos de resíduo triturado.

7.6.2 Aplicações do concreto espumado

O concreto espumado, como o gesso, é um material relativamente novo. Seu uso na indústria da construção holandesa expandiu-se consideravelmente nos anos 1960, especialmente.

A figura 7.12 mostra como o consumo de concreto espumado se desenvolveu desde 1950.

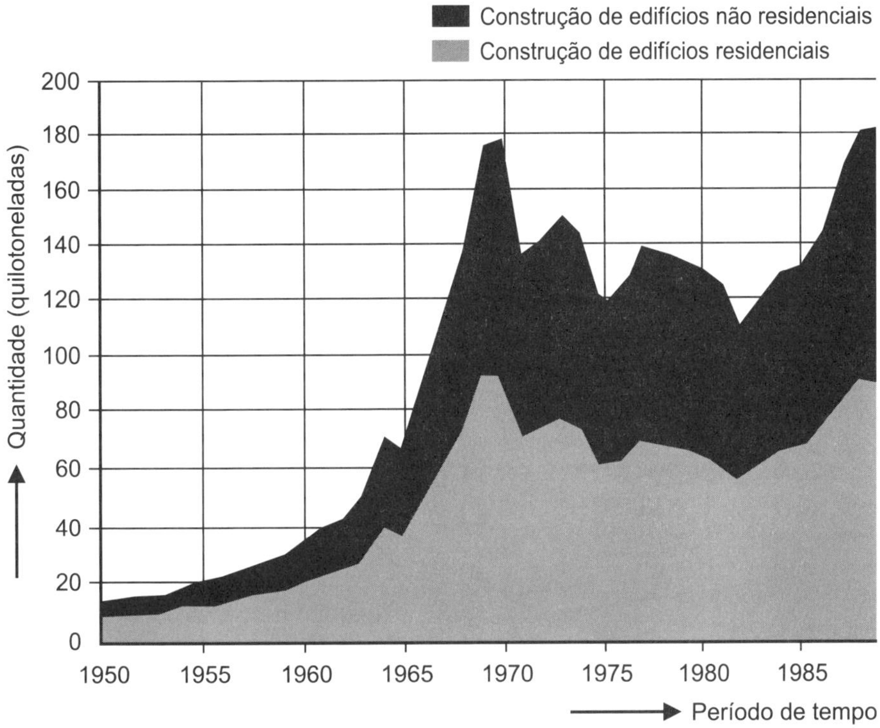

Figura 7.12 Consumo de concreto espumado na indústria da construção holandesa

Até os anos 1970, o consumo de concreto espumado totalizava aproximadamente 2% da média da quantidade total de alvenaria usada.

Atualmente, o consumo anual é em torno de 400.000 m³ em média. Considerando uma massa específica úmida de 600kg/m³, isso significa que aproximadamente 240 mil toneladas de concreto espumado são usadas a cada ano na indústria da construção holandesa.

7.6.3 Entulho do concreto espumado

Quantidades

Assim como para a pedra calcária e o gesso, um inventário também foi realizado para o concreto espumado, com relação à quantidade esperada de resíduo da construção e demolição. A quantidade média de resíduo de concreto espumado gerada anualmente é calculada em 34 quilotoneladas para os anos 1990 e 44 quilotoneladas para a primeira década do novo milênio.

A figura 7.13 mostra a contribuição dos três fluxos do resíduo, da construção, renovação e demolição, neste processo.

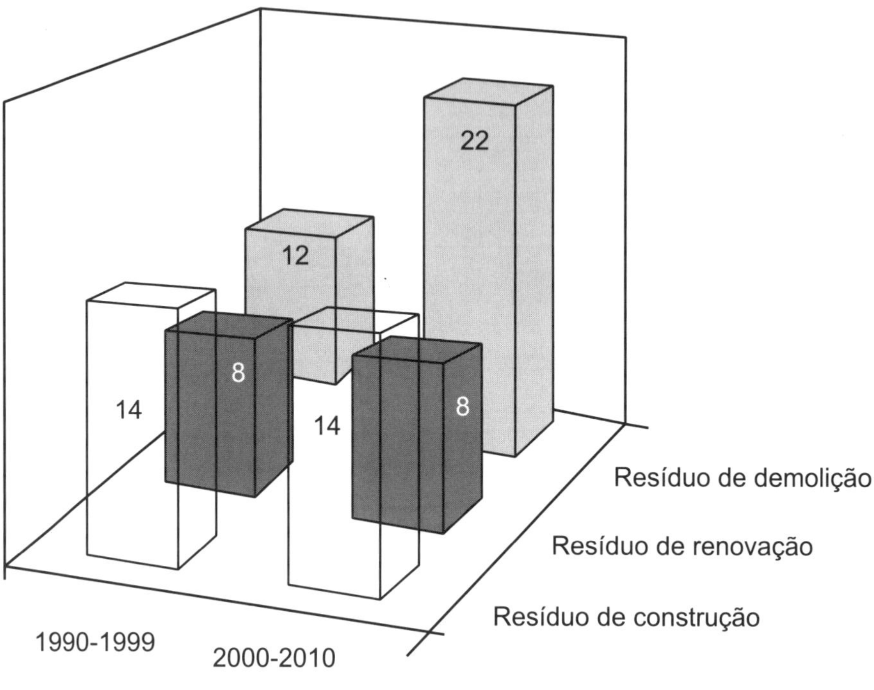

Figura 7.13 Quantidade anual média de resíduo de concreto celular gerado nos períodos 1990-2000 e 2000-2010 (quilotoneladas)

Como mostrado na figura, o aumento calculado do fornecimento total de entulho de concreto espumado é devido ao aumento esperado na quantidade de resíduo de demolição. Esse aumento será causado principalmente pelo crescimento esperado das atividades de demolição de edifícios não residenciais. Além disso, gerações relativamente novas de edifícios com grande proporção de concreto espumado serão demolidas.

Sistema de retorno

O resíduo de produtos de concreto celular é devolvido ao processo de fabricação e é reutilizado. Os fabricantes de concreto espumado não aceitam de volta o resíduo de demolição. Dado que o material não é gerado em grandes quantidades, um sistema de retorno não é possível. Todavia, espera-se que, futuramente, a quantidade de resíduo de demolição aumente em relação à quantidade de entulho da construção (ver figura 7.13). No entanto, dado que a produção deste tipo de resíduo é altamente dispersa, a quantidade por local de demolição não justifica a criação de um sistema logístico similar ao do resíduo da construção.

7.6.4 Gestão da cadeia

O resíduo de concreto espumado pode, em princípio, ser usado novamente no processo de fabricação.

O resíduo resultante de lotes com defeitos ou trincas é tratado em um triturador e resulta em resíduo triturado e materiais arenosos com tamanho menor que 1 mm. Somente essa fração fina pode ser usada novamente no processo de fabricação, como substituição parcial da areia (até um máximo de 20%).

Na prática corrente, o gestão da cadeia do resíduo de concreto espumado acontece somente em escala muito pequena. Somente o resíduo de fabricação e uma pequena parte do resíduo de construção de concreto espumado é usada novamente no processo de fabricação.

Problemas de qualidade na gestão da cadeia

Apesar de o gestão da cadeia do resíduo da construção ser perfeitamente possível em termos técnicos, o mesmo não acontece para o resíduo de demolição. A razão principal para a não reutilização do resíduo de demolição é a possibilidade de contaminação nos lotes fornecidos.

O maior problema é o gesso misturado dentro do material das paredes emboçadas. O gesso pode reagir com o alumínio usado no concreto celular, formando etringite. Isso causa expansão, que afeta negativamente a resistência do concreto espumado.

Futuramente, esse problema poderá ser prevenido, promovendo o uso de materiais de acabamento alternativos (por exemplo, a argamassa de cimento calcário).

Outra possibilidade seria examinar se as camadas de emboço mais finas poderiam ser usadas. A presença de argamassa de cal e argamassa de cimento e outros componentes pedregosos no resíduo não causam nenhum problema para devolver o material ao processo de produção.

Problemas logísticos na gestão da cadeia

De todos os materiais de construção considerados nesta relação, o concreto espumado é o menos usado, somando não mais do que 2% de todo o resíduo de demolição e construção. Uma rede logística adequada, portanto, não é economicamente possível principalmente por causa dos custos de transporte e embarque.

Somente o resíduo gerado nos maiores projetos de construção de edifícios residenciais e não residenciais é aceito de volta pela indústria de concreto espumado, apesar do fato de serem relativamente pequenas quantidades.

De fato, o Decreto de Deposição contribuiu com a disposição da indústria do concreto espumado de atender às companhias empreiteiras da construção, oferecendo-se para pegar de volta o resíduo de embalagens e construção. No entanto, em razão das quantidades limitadas e dispersas de resíduo de concreto espumado, recebê-lo de volta pode ser mais caro para o empreiteiro do que a remoção regular, juntamente com o resto do entulho.

Este pode ser o caso, por exemplo, quando a quantidade representada pelo projeto do edifício não é suficiente para encher um contêiner, ou se a logística do local da construção vai no sentido da coleta separada.

A indústria do concreto celular considera o resíduo de demolição qualitativamente inadequado para reciclagem. Além do mais, um sistema de retorno não pode ser estabelecido porque este fluxo de resíduo não está disponível em quantidades suficientes atualmente.

Possibilidades de aplicações úteis

Além de ser devolvido ao processo de fabricação, o resíduo de concreto celular limpo pode também ser usado em misturas com lisas de cimento ou cal, tais como tijolos de concreto ou de argamassa de cal e areia. No entanto, isso afeta somente a fração de areia, por causa da capacidade de absorção do concreto celular, resultado da estrutura porosa. A fração mais grossa poderia talvez ser usada em aplicações como material de purificação de tubulação de gás, material absorvente de óleo ou areia para gatos.

7.6.5 Viabilidade da gestão da cadeia na prática

Mesmo quando a gestão da cadeia de concreto celular é viável, a princípio, até uma quantidade de 20%, a indústria do concreto celular somente recebe de volta parte do resíduo da construção, e, portanto, o principal obstáculo sendo a logística.

Lotes individuais de resíduo de demolição de concreto celular não são aceitos. A maior objeção contra a aceitação de resíduo de demolição é que este normalmente é muito contaminado para ser usado no processo de fabricação, e desta forma não resulta em um produto de boa qualidade.

No entanto, a real extensão dos problemas de qualidade apresentados pelo resíduo de demolição ainda tem de ser determinada. Testes práticos podem revelar a resposta a essa questão.

A aparência do produto parece ser uma questão particularmente sensível, de maneira que seria conveniente examinar até que ponto ela é um fator decisivo nas vendas dos produtos. Desde que eles recebam informações adequadas, os consumidores ou empreiteiros da construção podem estar dispostos a aceitar uma aparência um pouco irregular.

Afora a questão de se a gestão da cadeia em larga escala é possível, é necessário examinar se o uso de materiais de acabamento alternativos pode ser promovido e se camadas mais finas de reboço podem ser usadas.

Isso se relaciona com a prática corrente, na qual o concreto celular, juntamente com o resíduo de alvenaria, é reprocessado em resíduo triturado, nas unidades de tratamento.

7.7 Gesso

7.7.1 Introdução

Os produtos de gesso para a construção são inteiramente feitos de agente agregante. A matéria-prima é derivada de duas fontes: como material natural das rochas de pedreira e como produto do processo de purificação de gases a partir de instalações movidas a combustão do carvão.

O gesso e os produtos do gesso consistem em sulfato de cálcio hidratado ou diidratado (dihydrate). O ponto de partida para a fabricação desses produtos é o sulfato de cálcio hemi-hidratado (hemihydrate) (a forma queimada ou calcinada do gesso), formado a uma temperatura de cerca 120 °C, ou anidrido (anhydrite), formado a uma temperatura em torno de 600 °C. Quando o produto é usado, estes agentes agregantes devem ser misturados com água suficiente. Os cristais de gesso nesta mistura crescem para formar um sistema de partículas interconectadas que dão ao gesso sua resistência; o diidratado é novamente formado.

Em sua forma pura, o gesso pode, portanto, ser totalmente reciclado para sua forma original, por meio de calcinação.

Juntamente com o gesso das instalações e o gesso natural, o gesso fosfórico é fabricado na Holanda. Esse tipo de gesso é obtido durante o processamento químico do minério de fósforo. Isso resulta na produção de ácido fosfórico, usado como matéria-prima na indústria de fertilizantes, dentre outras coisas. Nesse processo, o gesso é formado como massa refratária semilíquida. Por causa da baixa qualidade do gesso (especialmente sua radioatividade relativamente alta), este não é usado como matéria-prima para produtos da construção. No entanto, pesquisas estão sendo feitas para possíveis aplicações na engenharia hidráulica.

O gesso é usado em vários produtos da construção, como por exemplo:

- gesso acartonado para divisórias e revestimentos de paredes, forros e tetos;
- emboço para paredes e forros;
- pisos de matriz com base de gesso anidro;
- aditivos para cimento.

Os produtos de gesso são usados especialmente porque ajudam a criar um clima interno saudável, absorvendo o vapor d'água quando a umidade do ar aumenta e liberando-o novamente quando o ar se torna mais seco. O gesso tem também a vantagem de ser trabalhado muito facilmente.

No entanto, o resíduo de gesso gerado durante a construção e a demolição constitui o maior problema do ponto de vista do gestão da cadeia dos materiais. Apesar de ser, a princípio, 100% reciclável, o resíduo de gesso traz problemas para uma reutilização de alta qualidade de outros resíduos pedregosos da construção e demolição, pois o sulfato é um componente crítico em vários materiais do resíduo pedregoso secundário. Além disso, a massa específica úmida dos blocos de gesso é muito baixa (de 800 a 1.500 kg/m^3).

7.7.2 Consumo de gesso

O consumo de gesso é ilustrado na figura 7.14. O consumo deste material aumentou consideravelmente desde que este começou a ser usado na indústria da construção holandesa nos anos 1960. O consumo anual atualmente totaliza aproximadamente 800 mil toneladas. Aproximadamente 500 mil toneladas de gesso (de usinas energéticas) são produzidas na Holanda, e o restante é importado. As quantidades de gesso usado para várias aplicações são mostradas na tabela 7.9.

Tabela 7.9 Uso de gesso pela indústria da construção holandesa em quilotoneladas

Produto ou aplicação	Construção de edifícios residenciais	Construção de edifícios não residenciais	Total
Blocos de gesso			
Paredes internas portantes	8	–	8
Paredes internas não portantes	195	–	195
Placas de gesso acartonado			
Paredes internas não portantes	140	78	218
Emboço	–	–	180
Aditivo para cimento	–	–	150
Pisos anidrido	–	–	50
Total	343	78	801

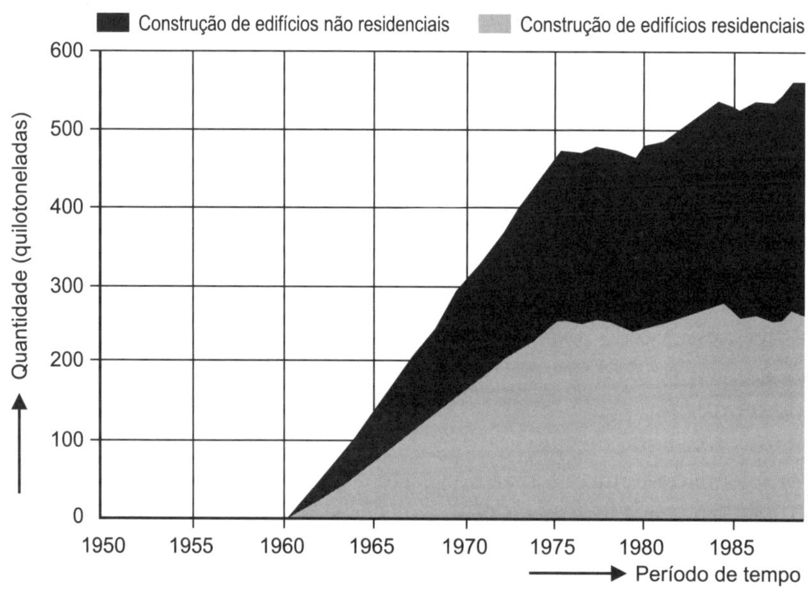

Figura 7.14 Consumo de gesso na indústria da construção holandesa (em quilotoneladas)

O mercado conjunto de placas de gesso e pisos fundidos esta ainda em crescimento e pode aumentar em várias centenas de milhares de toneladas por ano. Juntamente com blocos de gesso, a construção irá finalmente usar até meio milhão de toneladas de gesso por ano no total, ou possívelmente dobrará esta quantidade.

7.7.3 Entulho de gesso

Cálculos baseados em dados sobre a quantidade de gesso usada antigamente e a provável demolição de edifícios e estruturas no futuro mostram que a quantidade média de gesso gerada anualmente nos anos 1990 totaliza 112 quilotoneladas e irá totalizar 186 quilotoneladas na primeira década do segundo milênio. A figura 7.15 mostra como estas quantidades são divididas entre três fluxos de resíduo.

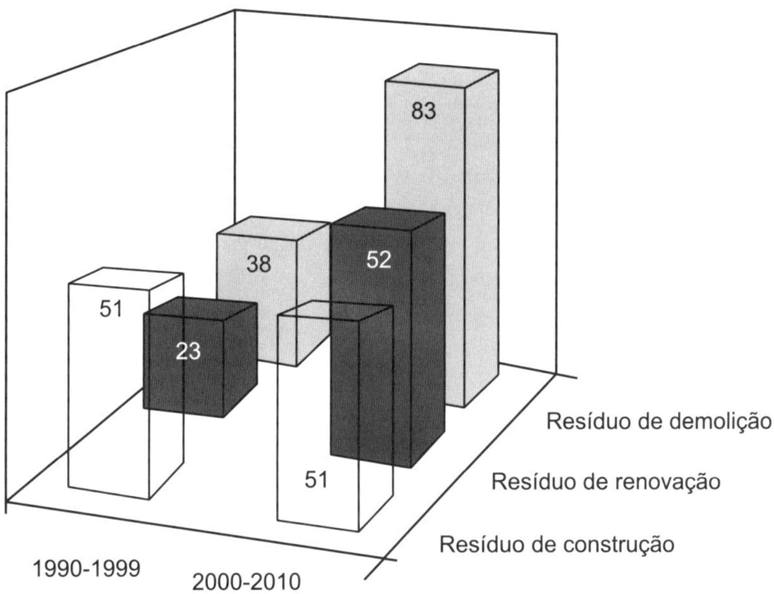

Figura 7.15 Quantidade média anual de resíduo de gesso gerado nas décadas de 1990 a 2000 e 2000 a 2010 (em quilotoneladas)

O forte aumento nas quantidades de resíduo de gesso, como resultado da demolição de gerações novas de estruturas, constitui uma ameaça real para as possibilidades de reutilização e reciclagem.

Sistema de retorno

Um sistema de retorno foi desenvolvido para os blocos de gesso. Se desejado, um contêiner 4-1 pode ser colocado no local da construção. Esse tipo de contêiner é projetado especificamente para separar a coleta de materiais residuais do gesso (blocos), papel, plástico e embalagens de aerossol vazias de PUR (poliuretano).

Seu desenho é baseado em experiências com diversos contêiners de teste, realizados para determinar as melhores dimensões para o contêiner e seus compartimentos. O contêiner atualmente usado tem uma capacidade para 10.3 m³ e é adequado para o resíduo gerado durante a construção de 10 casas-padrão.

Contêiners cheios são coletados e transportados para um dos centros de coleta, onde são esvaziados, o conteúdo classificado e o gesso armazenado. Os materiais residuais de gesso são periodicamente coletados e levados a instalações de fabricação para processamento. Papéis e plásticos vão para outras instalações de reciclagem, e as embalagens de aerossol de PUR vão para um local de deposição.

A quantidade total que volta para o ciclo (expressa em termos de peso) totaliza aproximadamente 2 mil toneladas, significando que 2% do total do resíduo de gesso da construção e demolição não termina em um local de deposição.

7.7.4 Gestão da cadeia

Ainda que, a princípio, o resíduo de gesso possa ser totalmente reutilizado no processo de fabricação, isso raramente acontece na prática corrente por causa de alguns fatores. Os obstáculos enfrentados e as medidas usadas para promover a reciclagem do resíduo de gesso são examinadas nesta seção.

Problemas de qualidade na gestão da cadeia

O gesso em sua forma pura pode ser totalmente reciclado como matéria-prima original por meio de calcinação. No entanto, o resíduo de demolição de gesso, na prática, contém impurezas que dificultam sua reutilização no próprio processo de produção.

Os componentes inorgânicos, especialmente cloretos, têm o maior impacto no processo de calcinação. Os tubos e compartimentos de PVC, freqüentemente encontrados em blocos de gesso, constituem um problema, porque depositam e liberam componentes de cloreto, que interrompem o processo de calcinação. Portanto, é importante removê-los no estágio de demolição. Técnicas de lavagem podem ser usadas para remover cloretos e outros agentes contaminadores inorgânicos, mas isso acarreta um maior custo do produto.

As impurezas orgânicas que são depositadas a temperaturas abaixo de 150 °C são removidas no processo de calcinação. Papel de parede e adesivos não são problemáticos. Os materiais de gesso são geralmente fixados com argamassa à base de gesso. Materiais cerâmicos, como telhas, também não são um problema, desde que sua porcentagem no resíduo de demolição seja limitada a 5% (por peso). Metais (por exemplo, fixações dos marcos de portas) devem também ser removidos do resíduo de demolição, quando for possível.

A contaminação no resíduo da construção pode ser evitada por meio da coleta diferenciada. Com relação a isso, é importante que os contêiners sejam dotados de cadeados para evitar a mistura desnecessária com outros resíduos de construção.

Problemas logísticos na gestão da cadeia

Como mencionado anteriormente, a coleta diferenciada do resíduo da construção é possível somente se houver resíduo suficiente para encher um contêiner, e se a logística do local de construção o permitir. Para resíduo de blocos de gesso, isso normalmente acontece na construção de aproximadamente 10 casas-padrão. Para edifícios não residenciais, obviamente depende da quantidade de gesso usada, de forma que é necessário considerar a possibilidade de coleta diferenciada caso a caso.

O resíduo de gesso acartonado atualmente não é coletado separadamente. Isso porque a quantidade de resíduo de gesso acartonado gerado na construção de novas habitações é insignificante. Além disso, uma grande proporção é usada pelos "faça-você-mesmo", o que tende a dificultar a logística da coleta.

Com a finalidade de esclarecer essa questão, as pesquisas iniciadas pela indústria do gesso estão prosseguindo a investigação sobre a possibilidade e a probabilidade de um sistema de retorno para o resíduo de cortes de chapas.

O gesso em uma estrutura pode ser demolido seletivamente. Na prática, o gesso é coletado separadamente se houver uma quantidade suficiente na estrutura para encher um contêiner. Se a fração de gesso for relativamente pequena, esta é coletada com as outras frações de resíduo e entregue a uma unidade de classificação como resíduo não classificado.

Como no caso do resíduo de construção, o resíduo de demolição gerado só pode ser coletado separadamente se houver quantidade suficiente. Na prática, este é levado para um local de deposição juntamente com outros tipos de resíduo, pois os fabricantes de gesso não o aceitam de volta.

Não existem pesquisas que tenham aprofundado a questão da devolução do resíduo de demolição. O motivo, segundo a indústria do gesso, é que raramente são solicitados para realizar isto na prática, e que somente quantidades insignificantes estão envolvidas nesses raros casos.

Quando maiores quantidades forem geradas futuramente, poderá ser possível modificar a logística de um possível sistema de recuperação. Dialogando com os empreiteiros de demolição e a indústria do gesso, a indústria de reciclagem deveria investigar a quantidade limiar, na qual um sistema de recuperação se torna logisticamente possível. Também seria possível armazenar temporariamente o resíduo de gesso e levá-lo aos fabricantes quando a quantidade suficiente tiver sido coletada.

Possibilidades para aplicações úteis

As possibilidades para aplicações úteis do gesso são praticamente nulas. Este não pode ser usado como material de arrimo não aderente porque pode ocorrer lixiviação.

Aplicações temporárias em pavimentações aderidas com gesso e material de cobertura de aterros podem ser possíveis, pois o material tem somente de suportar cargas por breves períodos. Atualmente, materiais com valor de reciclagem mais alto ainda são usados para este fim.

No campo dos materiais aderidos com gesso, há algum espaço para produtos de gesso em uma aplicação similar à do cimento arenoso. Uma aplicação desse tipo requer mais pesquisas. A resistência das partículas dos produtos de gesso triturado é muito baixa para o uso como agregado grosso em concreto magro. Além disso, o gesso afeta negativamente a resistência das misturas aderidas com cimento.

7.7.5 Viabilidade da gestão da cadeia na prática

O maior obstáculo para o gestão da cadeia do gesso é a dificuldade da coleta diferenciada. As quantidades geradas são, atualmente, muito pequenas e muito dispersas para justificar o estabelecimento de uma rede logística para coleta em larga escala.

Além disso, o processo de produção em si é um fator limitante; de acordo com as especificações, os fabricantes não devem reciclar mais de 3%, dos quais não mais que a metade pode consistir em resíduo de construção, e o restante deve ser de resíduo de fabricação. Se a porcentagem for maior, o processo de fabricação é interrompido.

Além disso, a temperatura de 160 °C, na qual o anidrido é obtido, normalmente é muito baixa para interromper adequadamente a leve contaminação presente.

É possível que o aumento na quantidade de resíduo de gesso e o Decreto de Deposição redirecionem o mercado para que a responsabilidade pelo resíduo de gesso seja colocada nas mãos dos fabricantes.

Quando se considera a reutilização de alta qualidade, o foco é geralmente na prevenção do resíduo de gesso, no resíduo a ser tratado. O gesso cria um sério obstáculo para o uso em alto grau do entulho triturado. O gesso deve ser mantido fora dos outros resíduos na medida do possível, por causa das exigências rígidas com relação aos vários usos dos materiais de resíduo triturado.

A remoção seletiva do resíduo de gesso no local de demolição é da maior importância. Na prática, o gesso é algumas vezes removido sem os devidos cuidados durante o processo de demolição e é triturado por veículos no local de demolição. Acontece também de os demolidores misturarem pequenas quantidades de gesso com outros entulhos para evitar custos de deposição.

Mesmo quando a mistura adicional não supera o máximo conteúdo permitido, tais ações são, obviamente, indesejáveis do ponto de vista ambiental.

Apesar de o sistema de retorno para resíduo da construção de blocos de gesso ser operacional, este cobre somente uma porcentagem limitada da quantidade total de resíduo de gesso. O resíduo da demolição ainda tem de ser manejado.

7.8 Asfalto

7.8.1 *Introdução*

O gestão da cadeia do asfalto é uma prática corrente na Holanda. O "asfalto regenerado" atende totalmente as várias normas e códigos e pode ser considerado equivalente ao asfalto novo. Isso se aplica tanto às bases betuminosas quanto às camadas intermediárias e superiores.

O primeiro choque do petróleo (1973) incentivou pesquisas intensas sobre as possibilidades de reutilização de asfalto velho pelas várias partes envolvidas, incluindo os empreiteiros da construção, o governo e os fabricantes de maquinaria de asfalto.

O consumo anual de asfalto na Holanda é de aproximadamente 7 milhões de toneladas, metade dos quais são de concreto asfáltico com brita. As expectativas são de que a demanda de asfalto permaneça no mesmo nível pelos próximos anos.

Vários tipos de asfalto podem ser diferenciados, cada um com propriedades e aplicações específicas:

- concreto asfáltico com brita: bases e camadas de uso temporário;
- concreto asfáltico com pedriscos: sub-bases e camadas de uso temporário;
- concreto asfáltico aberto: camadas intermediárias e camadas de uso temporário;
- concreto asfáltico denso: camadas sujeitas a desgaste;
- concreto asfáltico muito aberto: camadas sujeitas a desgaste;
- concreto asfáltico mástique de pedra: camadas sujeitas a desgaste.

No final dos anos 1980, o Ministério dos Serviços Públicos da Holanda decidiu que todas as estradas deveriam ter camadas sujeitas a desgaste de concreto asfáltico muito aberto. O prazo para o término desta ação está marcado para o ano 2012.

As pesquisas sobre o gestão da cadeia do asfalto são focalizadas principalmente nas possibilidades de devolução de cada tipo de asfalto para sua própria cadeia de materiais.

O asfalto de alta qualidade deve ser utilizado de preferência para aplicações de alta qualidade. No entanto, existem condições em que este tem de ser utilizado para aplicações de menor qualidade, como, por exemplo, onde há muito material excedente no local.

7.8.2 *Gestão da cadeia*

Introdução

A quebra e a moagem das camadas de asfalto podem ser necessárias por razões estruturais (por exemplo, por causa das rachaduras ou sulcos), mas também por razões de tecnologia dos materiais (por exemplo, o desmanche do concreto asfáltico muito aberto, descolamento ou polimento). Uma das causas de deterioração é o envelhecimento do betume.

Mais de 30 milhões de toneladas de resíduo de asfalto são geradas anualmente durante a reconstrução e a manutenção de estradas. Aproximadamente 0,5 milhão de toneladas desse resíduo contém contaminação com breu. Em 1996, 1,8 milhão de toneladas foi usado para mistura de asfalto quente. A parte restante é reutilizada como material de base aderido com asfalto e não aderente, superfícies de pátios e arrimos.

Tabela 7.10 Reutilização de asfalto em 1996

Produção de resíduo de asfalto triturado	**kt**	**Vendas e economias**	**kt**
Produção excluindo concreto asfáltico muito aberto dos quais:	3,6	Vendas de asfalto quente	1,8
quantidade contendo breu	0,2	Vendas de asfalto base	0,9
		Outras vendas (incl. em zonas agrícolas)	0,9
Produção de concreto asfáltico muito aberto triturado		Economia em areia para arrimo	0,4
Produção total	0,0	Economia em asfalto	
	3,6		2,2
Reutilização	100%		

7.8.3 Reutilização de asfalto antigo

O envelhecimento do betume envolve principalmente uma mudança na composição química, especialmente por causa da oxidação, com uma posterior modificação nas propriedades físicas, normalmente para pior. Quando o betume envelhece, o asfalteno nele contido aumenta consideravelmente, os aromáticos naftênicos (naphthene) normalmente decrescem muito, o conteúdo de aromáticos polares diminui e os hidrocarbonetos saturados dificilmente sofrem mudanças.

Tabela 7.11 Envelhecimento do betume: mudanças na composição das frações em %

Funções	**De acordo com ASTM D 4124**			
Betume	Asfaltenos	Saturados	Aromáticos naftênicos	Aromáticos polares
Original	22	8	25	44
Envelhecido	28	7,5	19	42

A viscosidade do betume original aumenta enormemente com o envelhecimento, enquanto a penetração e a maleabilidade diminuem. O betume torna-se mais duro e quebradiço.

O processo Renophalt

O antigo processo Renophalt permitiu ao asfalto novo ser produzido a partir de asfalto velho, com poucos aditivos. Pedaços de asfalto antigo eram reduzidos usando energia a vapor. A fase plástica era então submetida a condições suficientemente úmidas para prevenir o endurecimento. O material era posteriormente aquecido e seco em um tambor desenhado para este fim, sem que o betume velho oxidasse. A seguir, o asfalto era misturado com óleo restaurador para recuperar suas propriedades aglomerantes, e a areia adicionada, se necessário, para obter a qualidade correta do produto final. O processamento era equivalente ao do asfalto novo.

O processo Renophalt não é mais usado na Holanda. A instalação foi desocupada e não havia perspectivas de continuação de grandes trabalhos de reconstrução. No entanto, este processo permite a quase total regeneração e é particularmente apropriado para projetos em larga escala.

Misturador em batelada (batelada mixer) (processo Minnesota)

No processo Minesotta, o asfalto velho é colocado na bandeja ou misturador de uma maquinaria normal de asfalto, do tipo misturador em batelada. Isso permite porcentagens de reutilização de até 30%. O processo é atraente porque cada tipo de misturador pode ser ajustado facilmente para o processo de reutilização.

A penetração desejada do betume a ser acrescentado, após a determinação das propriedades do betume do asfalto velho, pode ser calculada da seguinte forma:

$pen_{me} = pen_1^a . pen_2^b$
pen_{me} = penetração do betume na mistura final
pen_1 = penetração do betume no asfalto triturado
pen_2 = penetração do betume no novo asfalto
a e b = proporções volumétricas relativas do dois betumes na mistura final ($a+b = 1$)

O antigo material é acrescentado na quantidade de 15% a 30% ao resíduo mineral triturado superaquecido no misturador (por exemplo, no máximo de 260 a 290 °C). Quando a transferência de calor está quase completa, uma quantidade estabelecida de betume fresco é adicionada. O tempo do ciclo no misturador é, obviamente, mais longo do que o necessário para a preparação de asfalto novo (de 10 a 30 segundos mais longo). O misturador em batelada é ajustado acrescentando um dispositivo para dosagem e adição do asfalto antigo triturado, de maneira que não há endurecimento deste material na maquinaria. As proporções volumétricas do asfalto novo e velho neste processo são determinadas principalmente pela temperatura máxima permitida na maquinaria, e pelo conteúdo de umidade dos componentes do produto final, assim como pela temperatura de processamento exigida. Para as condições holandesas, isso significa que a porcentagem de asfalto velho pode ser de 20% a 30%. As propriedades funcionais levadas em consideração no desenvolvimento deste processo foram as características de fadiga do asfalto e módulo de elasticidade dinâmica, determinadas usando um aparato de flexão em quatro pontos, e a resistência à deformação, determinada por meio de um teste de rastro da roda e usando um aparato de rastejamento. As propriedades usuais medidas foram, obviamente, a composição, a proporção de vazios e o grau de compactação do asfalto; as propriedades do betume também foram determinadas. As maquinarias de asfalto devem produzir qualidade constante sem dificuldades na operação, o que significa que as condições de processo, tais como temperatura e conteúdo de umidade, devem ser controladas.

Depois que a equivalência do asfalto regenerado foi demonstrada por meio de extensas pesquisas e testes práticos, o Departamento de Serviços Públicos da Holanda promoveu enormemente sua reutilização, prescrevendo-o em especificações para projetos onde suficientes quantidades de asfalto velho foram geradas. Dessa forma, os empreiteiros da construção foram forçados a fazer os investimentos necessários. Isso resultou na situação atual, onde aproximadamente 3/4 de todas as instalações de asfalto da Holanda permitem a reutilização, de acordo com esse processo.

Tambor paralelo

Este processo é uma variação do método para regenerar asfalto velho no misturador em batelada de uma instalação de asfalto convencional, onde o asfalto é pré-aquecido antes de ser combinado com o agregado que será colocado no misturador (conforme o processo Minnesotta).

O pré-aquecimento ocorre em um tambor separado de secagem e aquecimento, conhecido como tambor paralelo. Especialmente quando se usa uma alta porcentagem de asfalto velho ou resíduo de asfalto triturado com alto conteúdo de umidade, o sistema não apresenta a desvantagem de temperaturas excessivamente altas do agregado a ser adicionado, como seria necessário quando se está lidando com resíduo de asfalto triturado não aquecido, introduzido no misturador. O resíduo de asfalto triturado no tambor paralelo é pré-aquecido de 130 a 170 °C, dependendo do tipo de instalação.

Este método de produção permite a adição de 50% ou mais de asfalto velho.

Tambor misturador

O inteiro processo de produção em um tambor misturador acontece em um tambor estendido. A seqüência de operações acontece da seguinte forma: secagem e aquecimento do agregado (pedra e areia), adição de resíduo de asfalto triturado, seguido pela adição de enchimento e betume e, finalmente, a mistura de todos os componentes.

O aquecimento é feito de acordo com o princípio do fluxo conjunto, com os materiais e os gases quentes escoando na mesma direção. A mistura completa é moldada pelo tambor e aquecida pelos gases quentes.

O betume é acrescentado no final do tambor, no ponto onde os componentes minerais estão secos e suficientemente aquecidos. É possível processar mais de 50% do asfalto velho em asfalto regenerado por meio desse processo.

Processo MARS

O processo MARS é um método novo. MARS significa Sistema de Reciclagem de Asfalto Microondas, no qual o resíduo de asfalto é triturado em frações 0/14 e seus materiais ferrosos são extraídos. Posteriormente, o entulho triturado é aquecido a 135 °C em um tambor de secagem, usando um queimador de "baixo NO_x". Em seguida, aquece-se novamente em um segundo tambor, usando microondas. Finalmente, uma pequena quantidade de óleo restaurador é colocada. Esse método permite que alta porcentagem de asfalto velho seja reutilizada e reduz muito a poluição do ar.

Processo Finfalt

Um novo método foi introduzido na Holanda em 1995 para preparar misturas de asfalto com a adição de emulsão de betume ou cimento. O processo é baseado em um método desenvolvido na Finlândia, onde uma instalação móvel trata o resíduo triturado. A emulsão de betume é introduzida no misturador no próprio local imediatamente antes do processo de dosagem. A temperatura de processamento é em torno de 90 °C, e o aquecimento para a temperatura de mistura exigida é feito usando vapor.

Esta instalação pode ser usada para processar 100% do resíduo de asfalto triturado, fornecendo as condições para o processamento de resíduo de asfalto triturado com breu em um produto de alta qualidade, de uma maneira aceitável. Este produto recebeu o nome de Finfalt.

As vantagens desse tipo de reutilização do resíduo de asfalto triturado que contém breu podem ser resumidas no seguinte:

- o resíduo triturado é aquecido usando vapor, que condensa totalmente no resíduo triturado, de forma que não ocorrem emissões;
- a mobilidade dos hidrocarbonetos policíclicos aromáticos HPAs é limitada pela adição de emulsão (com ou sem cimento).

O asfalto obtido por esse processo pode ser usado de novo como camada de asfalto em uma estrutura de estrada porque conserva suas propriedades originais (da mistura betuminosa). Além disso, o material permanece em sua própria cadeia de produção.

Regeneração a frio

Apesar de a política governamental estar engrenada na reutilização de asfalto de alta qualidade (reciclagem), existem condições que exigem um uso de menor qualidade do resíduo de asfalto triturado, como, por exemplo, no caso de excesso de material no local. A regeneração a frio pode ser realizada tanto da forma aderente quanto na forma não aderente.

Na forma não aderente ou quando aderida com a ajuda de uma emulsão betuminosa, o material exibe uma certa fluência, e, conseqüentemente, continua a deformar sob carga. Isso fez com que seu uso ficasse restrito a estradas com cargas leves e pavimentação de pátios. Quando aderido com cimento, o material pode fazer uma boa base; era chamado de cimento de asfalto triturado, enquanto atualmente é denominado cimento de resíduo de asfalto triturado. A uma resistência à compressão de projeto relativamente baixa, de 3 MN/m^2, o material em uma camada de 25 cm equivale a 10 cm de concreto asfáltico.Uma vantagem adicional é que a distância entre as fendas neste material é maior do que a do cimento com areia. Uma combinação de cimento e emulsão de betume é também usada (ambas aproximadamente de 3 a 4,5% por peso). Esta mistura resulta em uma sub-base com uma capacidade de carga e baixa suscetibilidade ao surgimento de fendas. O módulo de elasticidade do cimento de resíduo de asfalto triturado é em torno de 2000 MN/m^2. Para prevenir a propagação de fendas, uma cobertura mínima de asfalto de 12 cm é recomendada.

Breu em asfalto velho

A reutilização do asfalto velho é geralmente considerada totalmente aceitável, com relação também à proteção do solo. A lixiviação de substâncias perigosas do asfalto é normalmente insignificante. A presença de hidrocarbonetos policíclicos aromáticos no asfalto velho, no entanto, ocasionalmente causa problemas. Estes podem se dever a:

- betume; a quantidade de hidrocarbonetos no betume normal (cerca de 15 mg/kg) é, no entanto, menor;
- tráfico (emissões provenientes de combustível);
- breu de carvão; este era antigamente usado em larga escala. Breu de carvão contém de centenas a milhares de vezes mais hidrocarbonetos do que o betume.

Os hidrocarbonetos não sofrem lixiviação facilmente. No entanto, quando se aquece o asfalto velho, estes podem ser liberados e podem afetar a saúde humana (especialmente a saúde de quem está lidando com o material). Em tais casos, a regeneração quente é considerada indesejável. Isso significa que, a cada ano, pelo menos 400 mil toneladas de asfalto contendo breu, com um conteúdo de HPA superior a 75 mg/kg (valor do Decreto de Materiais de Construção), devem ser processadas a frio e isoladas.

Recomenda-se, portanto, investigar a possível presença de breu antes de quebrar a velha pavimentação. Isso pode ser realizado de forma qualitativa, aplicando uma pintura de estrada no núcleo do asfalto perfurado; o breu exibe como uma descoloração. A cromatografia de camada delgada (CCD) é outro teste qualitativo rápido para identificar a presença de breu. Se necessário, uma determinação quantitativa pode ser realizada usando a cromatografia liquidade alta eficiência (HPLC). As camadas que contêm breu são então selecionadas e trituradas, aderidas a frio com o cimento e possíveis emulsões de betume e posteriormente processadas. Finalmente, a camada aderente é isolada, de acordo com o Decreto de Materiais de Construção. O processamento deve ocorrer de tal forma que a concentração das substâncias mais tóxicas no breu, chamadas benzopirenos, permaneçam abaixo de 150 µg/m³ (valor MAC).

A combinação de emulsão de betume e cimento é a melhor garantia possível para a imobilização dos hidrocarbonetos poliaromáticos. O processo Finfalt também dá bons resultados com relação a isso. Bancos de asfalto do município foram organizados para a coleta, o processamento e a comercialização do asfalto contendo breu. O material é limpo, e os hidrocarbonetos, queimados.

Regeneração a quente no local (regeneração superficial)

O termo regeneração superficial refere-se a todas as técnicas nas quais o asfalto na estrada é aquecido até uma profundidade de muitos centímetros abaixo da superfície e posteriormente processado no próprio local.

Se o tratamento da camada desgastada limita-se ao aquecimento (usando radiação infravermelha), mistura, novo espalhamento e compactação (sem acrescentar novo material), a superfície resultante é conhecida como "remodelada". Este método pode, por exemplo, ser usado para melhorar o nivelamento da pavimentação da estrada.

Quando a camada aquecida e misturada é coberta com lascas (possivelmente revestidas anteriormente) para melhorar a aderência, fala-se de "readerência".

Este método pode ser usado para melhorar o nivelamento e a resistência à derrapagem. No processo de repavimentação, uma camada adicional (de no máximo alguns centímetros) do novo material é aplicada na camada aquecida e misturada. Esse método é usado não somente em toda a largura da estrada, mas também, por exemplo, para preenchimento de sulcos.

Um quarto tipo de regeneração de superfície consiste em colocar a camada aquecida e misturada em uma máquina e misturá-la com um novo material, e, se possível, com um agente agregante ou regenerante, continuando imediatamente com o processamento. Esse processo é chamado de "remix".

Quando se usa um desses métodos, duas condições básicas devem ser atendidas:

- a espessura da camada a ser tratada não deve superar 40 mm;
- a estrutura inferior à camada a ser tratada deve estar em condição de permitir o uso sucessivo da pavimentação.

O remix é apropriado para produzir um concreto asfáltico muito aberto, misturando concreto asfáltico novo muito aberto (30%) e concreto asfáltico muito aberto triturado (70%), acrescentando 270/330 de betume (até um conteúdo final de betume de 5,5%). Isso produz um material com uma proporção de vazios de 20% (por volume) e que atende aos requisitos de permeabilidade à água.

Aplicando-se remodelagem, readerência ou repavimentação, a camada desgastada antiga também deve ser adequada para uso posterior, especialmente com relação às propriedades mecânicas. Pavimentações asfálticas que apresemtam formação de pequenas fendas, aderência insuficiente ou rachaduras podem ser consideradas adequadas para regeneração de superfície.

Especialmente na repavimentação, um controle cuidadoso da temperatura é importante, pois esta deve ser alta o suficiente para formar uma argamassa forte entre o asfalto novo e o velho, de forma que estes formem uma única camada. Em todos os métodos anteriormente mencionado há um limite superior para a temperatura, caso contrário o betume envelhece. Atualmente, vários países têm ganhado experiência com a regeneração superficial.

No entanto, o procedimento é muito complexo, e a implementação, crítica. Sabe-se pouco sobre a durabilidade das seções de estradas regeneradas usando esse método. A experiência na Holanda limitou-se a repavimentação e remix.

Apesar do fato de o aquecimento da superfície da estrada requerer uma grande quantidade de energia, especialmente sob condições climáticas adversas, o balanço energético é favorável, se comparado com a aplicação de uma camada superior adicional, graças à economia de novas matérias-primas.

Resultados

No processamento do asfalto velho, foi demonstrado que as emissões atmosféricas permanecem bem abaixo dos valores permitidos, desde que o breu não esteja presente (como já foi mencionado, o breu contém altos níveis de hidrocarbonetos (HPAs)). O método organoléptico (por exemplo, odor) não é confiável o suficiente para estabelecer se um material contém breu. Enquanto continuam a ser realizadas pesquisas para métodos adequados, outros métodos rápidos, que também podem ser usados no local, foram desenvolvidos para estabelecer o conteúdo de breu.

Após ter-se verificado que o breu realmente está presente, há várias possibilidades para tratamento posterior. Se não houver perigo para o solo e a água do terreno (o que deve ser checado), e se uma nova camada de asfalto for factível em termos estruturais, pode ser possível que o material que contém breu não seja removido durante as atividades de manutenção ou reconstrução. A segunda possibilidade é a regeneração a quente, apesar de, neste caso, ser necessário primeiramente estabelecer a quantidade de breu nas camadas de asfalto e verificar se os limites de emissão não foram superados. Outra possibilidade é o processo Finfalt, no qual o vapor é usado para aquecimento, e o resíduo triturado é aderido com uma emulsão de cimento e betume. A última possibilidade é a reutilização a frio, misturando asfalto com cimento ou emulsão de betume, ou ambos. Se for usado somente o cimento, a lixiviação de hidrocarbonetos (HPAs) não será suficientemente evitada.

A partir do ano 2000, o asfalto contendo breu é limpo termicamente. O agregante é queimado, e os materiais de enchimento aquecidos são incorporados diretamente no novo asfalto.

Quando se está trabalhando com o asfalto velho, é necessário levar em conta não somente as influências ambientais, mas também fatores relacionados com a tecnologia do asfalto. Adições e modificações no asfalto podem ser úteis por várias razões, mas criam diversas complicações para a reutilização. Podemos citar, por exemplo, o reforço das camadas de asfalto e as modificações anteriormente mencionadas para agregantes. Além disso, o uso de asfalto velho é atualmente restrito pelos limites de tolerância para o grau de qualidade. Essas tolerâncias são baseadas em parâmetros tecnológicos desejáveis e em possibilidades práticas. Pode ser questionado se há aplicações de asfalto que permitem tolerâncias funcionais maiores, que poderiam fazer com que trabalhar com o asfalto fosse mais fácil. Outra solução seria homogeneizar o resíduo de asfalto triturado para limitar a variação em sua composição.

São necessárias pesquisas para estas questões, incluindo o importante aspecto da padronização das misturas de asfalto. Além disso, as Normas poderiam permitir o uso de porcentagens de resíduo triturado superiores a 50%, usando métodos de produção adequados.

Existem duas possibilidades para a reutilização ou a reciclagem do concreto asfáltico muito aberto:

- O concreto asfáltico muito aberto permanece em sua própria cadeia. Isto pode ser feito usando um misturador em série tipo tambor paralelo (no máximo 50% de resíduo de concreto asfáltico muito aberto) ou aplicando o processo de remix (no máximo 70% de concreto asfáltico muito aberto triturado). O concreto asfáltico muito aberto também pode ser aplicado em uma camada desgastada de asfalto.
- O concreto asfáltico muito aberto permanece na cadeia do asfalto. O concreto asfáltico muito aberto triturado pode ser usado até uma proporção de 50%, quando se usa um misturador em série tipo tambor paralelo para produzir concreto asfáltico denso, concreto asfáltico muito aberto ou concreto asfáltico com pedriscos.

A reutilização do asfalto velho de acordo com os vários processos foi incorporada às Normas da Construção de Estradas (de 1995). Estas também cobrem as exigências para o resíduo do asfalto triturado, com relação a:

- grau de qualidade;
- conteúdo de material triturado (importante quando usado em camadas superiores);
- penetração mínima de betume velho;
- conteúdo de componentes não-pedregosos (no máximo 5%) e de metais, madeira e similares (no máximo 0,1% associados) (porcentagens por peso).

A experiência com a reutilização de asfalto velho também foi obtida no campo da engenharia hidráulica, com:

- concreto asfáltico para engenharia hidráulica (parcial);
- asfalto mástique para engenharia hidráulica;
- resíduo de asfalto triturado para revestimentos de aterros.

A tabela 7.12 resume as possibilidades para a reutilização do asfalto em várias misturas.

Tabela 7.12 Possibilidades de reutilização de asfalto em várias misturas

Entulho triturado	Aplicação						
	Concreto mástique pedregoso	Concreto asfáltico muito leve	Concreto asfáltico pesado	Concreto asfáltico leve	Concreto asfáltico de pedrisco	Concreto asfáltico de brita	Cimento granulado asfáltico
Concreto asfáltico mástique pedregoso	–	–	0	0	+	+	+
Concreto asfáltico muito leve	0	0	0	0	+	+	+
Concreto asfáltico pesado	–	–	+	+	+	+	+
Concreto asfáltico leve	–	–	0	+	+	+	+
Concreto asfáltico de pedrisco	–	–	0	0	+	+	+
Concreto asfáltico de brita	–	–	–	–	0	+	+
Cimento granulado asfáltico	–	–	–	–	–	0	+

\+ = Resíduo triturado pode ser usado nas misturas mencionadas.
– = Resíduo triturado não pode ser usado nas misturas mencionadas.
0 = Resíduo triturado possivelmente pode ser usado. Não há experiências sobre isto. Pesquisas estão em andamento ou em consideração.

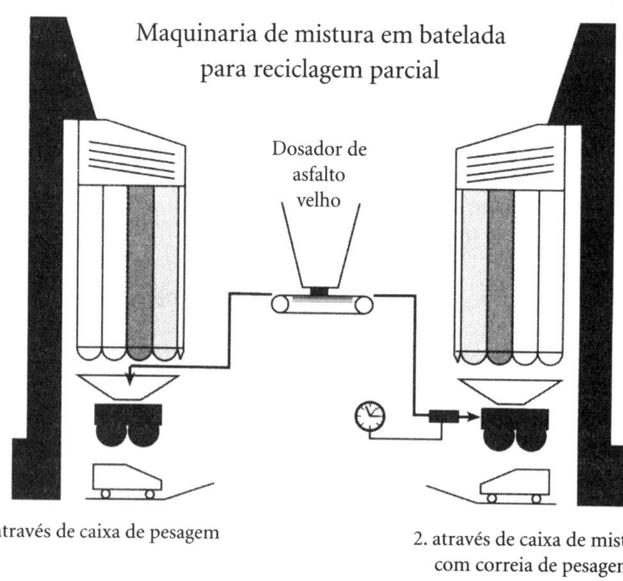

Figura 7.16 Reciclagem parcial em um tambor paralelo aquecido indiretamente

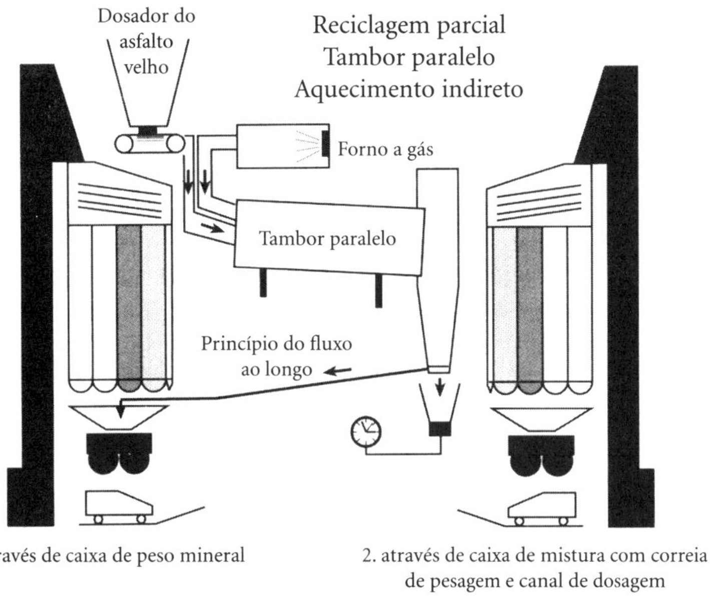

Figura 7.17 MARS (Sistema de Reciclagem de Asfalto Microondas)

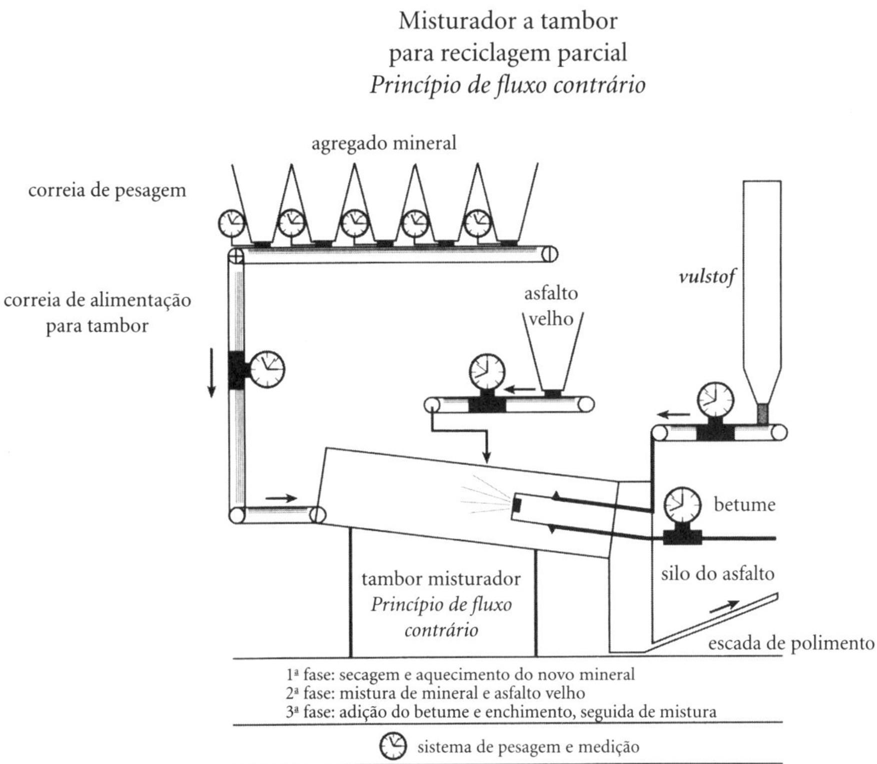

Figura 7.18 Reciclagem parcial em misturador de tambor de fluxo contrário

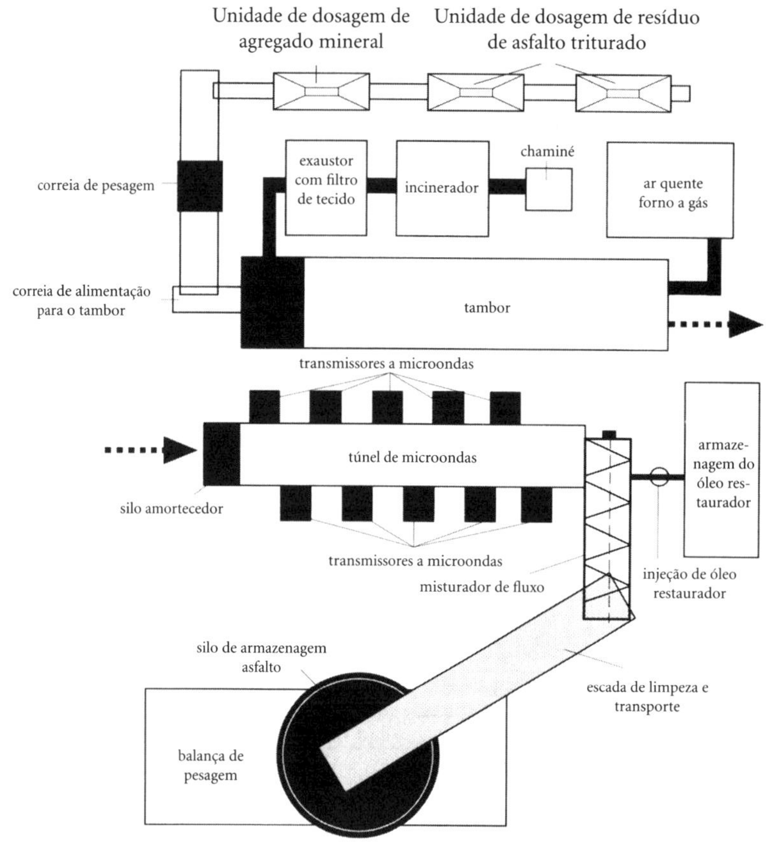

Figura 7.19 Reciclagem parcial em um misturador paralelo

7.8.4 Viabilidade da gestão da cadeia na prática

O asfalto pode, a princípio, ser totalmente regenerado. O betume envelhecido pode ser melhorado para alcançar a qualidade desejada, acrescentando-se um agente regenerador (óleo restaurador) ou um betume relativamente dúctil. O grau de qualidade pode ser ajustado conforme desejado (dentro de certos limites), acrescentando um novo agregado.

Geralmente, todos os tipos de concreto asfáltico podem ser reutilizados depois da demolição e do tratamento em misturas com a mesma composição ou uma composição menos criteriosa.

Mesmo o asfalto velho pode ser regenerado novamente em asfalto; porém, a reciclagem na prática é dificultada por muitas razões.

Por causa dos custos adicionais de transporte, armazenagem, testes de mistura e fabricação, a vantagem econômica é freqüentemente limitada, ou mesmo inexistente. O nível de preço corrente, principalmente depois do betume, é um estímulo para a reutilização de alta qualidade.

Mesmo com relação ao pedrisco da Holanda, o grau de escassez não é suficiente para causar o aumento de preços e para estimular a reutilização. Isso é devido, dentre outras coisas, à importação de materiais do exterior, tal como granito, para substituir brita e pedrisco.

Mesmo quando a política governamental está empenhada ao máximo na reutilização de alta qualidade do asfalto, existem algumas condições que podem fazer com que uma certa quantidade de resíduo de asfalto triturado seja usada para aplicações de baixa qualidade, como, por exemplo, excesso de produto no local ou a presença de breu.

7.9 Metais

7.9.1 Aço

Ciclo do aço

O ciclo do aço pode ser dividido em estágios. Dado que atualmente não há suficiente aço no ciclo para atender a 100% da demanda, os estoques devem ainda ser feitos a partir de recursos naturais, e em muitos países do mundo há altos-fornos que produzem lingotes de ferro a partir de minério de ferro.

Em 1995, 50% da produção total de aço provinha de sobras de metal. Espera-se que essa porcentagem cresça no futuro, apesar de ser difícil prever a extensão do crescimento. Todos os tipos de fatores externos entram em jogo, como a taxa com que a Rússia irá ajustar sua economia, o desenvolvimento da China e o crescimento global da população.

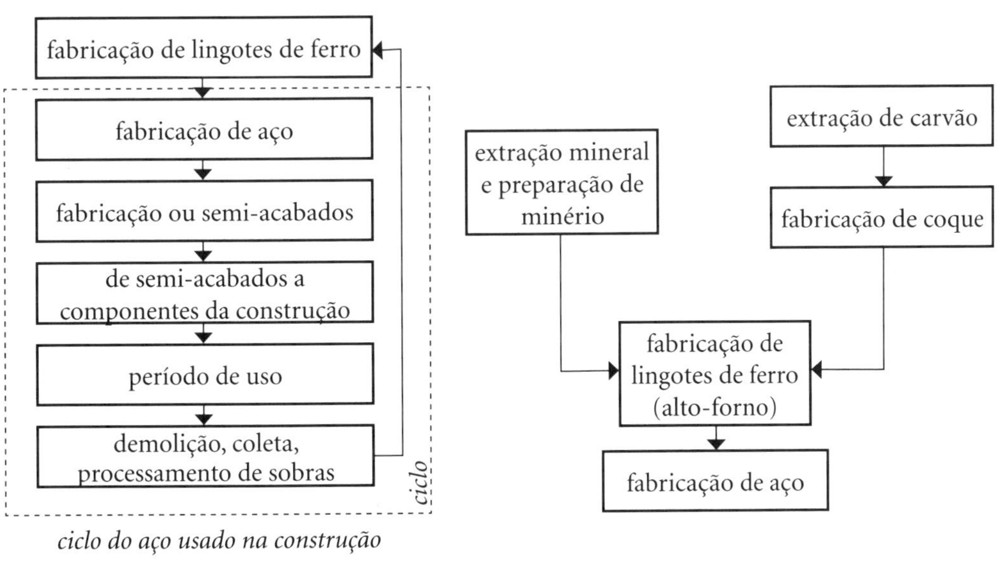

Figura 7.20 O ciclo do aço na indústria da construção e a produção de lingotes de ferro

A produção de lingotes de ferro, a matéria-prima para o ciclo do aço, é descrita abaixo.

Produção de lingotes de ferro

Os lingotes de ferro são produzidos em um processo contínuo, dentro de alto-forno, que preenchido com uma mistura de minério tratado e coque, em lotes separados ou "cargas". Com a ajuda do coque, o minério de ferro é reduzido a ferro a alta temperatura através de ar quente, e retirado de torres de ar quente. Para limitar a quantidade de coque necessária, carvão em pó é também introduzido no forno.

Juntamente com o lingote de ferro, um alto-forno também produz gás e escória de alto-forno.

Dado que o coque é produzido a partir do carvão, minério de ferro e carvão são as matérias-primas mais importantes para a produção de lingotes de ferro.

Espera-se futuramente que os lingotes de ferro sejam produzidos sem coque, eliminando uma fase dispendiosa do processo.

Extração mineral

O minério de ferro é extraído em todos os continentes, principalmente em operações ao ar livre . As maiores fontes estão na Austrália, no Brasil, na América do Norte e na África, que, juntos, totalizam mais de 50% da produção mundial. O cuidado com o meio ambiente é uma das maiores preocupações no desenvolvimento de novos locais de extração.

Após a trituração e o peneiramento, o minério com alto conteúdo de ferro (mais de 60%) é enviado imediatamente como minério grosso ou fino. O minério com menor conteúdo de ferro é melhorado por meio de técnicas de concentração. A água liberada nesse processo é coletada em uma bacia de sedimentação, limpa e reutilizada.

O minério de ferro concentrado e suas partes finas são usados para produzir *pellets* (minério em pó moldado em pequenas bolas) ou sinter (moldado em formas amorfas). Os pellets e os *sinteres* são produzidos durante a preparação do minério. Juntamente com o coque e outras matérias-primas, os pellets e os *sinteres* são reduzidos a lingotes de ferro no alto-forno.

Estoques de minério de ferro

O ferro é um elemento comum que totaliza 3% do material presente na crosta da Terra. As reservas conhecidas de alta qualidade (com conteúdo de ferro de pelo menos 60%) são estimadas em 68 bilhões de toneladas. A produção mínima anual é de aproximadamente 975 milhões de toneladas de minério de ferro. Existem também enormes reservas de minério (apesar de serem de difícil cálculo), com menor conteúdo de ferro (aproximadamente 30%).

Depois que o aço foi produzido, este permanece quase totalmente no ciclo, graças à reciclagem. No entanto, inevitavelmente, uma pequena parte sai do ciclo, como, por exemplo, por causa da corrosão.

Perturbação

A perturbação causada pelo processo de extração depende em grande escala do tipo de mineração. A mineração sempre causa uma mudança no ambiente, mas o grau de degradação ambiental depende do sistema ecológico local, da superfície da área atingida e das medidas tomadas para proteger e restaurar o ecossistema. Podemos falar em mineração sustentável se nenhuma descarga ambientalmente perigosa acontecer durante a extração e se a paisagem estiver protegida e restaurada durante e após a extração.

Atualmente, a extração de matérias-primas (carvão e minério de ferro) acontece sob condições rígidas impostas pelas autoridades competentes, com grande importância atribuída aos aspectos ambientais. Surpreendentemente, os países do Terceiro Mundo, especialmente, são muito ativos nesse campo. As condições para obter uma licença são agora tão rígidas em países como a Indonésia, o Brasil e a Venezuela, quanto nos Estados Unidos ou no Canadá. Essas medidas para proteger o meio ambiente antes, durante e depois da exploração de áreas de mineração são bastante extensas.

Os resíduos de mineração podem ser divididos em alguns fluxos. A maior proporção é, sem dúvida, a parte escavada (material de solo e pedregoso). Essa porção é usada para restaurar a paisagem antes e depois da extração, ou, em outras palavras, é uma aplicação útil. Uma parte muito menor dos resíduos de mineração consiste na precipitação de bacias de lavagem e sedimentação, conhecida como destilaria (tanques). Essa porção é geralmente usada pela indústria local, ou devolvida às minas, no caso de areia e pedras. Uma porção muito pequena dos resíduos de mineração é poluída. O tipo e o grau de poluição dependem das diferentes técnicas de extração e dos materiais que são extraídos. Os resíduos de mineração gerados na extração de carvão e de minério de ferro são altamente poluídos.

Fabricação de coque

O coque é produzido a partir de carvão metalúrgico, também chamado de carvão de coque, e é usado em um alto-forno como agente redutor e para sustentar a carga. O coque praticamente não pode ser colocado para uso posterior. O uso de coque em vez de carvão metalúrgico apresenta duas vantagens:

- as substâncias no carvão que não contribuem para o processo de alto-forno, ou têm realmente um efeito negativo, são removidas do processo de obtenção do coque;

- o carvão solidifica-se em pedaços duros e porosos de coque, melhorando a passagem de ar no alto-forno.

O coque é obtido a partir de carvão metalúrgico, triturando-o e aquecendo-o em um forno isolado do ar externo, a uma temperatura de aproximadamente 1.000 ºC. Os elementos voláteis evaporam para formar o "gás de forno de coque" bruto.Este gás é removido do forno. As partículas de coque desintegram-se sob a influência da temperatura, suavizam-se (derretem-se) e em seguida retornam à fase sólida novamente, pois o ponto de derretimento aumenta durante a desintegração. No momento em que todas as partículas de carvão passaram por esse processo, o coque está "feito", e é empurrado para fora do forno. O coque é então enchido de água, pois senão queima imediatamente ao entrar em contato com o ar. Isso resulta nas nuvens de vapor, que são características das instalações de coque.

O gás de forno de coque coletado tem um alto conteúdo de energia e, dessa forma, é muito útil para, por exemplo, gerar eletricidade. Uma grande parte do gás de forno de coque é usado para a produção de fertilizantes à base de nitrogênio.

Juntamente com o gás de forno de coque, outras substâncias residuais são formadas, separadas do gás e totalmente reutilizadas em uma enorme gama de aplicações.

Graças aos contínuos melhoramentos nas instalações de coque, o impacto ambiental da produção de coque é menor. A energia presente no carvão e a energia no gás liberado atendem à Norma Ambiental Energia do Aço.

O custo da produção de coque é um elemento importante no custo dos lingotes de ferro. Conseqüentemente, vários esforços foram feitos para limitar o uso do coque. Usar menos coque em um alto-forno torna possível produzir mais ferro, pois há menos coque dentro do alto-forno, e conseqüentemente mais lugar para o minério. Uma das opções para reduzir a quantidade de coque é usar carvão em pó e óleo no alto-forno, introduzidos não através do topo do alto-forno, mas na parte de baixo, soprados juntamente com o ar quente.

O oxigênio necessário para a combustão em um alto-forno é fornecido em forma de ar pré-aquecido em torres de ar quente, como, por exemplo, cilindros de aço altos preenchidos com uma pilha de tijolos refratários, nos quais há uma saída para fogo. Excluindo-se o uso de energia, não há impacto ambiental nenhum.

O objetivo de um alto-forno é produzir lingotes de ferro a partir do minério de ferro. A composição do lingote de ferro deve ser tão constante quanto possível para o processamento seguinte na maquinaria de aço. Para obter isso, materiais adicionais são introduzidos dentro do forno, juntamente com o minério e o coque, sendo o mais importante, dentre eles, a pedra calcária. A principal função da pedra calcária é controlar a formação de escórias para permitir a operação tranqüila do processo de alto-forno.

Juntamente com o lingote de ferro, o gás de alto forno, rico em energia, e a escória de alto-forno são também produzidos no processo. O gás é muito adequado para a produção de energia, e a escória é processada em cimento de alto-forno na Holanda. O lingote de ferro é transportado para a maquinaria de aço para ser refinado.

O impacto ambiental causado pelo processo de alto-forno foi drasticamente reduzido com o tempo. O melhoramento mais importante foi o fechamento de todos os altos-fornos no topo. Como resultado disto, as chamas não vão mais para fora, e o valioso gás pode ser coletado. Essa é a razão pela qual os grandes contêiners de gás podem sempre ser encontrados próximos de altos-fornos.

Há dois processos principais para fabricar aço, que são o processo de oxigênio básico e o processo do arco elétrico. O processo de oxigênio básico é usado para refinar o lingote de ferro, enquanto o processo do arco elétrico é usado para produzir aço a partir de sobras.

O refinamento do ferro de alto-forno em uma maquinaria de aço de oxigênio básico é feito soprando-se oxigênio puro em um banho de ferro fundido, oxidando o carbono remanescente no lingote de ferro. Para prevenir que as temperaturas subam demais, de 15% a 20% de sobras são adicionadas como colante. Estão se fazendo esforços para aumentar esta porcentagem. Junto com aço, escória de aço e gás são criados nesse processo. A escória de aço é usada na engenharia civil e o gás é usado na produção de eletricidade.

No processo do arco elétrico, o aço é feito de ferro em forma de escória. Além disso, o ferro diretamente reduzido é mais usado. O forno mais comumente usado é o forno de arco elétrico. No topo do forno estão três eletrodos entre os quais é colocado um arco para fundir o pedaço. A maior vantagem do forno a arco elétrico é que este pode também ser usado para reciclar o aço galvanizado, recuperando o zinco. Dificilmente outros produtos podem ser obtidos no processo do arco elétrico.

Até os anos 1970, o aço deixava a instalação sob forma de lingotes. Durante a produção de produtos semi-acabados, esses lingotes eram processados em várias etapas. Isso significava que o material tinha de ser aquecido completamente muitas vezes para permitir o processamento seguinte. Isso não é mais feito; em vez desse procedimento, o aço sai da maquinaria em uma forma que se aproxima da forma final desejada o máximo possível. O objetivo desse método, chamado de matriz de forma próxima, é limitar o número de giros no moinho de rolo. Em parte como resultado disso, a energia consumida pela produção de produtos de aço semi-acabados foi reduzida em 60% desde os anos 1970.

No diagrama de processo para os produtos semi-acabados, a matriz de forma próxima é expressa nos fluxos separados para a fabricação de produtos "planos" ou "longos".

Os produtos planos são produtos semi-acabados em forma de folhas, e os produtos longos são produtos semi-acabados, como hastes, barras, perfis, etc.

Produtos planos

O fato de que peças planas de 0,3 a 100 mm serem usadas na construção resultou em alguns processos de matriz de formas próximas projetados para a produção de tais peças. Com a ajuda do modelador convencional de peças contínuas, peças com uma espessura de 150 a 300 mm podem ser moldadas. No modelador de peças esbeltas, os intervalos de espessura vão de 10 mm a 80 mm. A espessura no modelador de tiras vai de 1 mm a 10 mm.

Os tratamentos posteriores aos quais o produto simples semi-acabado é submetido dependem em grande parte do produto final desejado. A peça enrolada a quente deve ser submetida a alguns tratamentos, como a remoção da camada moída, fazendo a decapagem antes do enrolamento a frio. Se desejado, na peça enrolada a frio pode ser colocada uma camada de galvanização, ou galvanização e uma camada de pintura. Para permanecer dentro dos objetivos deste livro, somente o impacto no meio ambiente é discutido.

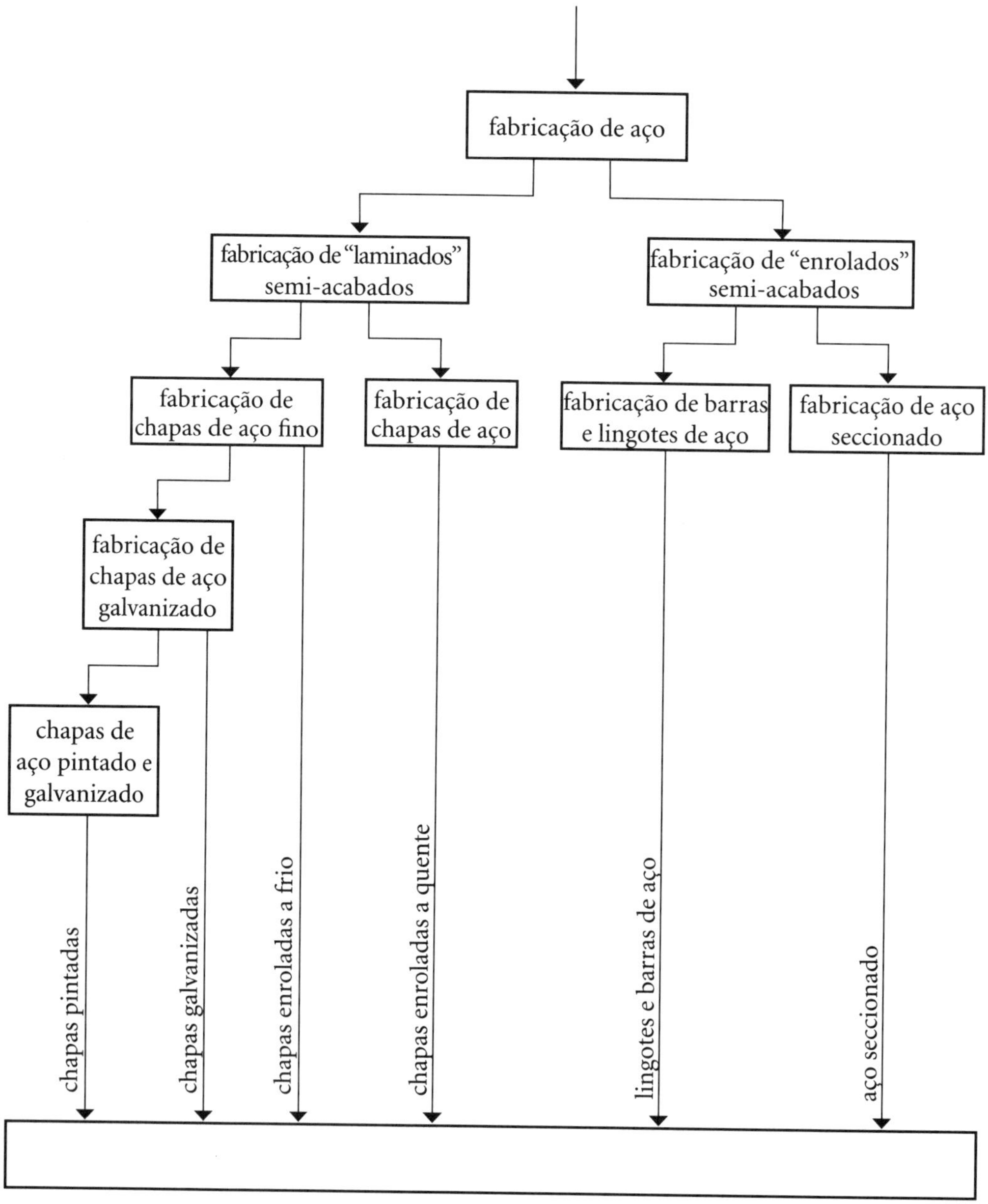

Figura 7.21 Diagrama do processo para a fabricação de produtos de aço semi-acabados

Produtos longos

O desenvolvimento na fabricação de produtos longos é similar ao dos produtos planos. Neste caso, também se usam os processos de modelagem de forma próxima. Produtos semi-acabados para aço secionado (como, por exemplo, traves) são chamados de espaços traves. A forma final em forma de cruz é obtida após uma ou mais passagens no moinho de rolo.

Tratamentos

Neste estágio do ciclo, os produtos semi-acabados são convertidos em componentes da construção, tais como seções para tachas metálicas, paredes divisórias em aço, lajes para paredes e tetos, peças em aço para pisos de concreto com peças em aço, vigas e pilares para estruturas em aço e pilares para pontes suspensas.

Técnicas comuns na indústria do aço são usadas, tais como brocagem, perfuração, trabalhos a frio, corte com oxiacetileno e soldagem. Os tratamentos realizados durante esse estágio podem geralmente ser desprezados quando se está realizando uma análise do ciclo de vida. Em comparação com a energia necessária para fazer um pilar, a energia consumida na soldagem de uma laje embaixo de um pilar é muito menor. Assim como para as outras normas, os impactos não precisam ser levados em consideração.

Preservação

Neste estágio do ciclo, uma camada de proteção pode também ser aplicada se necessário, exceto para chapas finas, nas quais a proteção já foi feita durante a preparação como produto semi-acabado. A preservação do aço seccionado é feita somente se a duração desejada e o clima ao qual o componente estrutural está exposto tornarem esse procedimento necessário. Isso significa que as estruturas de aço usadas em edifícios com aquecimento artificial não necessitam de preservação. No entanto, a preservação desnecessária ainda ocorre na prática corrente. Se for necessário, deve-se usar uma tinta que cause pouco ou nenhum dano ao ambiente.

Se for usado aço galvanizado a quente externamente, as emissões difusas de zinco podem ser prevenidas aplicando também uma camada de tinta.

Tempo de vida útil

Ao lado da reciclagem do próprio material, a quantidade de resíduo de construção e demolição gerado pode também ser limitada pela reutilização dos componentes do edifício ou do edifício inteiro. Na prática, este tipo de reutilização significa que um componente do edifício ou o edifício devem ser adaptados a exigências que mudam continuamente. Idealmente falando, o componente do edifício ou o edifício tem então uma vida técnica mais longa, e não precisa ser descartado somente porque completou sua vida funcional, estética ou econômica anterior a esse período. Os edifícios devem realmente ser capazes de sustentar os desenvolvimentos técnicos e as mudanças nas exigências dos usuários.

Deve-se prestar atenção especial com relação às estruturas, pois estas determinam a flexibilidade do projeto e conseqüentemente as possibilidades para a reutilização.

Demolição, coleta e processamento de refugo

O objetivo para o ano 2000 é atingir 90% de reutilização do aço. Atualmente, aproximadamente 70% do resíduo da construção e demolição é reutilizado. No total, de 12 a 15 milhões de toneladas de resíduo de construção e demolição são reutilizados anualmente na Holanda. Uma grande parte disto é material pedregoso que é reutilizado como bases e arrimos. Quando se observam essas cifras, deve-se perceber que estamos lidando com reutilização, e não necessariamente com reciclagem como parte do gestão da cadeia integral.

De acordo com o Instituto Holandês de Saúde Pública e Proteção Ambiental, pelo menos 90% de todo o aço gerado na construção é reutilizado, o que significa que o padrão estabelecido para o ano de 2000 já foi atingido. Graças à classificação na fonte e a melhores técnicas de coleta, espera-se que essa porcentagem suba ainda mais. A indústria de processamento de refugo, na verdade, acredita que já em 1995 quase 100% do aço da construção estava sendo reciclado.

Depois que o aço foi usado pela primeira vez, tem havido um mercado para o refugo de aço, pois este tem um valor comercial e, além disso, pode ser usado para produzir "novo" aço. Por essa razão, um sistema altamente eficiente de coleta e uma indústria de processamento de refugo têm funcionado há muito tempo. A indústria de refugo classifica e, se necessário, trata o refugo coletado, e posteriormente o fornece para as companhias de fabricação de aço.

O sistema de coleta mostra uma grande variedade. Por exemplo, temos ainda os familiares depósitos de velharias, que coletam principalmente "ferro velho" de particulares; 5% do refugo provêm dessa fonte.

As empresas de demolição limpam edifícios, pontes e outros, apesar de, no caso de estruturas de aço, ser mais apropriado falar em empresas de desmontagem. Os principais produtos de aço gerados neste processo são o aço secionado, o aço reforçado e as chapas. As empresas de desmontagem tentam vender os componentes do edifício reutilizáveis para a indústria da construção. Existe já um mercado para aço secionado acima de 2 a 3 metros de comprimento. Nesse sentido, milhares de toneladas de aço são reutilizadas anualmente. Somente peças curtas e seções pesadas, HE 800 ou superiores, acabam nos processadores de refugo. Seções grandes e pesadas são, no entanto, mantidas no estoque até que seja encontrado um comprador.

Os processadores de resíduo de concreto separam o aço reforçado do concreto e o cortam em seções menores para processamento posterior.

O fornecimento de chapas de aço é ainda menor porque este produto somente começou a ser usado em larga escala após a 2ª Guerra Mundial. Produtos como painéis sanduíche são, se necessário, "dissecados" usando trinchadores. Isso pode ser necessário se houver suspeita de que o núcleo do material poderá criar substâncias perigosas quando utilizado na indústria do aço.

Todo o refugo coletado, incluindo o refugo das companhias de processamento de resíduo doméstico e processamento de aço, acaba na indústria de processamento de refugo. O refugo fornecido é separado em categorias para aumentar seu valor de mercado. Vinte ou mais categorias são normalmente usadas nas grandes empresas de processamento de refugo.

A divisão em categorias é feita com base nas seguintes características ou propriedades:

- composição química;
- grau de mistura com outras ligas;
- grau de mistura com outras substâncias;
- forma e dimensões;
- quantidade.

A composição química do material é especialmente importante, pois, levando-a em consideração, os fabricantes do aço podem usar menos elementos ligantes ou mesmo nenhum. As fundições também compram o refugo e estão interessadas especialmente em lotes grandes de composição química constante.

Material galvanizado

A demanda por material galvanizado é um desenvolvimento recente. Nos anos 1980, maiores quantidades de aço galvanizado começaram a ser usadas, especialmente pela indústria automobilística, acarretando uma elevação do valor de mercado para o zinco. A indústria do aço ainda não estava pronta para reciclar o zinco para os produtos galvanizados, o que manteve o valor de mercado para o aço galvanizado baixo.

Estes desenvolvimentos levaram a Companhia Alemã Electrosteel Benteler a se concentrar no processamento de aço galvanizado. A Benteler construiu instalações de reprocessamento de zinco ao lado de fornos de arco elétricos, e atualmente fornece aço e zinco. Ao mesmo tempo, outras companhias também começaram a atuar na reciclagem de aço galvanizado. Atualmente, isto acontece em larga escala em todo o mundo, e novas técnicas de separação estão sendo desenvolvidas.

Reciclagem de material galvanizado

A separação de zinco e aço tem sido feita há anos, quando se produz aço em fornos de arco elétricos. Este processo é usado por Nedstaal na Holanda. O zinco apresentado no refugo evapora no forno e condensa-se em pó de chaminé, o qual é então extraído e separado como matéria-prima primária.

Processamento do pó de chaminé do forno de arco elétrico (EAF)

Atualmente, o pó de chaminé EAF é reciclado. A quantidade de zinco no pó de chaminé depende da quantidade de aço galvanizado no refugo. O pó de chaminé de Nedstaal continha aproximadamente 40% de zinco naquele período. O pó sob a forma de *pellets* é levado a companhias especializadas no processamento de pó liberado durante a fabricação e a fusão de ferro e aço. O pó de chaminé EAF é retirado de um abrigo para armazenagem e colocado em um forno rotativo juntamente com areia, resíduo de coque e aditivos. O resíduo de coque é acrescentado para criar uma atmosfera reduzida no forno, e a areia é colocada para vitrificar a escória criada. O ar é soprado na extremidade mais baixa do forno rotativo. O resíduo de coque cria uma atmosfera reduzida com uma temperatura em torno de 1.000 °C. A essas temperaturas, o zinco presente no pó de chaminé EAF evapora-se e forma-se o óxido de zinco.

Por causa do fluxo de ar, o vapor sai do forno rotativo na extremidade mais alta. O gás esfria-se em dois estágios, e o material formado é coletado. Esse material é transformado em bloquinhos, que podem ser usados em uma maquinaria de zinco.

A escória é coletada na extremidade mais baixa do forno e resfriada. A escória vitrificada obtida desta forma é usada na construção de estradas.

7.9.2 Zinco

Depois do ferro, do alumínio e do cobre, o metal mais usado atualmente é o zinco. Apesar do zinco ter sido usado na China há mais de 2 mil anos, a produção no mundo ocidental começou somente no século XVIII.

Na metade do século XVIII, a produção anual totalizava aproximadamente 200 toneladas. No início do século XIX, em parte por causa do desenvolvimento de novas técnicas, a fabricação de zinco em larga escala iniciou-se, e seu uso aumentou vagarosamente. Uma grande parte deste, aproximadamente 45%, é usada para prolongar a vida do aço.

A indústria de latão é a maior consumidora, totalizando 20%. O consumo de zinco primário na forma de zinco para construção é de aproximadamente 6% da produção mundial total. Na Holanda, essa porcentagem é ligeiramente mais alta, em torno de 10%.

A reciclagem não é algo recente no caso do zinco. Desde que a produção de zinco começou, o metal tem sido reciclado. Além disso, o zinco, quando comparado com outros materiais, pode ser reutilizado sem perda de qualidade, sozinho ou junto com outros metais. Isso se aplica não somente ao zinco metálico, mas também a muitos compostos de zinco em uso. A alta conveniência do zinco para a reciclagem foi percebida bem cedo; o aumento da indústria do zinco também trouxe o aumento de sua reutilização. Atualmente, existem muitas técnicas de reciclagem para a recuperação do zinco de vários fluxos de resíduos.

O fato de o zinco ser altamente adequado para a reciclagem é em grande parte decorrente do baixo ponto de fusão e ebulição do zinco e de seus vários compostos. O zinco metálico funde a uma temperatura de somente 240 °C, tornando fácil separá-lo de outros componentes (como, por exemplo, os metais), que se fundem a temperaturas mais altas. Por causa de seu baixo ponto de ebulição (907 °C), o zinco também pode ser facilmente recuperado a partir de um grande número de compostos. Este é recuperado como óxido de zinco puro ou pó de zinco metálico, ou na forma concentrada como matéria-prima para a fabricação de substâncias químicas à base de zinco.

Na indústria da construção, o zinco é usado, dentre outras coisas, em coberturas, fachadas, telhas, calhas de telhado e sistemas de drenagem de água da chuva. Esse zinco para construção é na verdade zinco–titânio, uma liga feita adicionando pequenas quantidades de titânio e cobre ao zinco. Isso produz um material com boas propriedades para aplicação em construção, tais como boa trabalhabilidade e soldadura.

O zinco primário pode ser produzido de duas maneiras: termicamente ou eletroliticamente. O processo térmico é baseado na redução a altas temperaturas (de 1.200 a 1.400 °C) do óxido de zinco obtido do minério de zinco enriquecido com ustulação. No processo eletrolítico, o óxido de zinco é dissolvido em ácido sulfúrico e posteriormente extraído pela eletrólise. Por meio desse processo, o zinco pode ser produzido com uma pureza de 99,995%. O processo térmico produz menor qualidade (pureza de aproximadamente 99,5%), o que não é suficiente para algumas aplicações.

O zinco com esta pureza, de pelo menos 99,995%, é usado para produzir zinco para construção. Os fabricantes de zinco para a construção usam principalmente zinco primário como sua matéria-prima. Com relação à reciclagem, pode ser feita uma distinção entre reciclagem primária (por exemplo, reutilização na mesma cadeia, com reprocessamento no mesmo produto) e reciclagem secundária (por exemplo, reutilização em outra cadeia com reprocessamento em outro produto). Quando se considera a reciclagem do zinco da construção a partir do momento em que este deixa a instalação (por exemplo, excluindo a reciclagem de resíduo de produção), conclui-se que a reciclagem primária do zinco da construção somente ocorre acidentalmente. O uso de metal secundário para zinco da construção é atualmente limitado à reciclagem de resíduo de produção. Em casos excepcionais, outros resíduos de zinco podem também ser usados como matéria-prima se forem de alta qualidade; em outras palavras, o resíduo deve ser proveniente de zinco–titânio e estar livre de contaminação (por exemplo, pedaços das atividades de instalação). A razão para o zinco secundário ser usado somente esporadicamente é que o resíduo de zinco da construção, por causa de sua qualidade, é uma matéria-prima popular para a produção de zinco secundário e zinco branco (óxido de zinco). Como conseqüência, o preço desse resíduo é relativamente excessivo. Os tratamentos adicionais do resíduo para permitir o uso primário não são, portanto, atraentes do ponto de vista econômico. Esses tratamentos adicionais são normalmente exigidos para obter a qualidade desejada e consistem na remoção dos componentes (por exemplo, cortar as junções da solda) que podem afetar negativamente a qualidade.

Podem ocorrer perdas durante todo o ciclo de vida do zinco utilizadado na construção, desde sua produção até, inclusive, o processamento do seu resíduo. Como explicado anteriormente, o valor econômico do zinco significa que este não "desaparece" simplesmente do ciclo. Por perdas entende-se, portanto, o material que não pode mais ser recuperado, em virtude, por exemplo, das baixas concentrações de zinco.

De forma geral, estas perdas podem ser divididas em:

- perdas criadas por causa da corrosão (especialmente durante a vida útil);
- perdas durante a coleta e melhorias do resíduo de zinco.

Quando se usa o zinco da construção para drenagens de água pluvial e telhas, este é exposto à corrosão atmosférica. Esta se limita à formação de uma película ou pátina na superfície do zinco. Essa película, que consiste em carbonato de zinco básico, protege o zinco contra corrosão posterior e contra o desgaste pela água da chuva, desde que esta não seja muito ácida. A chuva ácida causa o desgaste acelerado dessa película, reduzindo dessa forma a vida do zinco.

Vários estudos, publicações e relatórios têm focalizado a corrosão do zinco. No entanto, a discussão detalhada desse assunto está fora dos objetivos deste livro. Contudo, é justo afirmar que o principal ponto de discussão é a taxa de corrosão. A corrosão do zinco depende de muitos fatores, mas o mais importante deles é comprovadamente a acidez da chuva. Essa acidez é determinada em grande parte pela concentração de SO_2 no ar. Dois modelos foram publicados estabelecendo uma ligação entre a taxa de corrosão do zinco e a concentração de SO_2 no ar. Esses modelos encontraram uma correspondência próxima às medições experimentais. Baseados nesses modelos de corrosão e nos dados experimentais, pode ser estabelecido que a taxa atual de corrosão na Holanda totaliza aproximadamente de 5,5 g/m^2 a 13 g/m^2 por ano. Deve-se notar que aumentos locais podem ser observados, mas isso afeta somente uma quantidade limitada de material, por causa do caráter local.

Dado que não é possível estabelecer cifras absolutas para a reciclagem do zinco, decidiu-se expressar os resultados em porcentagens relativas.

As seguintes hipóteses foram feitas para isso:

- a taxa de corrosão média é de 13 g/m^2 por ano;
- a espessura média do zinco da construção, como usado na prática, é de 0,8 mm.
- a área de superfície exposta totaliza não mais que 60% da área da superfície total do zinco de construção;
- a vida média do zinco de construção é de quarenta anos.

Baseados nesses dados, a perda de material como resultado da corrosão pode ser calculada da seguinte forma: 1 kg de zinco titânio (7,2 g/cm^3) de espessura de 0,8 mm tem uma área superficial de 0,35 m^2. A área de superfície exposta é, portanto, igual a 0,21 m^2. Isso resulta em uma perda de material de 2,7 g por ano. Para uma vida de quarenta anos, a perda total de material como resultado de corrosão é igual a 108 gramas, ou seja, 11% do zinco de construção total.

7.9.3 Alumínio

Reutilização de alta qualidade

As propriedades do alumínio (mono-material, composição homogênea, baixa temperatura de fusão) fazem com que seja muito adequado para a reutilização. A qualidade do alumínio secundário depois de várias fundições não é inferior à do metal novo. Depois de limpo e fundido, o alumínio coletado pode ser usado novamente para produzir um produto idêntico ou de maior qualidade (tais como materiais de construção, peças de carros e latas de refrigerante), pois não ocorre nenhuma perda de qualidade fundamental (não há degradação). Dessa forma, o ciclo do alumínio, a princípio, é infinito e, portanto, sustentável.

A nova fundição requer somente de 5% a 10% da energia necessária para produzir alumínio novo. Em outras palavras, a reutilização do alumínio economiza de 90% a 95 % de energia exigida para a fabricação de alumínio a partir de matérias-primas.

Assim como para muitos outros fluxos de lixo, faltam dados estatísticos acurados sobre entulho e reutilização dos materiais de construção de alumínio. Estimativas iniciais cautelosas mencionam de 80% a 90%, mas as companhias de alumínio e as indústrias de processamento de RCD e reciclagem de metal consideram que praticamente todos os materiais de construção de alumínio usados são coletados e reutilizados por um canal ou outro. Ao contrário de outros materiais, que se saiba, nenhum grande lote de materiais de construção em alumínio foi depositado. Isso se deve ao fato de que o valor residual do alumínio é alto. O preço pago pelo alumínio coletado pode ser mais de 90% do valor do alumínio primário. Graças a este alto valor residual e à crescente conscientização de que o resíduo de construção e demolição contém materiais valiosos, juntamente com a política governamental, pode-se esperar que praticamente todos os materiais de construção de alumínio sejam realmente reutilizados em um futuro próximo. Aproximadamente de 67% a 80% do alumínio é atualmente reutilizado na Holanda.

Por isso, os materiais de construção em alumínio dificilmente são depositados. E se o são, nunca se descobriu se geravam emissões na água, no ar ou no solo.

Tabela 7.13 Origem e reutilização do alumínio usado na Holanda em 1990 (estimativas)

Origem do alumínio usado	Consumo de alumínio por ano (toneladas, estimativa)	Reutilização (%)
Construção	52.000	80 – 90
Transporte	46.000	95
Construção de máquinas	30.000	95
Embalagens	20.000	3
Aplicações domésticas	13.000	60
Outros	24.000	desconhecido
Total	**185.000**	**67 – 80**

Crescente contribuição do alumínio secundário

O aumento da reutilização resulta em uma maior contribuição do alumínio secundário para o fornecimento de metal. Na Europa ocidental, essa contribuição subiu de 23,5% em 1980 para 30,6% em 1989, e na Holanda de 17% para 35% no mesmo período.

Espera-se que esta contribuição suba ainda, por causa de duas razões:

- Nas décadas pós 1945, houve uma diminuição no uso do alumínio, por causa dos produtos de longa vida (tais como materiais de construção e aeronaves); quando esse freio diminuir, será claro que praticamente todo alumínio dos materiais de construção será liberado para reutilização.
- A crescente consciência ambiental garante que mesmo o alumínio em pequenos produtos (como por exemplo, nas embalagens) se torna disponível para reutilização.

Em 1990, 415 mil toneladas de alumínio foram produzidas na Holanda, incluindo 270 mil toneladas de alumínio primário e 145 mil toneladas de alumínio secundário. A exportação de alumínio primário e secundário superou as importações em mais de 170 mil toneladas, e o uso doméstico dos produtos processados ou semi-acabados e produtos finais totalizou aproximadamente 245 mil toneladas. A contribuição do alumínio secundário na fabricação de metais está crescendo.

Economias como resultado da reutilização

O uso de alumínio secundário torna a extração da bauxita e a eletrólise do óxido de alumínio desnecessárias o que resultam então em economias consideráveis de matéria-prima e energia.

O uso de alumínio secundário:

- economiza 4,5 kg da extração da bauxita para cada kg de alumínio;
- economiza de 90% a 95% da energia usada na fabricação de alumínio primário;
- gera até 90% menos emissões do que o processo de fabricação primário;
- reduz em muito pouco ou nada a qualidade, preservando as propriedades;
- as reutilizações repetidas resultam em uma vida do alumínio muito longa e funcionamento perfeito do ciclo.

Coleta dos materiais de construção de alumínio

A coleta de produtos de alumínio tem sempre sido feita por uma rede densa de empresas maiores ou menores de coleta de metal. O alumínio é corretamente classificado de acordo com a qualidade e misturado por grandes empresas de coleta; estas sabem os requisitos das fundições no local e fora e garantem que estes sejam atendidos.

A coleta do alumínio usado nos materiais de construção acontece em três pontos: durante a fabricação (resíduos de fabricação ou refugos de fabricação), durante a renovação e durante a demolição.

Na Holanda, praticamente todo o resíduo criado durante a fabricação de materiais de construção de alumínio (resíduo de extrusão, resíduo de corte e socagem e lotes rejeitados) é coletado pelas empresas de coleta e, se necessário, limpo e fundido novamente.

Os maiores compradores das seções não tratadas (em branco) normalmente devolvem seu resíduo de produção para os fabricantes da seção, os quais imediatamente fundem novamente estas seções para fabricar novas. O resíduo de fabricação esmaltado é fundido em um forno (usando purificação a gás). O resíduo de fabricação com componentes plásticos é primeiramente colocado em um trinchador para remover o plástico.

As empresas de demolição e coleta normalmente garantem a correta pré- classificação. As grandes empresas de coleta classificam de acordo com a qualidade e misturam, cortam o metal no comprimento certo ou o comprimem em pacotes. Posteriormente, os lotes são vendidos para as fundições.

Alguns materiais de construção de alumínio são realmente adequados para reutilização imediata. Por exemplo, estufas usadas com uma estrutura padronizada podem ser compradas inteiras e reconstruídas em outro lugar.

Fundição do alumínio usado

Antes de fundir novamente, o alumínio dos materiais de construção é classificado em três graus, e depois novamente classificado, mais minuciosamente, de acordo com as misturas:

- alumínio anodizado ou branco não tratado;
- alumínio esmaltado;
- materiais de construção compostos de alumínio de diferentes ligas ou misturados com componentes de outros materiais, que podem ser separados facilmente ou que não podem ser separados.

A tabela 7.14 mostra a prática para reutilização de cada categoria e ilustra o fato de que o alumínio como material de construção é reutilizado em aplicações de alta qualidade.

Comentários sobre a tabela 7.14:

- Alumínio branco não tratado e alumínio branco anodizado (aproximadamente 65% do estoque) são normalmente diretamente fundidos depois da classificação, de acordo com a liga trabalhada, e processado em produtos idênticos ou similares. Vários materiais de resíduo de fabricação estão nessa categoria, e algumas vezes nem mesmo saem da fábrica, pois são usados imediatamente no processo de fabricação.
- O esmalte do alumínio esmaltado (aproximadamente 20% do estoque) é incinerado nos fornos, nos quais os componentes perigosos são eliminados pela purificação a gás.
- Os materiais de construção de alumínio compostos de diferentes ligas ou nos quais o alumínio está ligado a outros materiais (aproximadamente 15% do

estoque) são desmontados ou cortados em trinchadores o máximo possível, depois do que a separação pode ser feita (aproximadamente 10% do estoque). O alumínio, assim como o alumínio esmaltado, pode ser então fundido depois da purificação a gás.

- Se a separação for difícil (os 5% restantes do estoque), o refugo é fundido como categoria resíduo em um forno aberto ou embaixo de uma camada de sal. O alumínio secundário obtido dessa forma não é adequado para ligas trabalhadas (lingotes de rolo), mas é apropriado para ligas moldadas (lingotes moldados). Todos os tipos de produtos moldados são fabricados com lingotes moldados, tais como blocos de motor de carro ou produtos da construção como manivelas ou ganchos revestidos. Uma desvantagem de fundir debaixo do sal é que permanecem aproximadamente 250 g de escória do sal para cada quilo de alumínio secundário. A escória é depositada ou o sal é reutilizado no forno de fundição depois da limpeza. Novos procedimentos para o refugo contaminado estão sendo desenvolvidos para tornar a utilização de sal supérflua.

Tabela 7.14 Panorama geral da fundição e da reutilização dos materiais de construção de alumínio

Categoria alumínio	Branco ou anodizado	Esmaltado	Misturado com outros materiais	
			Facilmente separado	Dificilmente separado
Originário de produtos usados	Seções, fachadas e chapas para telhados	Seções, fachadas e chapas para telhados	Esquadrias de janelas (isoladas)	Chapas (isoladas)
Mistura	Trabalhado	Trabalhado	Trabalhado e fundido	Trabalhado e fundido
Contribuição para coleta	aprox. 65%	aprox. 20%	aprox. 10%	aprox. 5%
Pré-tratamento	Não	Não	Desmontagem ou corte	Corte
Fundição	Direta	Direta (com purificação a gás)	Direta (com purificação a gás)	Em um forno aberto ou sob cloreto de sódio
Destino após fundição	Liga trabalhada (por ex., novas seções)	Liga trabalhada ou liga moldada (por ex., novas seções)	Liga trabalhada ou liga moldada	Liga moldada

7.9.4 Reciclagem de cobre

Em muitos casos, os materiais de construção em cobre são devolvidos ao processo de produção diretamente da demolição. Esses materiais incluem coberturas e tubos em cobre, juntamente com resíduo de fabricação. Os principais problemas são econômicos e incluem os custos do corte, a separação magnética, a separação por corrente elétrica turbilhonada e a remoção dos materiais leves por meio de técnicas de sopro de ar ou submersão/flotação. Em quase todos os casos, exige-se uma combinação desses métodos. A técnica mais cara é a separação pirometálica, na qual uma mistura de diferentes metais é aquecida acima dos pontos de fusão dos respectivos metais, e as várias frações são separadas, explorando as diferenças em densidade.

Os fios de cobre com isolamento plástico têm de ser trabalhados separadamente, com o isolante sendo retirado mecanicamente antes; isto pode ser feito por uma combinação de trinchador seguido de separação usando peneiramento por ventilação ou submersão/flotação.

7.9.5 Reciclagem de chumbo

As chapas de chumbo já são recicladas em larga escala, e o refugo de chumbo é fundido e então refinado. O processo de refinação remove todos os componentes indesejados do chumbo. Acrescentando alguns materiais ao chumbo, em certas temperaturas, este pode ser refinado a uma pureza mínima de 99,9%. Após esse estágio, entre 0,03% e 0,06% de cobre são adicionados para melhorar a resistência à fluência do chumbo. Isso é necessário porque as contrações e expansões repetitivas, por causa do clima, podem causar danos mecânicos ao material, e o cobre reforça as ligações entre as moléculas de chumbo. Após ter sido misturado com cobre, o chumbo é fundido em blocos e então enrolado em chapas. As modernas técnicas de enrolamento garantem uma variação em espessura de no máximo 5%, de forma que para uma espessura nominal de 1,5 mm, o valor mínimo é de 1,43 mm e o máximo 1,57 mm. Na prática, a espessura do material varia entre 1,49 mm e 1,51 mm.

As chapas de chumbo tratadas com pátina oleosa e as chapas de chumbo revestidas não apresentam nenhum problema para o processo de reciclagem. O revestimento é uma pintura à base de água e o óleo pátina oleosa também é à base de água: ambos se queimam durante a reciclagem e não produzem nenhuma poluição.

7.10 Outros resíduos de construção e demolição

Os materiais não-pedregosos no resíduo de construção e demolição totalizam aproximadamente 1,5 megatoneladas por ano na Holanda. Os materiais não-pedregosos misturados não podem ser reutilizados sem ter sido antes separados em instalações de classificação. No entanto, alguns tipos de madeiras e metais podem ser enviados para o reprocessamento diretamente da demolição.

As aplicações possíveis para esse fluxo de materiais podem ser resumidas na tabela 7.15.

Tabela 7.15 Uso de outros componentes do resíduo de construção e demolição

Vidro	Com coleta diferenciada, fundidos depois da limpeza e classificados de acordo com a cor
Papel e papelão	Reutilização é possível com coleta diferenciada ou então incineração
Lã de pedra	Folhas podem ser reutilizadas; após a redução podem ser usadas como matéria-prima para lã de vidro ou agregado
Poliuretano	Reutilizável nesta forma
Lã de vidro	Matéria-prima para lã de vidro após pirólise
Espuma de poliestireno	Folhas intactas são reutilizáveis nesta forma; em alternativa, redução, tratamento térmico e reprocessamento em espuma de poliestireno
Espuma	Nenhuma reutilização e aplicação útil é possível
Isolamento em perlite	Desde que seja depositado em pilhas, pode ser reutilizado desta forma
Lixo de jardim/frutas/ vegetais	Compostagem é possível
Resíduo perigoso	Exige separação completa • óleo refinado pode ser reprocessado; • lixo de pinturas e solventes podem ser melhorados ou processados em tubos; • *pellets* para disparo em aço: reutilizadas após limpeza. Baterias de carros e outros coletadas separadamente e reutilizadas • outros resíduos perigosos: incineração ou deposição
Amianto	Remoção e evacuação controladas
Telhas de cobertura	Desde que estejam intactas, reutilizáveis desta forma; ou então reutilizáveis como agregado
Telhado betuminoso	Deposição ou incineração
Gesso e anidrido	Remoção seletiva, possível melhoramento em gesso
Termoplásticos	Coleta diferenciada
Polietileno, polipropileno, poliestireno, PVC, etc.	Tratamento térmico à adição de novos materiais ao processo de fabricação (possível em grau limitado); tratamento criogênico é também possível para o PVC
Material térmico e resíduo plástico misto	Incineração com recuperação de energia, reciclagem em matérias-primas, moagem em resíduo triturado ou deposição

8 Resíduos de materiais

8.1 Resíduos de carvão

8.1.1 Cinzas volantes de carvão em pó

INTRODUÇÃO

Quando o carvão triturado (carvão em pó) é queimado nas instalações de geração de energia, forma-se aproximadamente 12% (pelo peso) de cinzas. Entre 50% e 80% das cinzas são levadas embora pelos gases, e refere-se a esta fração como cinzas volantes.

Os dados da produção de cinzas volantes e do *marketing*, baseados em informação de 1996, são apresentados na tabela 8.1.

Tabela 8.1 Produção e *marketing* de carvão em pó e cinzas volantes

Cinzas volantes de carvão em pó, toneladas por ano (1996)		
Produção		840.000
Comercialização:	Fabricação de cimento	100.000
	Fabricação de brita artificial	150.000
	Componente do asfalto	80.000
	Componente do concreto	250.000
Exportação		260.000
Total (comercialização + exportação)		840.000
Economia em:	Calcário	330.000
	Brita	150.000
Reutilização (%)		100

ORIGENS

Nas usinas de geração de energia que utiliza carvão em pó, o carvão é reduzido a partículas com diâmetro geralmente menor que 63 μm. Durante a combustão a aproximadamente 1.600 °C, a maior parte do carvão é convertida em dióxido de carvão emitido pela chaminé. Os componentes inorgânicos restantes majoritariamente se fundem para formar pequenas superfícies esféricas. As cinzas parcialmente derretidas formam torrões no fogo da fornalha de modo que as partículas maiores ficam no fundo do forno (cinzas do fundo) por causa da gravidade. Contudo, a maior parte (86% a 90%) é levada

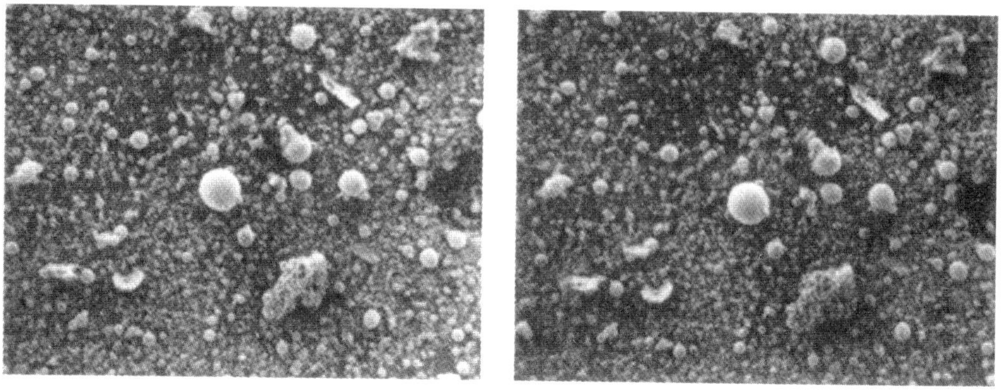

Figura 8.1 Cinzas volantes ampliadas 100 vezes

pelas correntes de gases e separada em coletores eletrostáticos de cinzas volantes (cinzas volantes de carvão em pó, ver figura 8.1).

As cinzas volantes de carvão tomam a forma de um pó fino, variando em cor de cinza claro a escuro, dependendo do conteúdo residual e ocasionalmente uma sombra bege, dependendo do conteúdo de ferro. Na aparência, é similar ao cimento. Quando molhada é muito parecida com a argila. As esferas podem conter gases e são então denominadas cenosferas. Quando maiores, as esferas contêm uma quantidade significativa de pequenas esferas e são denominadas plerosferas (fig. 8.2)

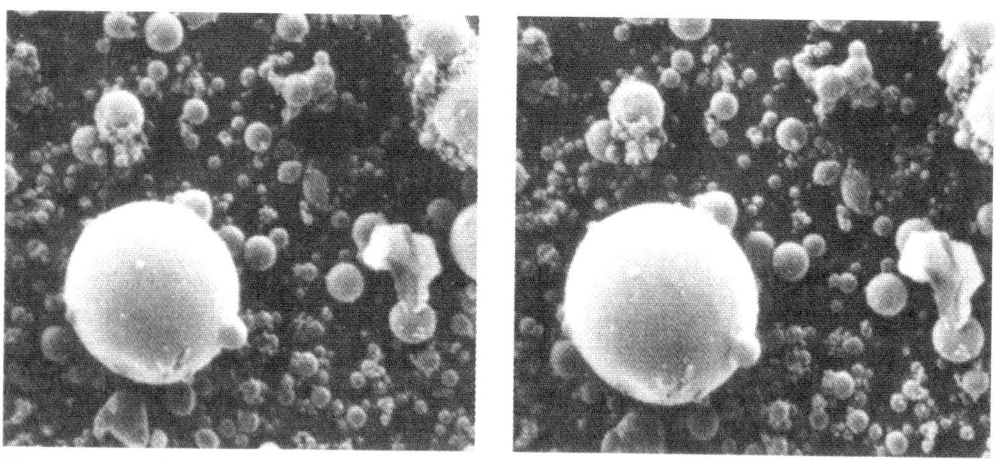

Figura 8.2 E-cinzas volantes ampliadas 500 vezes

PROPRIEDADES QUÍMICAS

A maior parte das cinzas volantes de carvão em pó consiste de silício de alumínio (tabela 8.2) e, além disso, tem baixas quantidades de ferro com álcali e óxidos de metal e álcali com terra. Além desses componentes majoritários, um grande número de elementos é encontrado em concentrações muito baixas. As concentrações características desses elementos-traço estão listadas na tabela 8.3. Os mais voláteis desses elementos são liberados na fase gasosa quando o carvão em pó é queimado e parcialmente condensados na superfície das esferas de cinzas volantes durante o curso do esfriamento entre 1.600ºC e 140ºC. Particularmente aqueles elementos destinados à superfície dissolvem-se rapidamente em contato com água.

Cinzas volantes de carvão em pó têm baixa solubilidade na água. As superfícies de cinzas volantes que se assemelham a vidro são praticamente insolúveis. Em contato com a água, apenas um pequeno percentual entra na água pelo seu peso, principalmente na forma de sódio, potássio, cálcio, compostos e magnésio. A água então se torna de natureza alcalina, por causa dos sais de metais depositados nas partículas que estão sendo dissolvidas.

Os elementos de traço são parcialmente solúveis, dependendo do pH da água, da natureza das cinzas volantes, da duração do contato e da razão de cinzas volantes por água. Num ambiente alcalino, a solubilidade é geralmente menor que num ambiente ácido.

Tabela 8.2 Composição de cinzas volantes de carvão em pó

Composto	**Porcentagem média por peso**	**Difusão em %**
SiO_2	50	43 – 70
Al_2O_3	25	19 – 31
Fe_2O_3	7	2 – 11
CaO	3	0,3 – 7
MgO	2	0,2 – 4
Na_2O	0,5	0,1 – 2
K_2O	2,5	0,7 – 5
TiO_2	1	0,7 – 2
SO_3	0,6	0,1 – 1
P_2O_5	0,5	0,1 – 1
Perda na combustão	5	0,1 – 11
Outro	2,9	

Tabela 8.3 Microcontaminação em cinzas volantes de carvão em pó

Elemento	Concentração, mg/kg
B, Ba, Cu, Mn, Sr, Zn	100 – 1.000
As, Cr, Ni, Pb, Th, U	10 – 100
Cd, Sb, Se, Tl, V	1 – 10
Hg	< 1

Propriedades físicas

As propriedades físicas de cinzas volantes do carvão em pó são parcialmente determinadas pelas propriedades do carvão, mas também pela administração e projeto da caldeira. A finura pela qual o carvão é levado à terra, a temperatura na lareira de fogo e o tempo de permanência são importantes fatores.

As propriedades físicas importantes são:

- massas muito grandes de cinzas volantes compactadas : 900–1.100 kg/m^3
- tamanho da partícula : 90% é < 63 μm
- área específica da superfície : 300–400 m^2/kg
- ponto de fusão : 1,200–1,600 °C
- máxima densidade seca : <1.400 kg/m^3
- densidade específica : 2,100–2,300 kg/m^3
- conteúdo poroso : 35%–45%

Cinzas volantes podem ser consideradas como pozolana artificial, uma substância (com nenhuma propriedade hidráulica em si mesma) que reage com cal e água em temperaturas normais para formar compostos estáveis insolúveis na água com propriedades hidráulicas (endurecidos na água). Adicionando cimento ou cal, as propriedades pozolânicas de cinzas volantes são ativadas.

Cinzas volantes em aterros

Esta aplicação é bem comum fora da Holanda. Na Holanda, cinzas volantes só podem ser usadas para este propósito se forem isoladas adequadamente, ou senão a lixívia da contaminação se direcionaria muito largamente para uma carga no solo. As propriedades importantes são:

- densidade máxima do Proctor : 1,200–1,500 kg/m3
- conteúdo ótimo da mistura : 20%–30% (m/m)
- ângulo interno de fricção : 30°–45°
- coesão (C) : 0–200 kPa
- valor CBR : 20%–30%

Aterros construídos de cinzas volantes evidenciam menos baixas que aqueles construídos de areia, graças à densidade mais baixa. A camada de cinzas volantes exibe boa rigidez, contanto que tenham sido bem compactadas. O aumento das capilaridades numa camada de cinzas volantes pode alcançar vários metros. A permeabilidade (k) varia entre 5 x 10^{-9} e 8 x 10^{-7} m/s. Por causa do alto aumento das capilaridades, existe um risco de resistência insuficiente ao congelamento. A força de compressão de cinzas volantes descoladas inicialmente se eleva a 0,1–0,3 MPa, mas pode aumentar até 1 Mpa depois de um mês em razão da ação pozolânica.

Aplicações em engenharia hidráulica

Cinzas volantes não têm sido usadas na engenharia hidráulica até o momento. Aplicações potenciais são:

- esvaziamento de estruturas hidráulicas, aterro e melhoramento do solo (cinzas volantes soltas);
- camadas de desgaste, esvaziamentos, aterros, melhorias do solo, sub-bases, capeamento e camadas de água fechadas por cinzas volantes limitadas (por exemplo, usando cimento e possivelmente gesso).

Cinzas volantes como um componente do asfalto

Uma das características mais importantes dos abastecedores de asfalto é o número de betume, representando afinidade com betume. Outras características essenciais são os raios vazios, a densidade e a solubilidade em ácido clorídrico.

Três classes podem ser distinguidas nos fornecedores de asfalto certificados:

- muito fraca: número de betume 28%–38%, raio vazio 28%–36%; estes abastecedores consistem principalmente de pó de rocha calcária;
- fraca: número de betume 40%–50%, raio vazio 33%–45%; cinzas volantes de carvão em pó são encontradas nesses abastecedores, com conteúdos variando de 40%–70%, geralmente misturados com pó de rocha calcária, cal hidratada e possivelmente cinzas volantes da indústria de incineração do resíduo;
- média: número de betume 54%–60%, raio vazio 44%–50%; cinzas volantes de carvão em pó são também encontradas nessa classe como um componente da mistura.

O número de betume das cinzas volantes de carvão em pó da Holanda geralmente varia entre 30% e 50%. Muitos tipos de cinzas volantes alemãs dos dois tipos de carvão e lignite são também usados nos abastecedores.

Cinzas volantes no cimento

Desde 1982, a Indústria de Cimento Holandesa negocia cimento de cinzas volantes de Portland num preço mais baixo que o cimento A de Portland. No cimento de cinzas volantes A de Portland, 25% do ladrilho é substituído com cinzas volantes. Para prevenir o enfraquecimento do cimento, o ladrilho restante é levado ao solo de melhor maneira. A qualidade das cinzas volantes deve atender a exigências rígidas, como conter componentes não combustores, a regularização e a contenção de vidros. A força e a durabilidade são equivalentes às do cimento Portland A. Algumas propriedades são ainda mais favoráveis, como a exigência por menor quantidade de água para o mesmo funcionamento, maior força em longo prazo, uma matriz de cimento menos permeável e alta resistência a substâncias químicas. Argamassa de alvenaria com cimento de cinzas volantes tem vínculos de força relativamente altos.

Cinzas volantes na estabilização de bases e sub-bases melhoradas com cimento para a construção de estradas

O tipo mais conhecido de estabilização usado como base subterrânea embaixo do asfalto de estradas é o cimento arenoso. As propriedades mecânicas de tal base subterrânea são satisfatórias, apesar de as rachaduras por redução tenderem a ocorrer no material e serem refletidas na camada de desgaste quando a camada de asfalto de cima não for grossa o suficiente. A regra do polegar é uma cobertura de asfalto de pelo menos 15 cm. Por essa razão cimento arenoso é comumente menos atrativo economicamente falando do que uma base de pedra ou uma camada de concreto de asfalto de brita. Ao misturar numa camada variedades de areia com cinzas volantes ou cimento principalmente, um material menos suscetível a rachaduras é obtido. Experiências têm sido alcançadas com uma mistura de 80% de areia, 2% de cinzas volantes e 4%–6% de cimento Portland, com um conteúdo de mistura ótimo de aproximadamente 12%. Essa mistura fornece uma projeção de força compressiva de 5 Mpa (depois de 28 dias). A densidade obtida no terreno é de aproximadamente entre 1.700–1.800 kg/m^3. O módulo de elasticidade de cimento arenoso de cinzas volantes inicialmente se eleva até aproximadamente 6,000 MPa e atinge em torno de 14,000 Mpa depois de um ano. Esses valores são mais baixos que aqueles de cimento arenoso, o que explica a reação mais favorável à rachadura.

Quanto mais finas forem as cinzas volantes, maior a força de compressão e menor o número de betume, quanto maior a quantidade de vidro ou menor o conteúdo de componentes não combustores (apesar de esse conteúdo não dever exceder 8% do peso). A máxima densidade do Proctor (pelo menos 1,400 kg/m^3) e o número de estabilização (por exemplo, o número de betume de uma mistura de cinzas volantes de 10% de cimento) é uma boa medida para prever a força de compressão. Para prevenir o inchaço indesejável como resultado da hidratação de cal liberada, as cinzas volantes devem ser bem molhadas com antecedência.

Uma segunda possibilidade, pelo menos em teoria, é produzir a estabilidade com cinzas volantes e cimento, por exemplo, 10 partes de cimento e 20–30 partes de água para 100 partes de cinzas volantes (do peso). Contudo, a força de tal estabilização tem-se revelado menor do que a esperada, e além disso a deslaminação (formação de camadas frouxas no material de estabilização) ocorre em alguns casos. A causa desse fenômeno parece ser o fato de que o pH da água porosa é bem mais baixo que 13, que é o valor mínimo exigido para a ativação das propriedades pozolânicas das cinzas volantes. O modelo subjacente é trabalhado mais detalhadamente a seguir. Pela adição de soda cáustica, o desenvolvimento da força desejada pode, contudo, ser alcançado.

Quando a água misturada já contém 1% de NaOH, a força de compressão de 28 dias eleva-se a aproximadamente 10 Mpa. O valor ótimo é situado por volta de 2,5% de

NaOH. A permeabilidade da estrutura de estabilização é então a menor possível, o que serve para prevenir a deslaminação.

O processamento desses materiais de cinzas volantes para a estabilização e as exigências correspondentes, como a que se refere à compactação, são semelhantes àqueles do cimento arenoso. Contudo, conteúdos de mistura excessivamente altos devem guardar-se de fazer algo em razão da redução associada na compactabilidade.

Cinzas volantes artificialmente produzidas no resíduo triturado

Podemos distinguir entre o processo de sinterização (temperaturas excedendo os 90 °C), processos hidrotérmicos (temperaturas variando entre 100 °C e 250 °C) e limites de processos a baixas temperaturas (temperaturas variando entre 10 °C e 100 °C).

Cinzas volantes são quase exclusivamente utilizadas em processos de sinterização. Em alguns casos, uma quantidade variável de argila, rocha calcária ou iodo (dragagem danificada) é adicionada.

Processos hidrotérmicos geralmente se desenvolvem sob pressão, comumente utilizando a combinação de cinzas e cal. Em ligações feitas a frio, as cinzas volantes são misturadas com cal, gesso, cimento arenoso ou combinações destes.

De modo geral, partículas com densidade menor do que 1,700 kg/m^3 (às vezes muito menos) são criadas nesses processos. Relativamente, as partículas de maior força são criadas no processo de sinterização. As propriedades das cinzas volantes desempenham um papel importante na escolha do processo. Processos de sinterização são particularmente adequados para cinzas volantes com o conteúdo de carbono de 5% ou mais e boa classificação. As propriedades pozolânicas das cinzas volantes não desempenham nenhum papel na sinterização. As exigências de energia (a 1,000 °C ou mais) são altas, o que representa um sério prejuízo para algumas aplicações.

Um exemplo de material fundido a baixa temperatura é a Aardelite, composto de cinzas volantes, cal, aditivos e água. As partículas (que medem entre 8 mm e 16 mm) têm o volume da densidade seca de aproximadamente 1,700 kg/m^3. A absorção de água é finalmente em torno de 16%.

O conteúdo de sulfato pode ser de 1% ou mais. Concreto feito com Aardelite como um agregado grosso e 320 kg de cimento por m^3 (raio de 0,5 de água/cimento) produzem uma média de força de compressão de mais de 40 MPa depois de 28 dias.

O tamanho da partícula do Lytag formado pela sinterização está entre 4 mm e 12.5 mm e atende às exigências existentes para a categorização de agregado de concreto. Partículas de Lytag absorvem até 12% da mistura. Graças às partículas de menor dimensão que as de brita, a quantidade de água exigida é maior.

Como as partículas de Lytag contêm ar, o conteúdo de concreto de Lytag é maior que o do concreto de brita. Para atingir uma força de compressão semelhante à do concreto de brita, as exigências de cimento do concreto de Lytag são de até 15% maiores no grau de força de B22.5. O módulo de elasticidade do concreto de Lytag é mais do que 10% inferior, enquanto a deformação máxima a ser levada em consideração é de até 30% mais alta. O encolhimento por desidratação do concreto de Lytag é mais lento e atinge valores que excedem os do concreto de brita somente depois de aproximadamente um ano. Em longo prazo, a deformação lenta é 50% mais alta que a do concreto de brita. A densidade do concreto de Lytag chega a 1.800-2.050 kg/m^3. O volume da densidade aparente é 17% menor que o do concreto de brita. A força de rompimento elástico do concreto de Lytag é também menor. A força de longo prazo do concreto de Lytag atende às exigências para o concreto de brita.

Particularmente nos concretos de maior qualidade, deve ser levada em consideração a maior exigência de cimento. A maior vantagem do concreto de Lytag é o menor peso (concreto leve), que é útil em estruturas onde o peso morto tem de ser mantido em um valor mínimo.

Cinzas volantes no concreto

Cinzas volantes em concreto podem ser usadas para:

- substituição parcial de cimento;
- substituição parcial e preenchimento de material agregado bom;
- substituição parcial de cimento e material agregado bom.

Os objetivos na adição de cinzas volantes são:

- economia dos custos;
- redução do aquecimento de hidratação;
- melhor funcionamento;
- redução da separação da água;
- obtenção de concreto menos permeável que o cimento de concreto comum Portland.

Ao usar cinzas volantes como uma substituição parcial de cimento, a força de um mês é menor que uma das do concreto de referência. A força do concreto de cinzas volantes torna-se igual ou maior que a do concreto de referência apenas mais tarde, como resultado da ação pozolânica. Isso, logicamente, depende das condições conjunturais e do percentual do cimento substituído.

Ao compor a mistura cuidadosamente (por exemplo, pela adição de mais cinzas volantes que o necessário para substituir o cimento, pela redução da quantidade de água e mudando a curva de areia/brita) ou pelo uso de um tipo de cimento de endurecimento mais rápido, pode-se obter uma força de um mês que igual à do concreto de referência.

A ação das cinzas volantes no concreto está baseada principalmente no seu caráter pozolânico. O tempo de "incubação" antes de a reação pozolânica começar deve-se ao fato de a dissolução dos componentes das cinzas volantes dependerem fortemente da alcalinidade da água porosa.

São necessários vários dias antes que a água porosa tenha um pH suficientemente alto para ativar de forma significativa a reação pozolânica. A ação pozolânica aumenta muito quando o pH excede 13,2. Esse valor é diferente de uma cinza volante para outra.

Variedades de cimento que desenvolvem um pH mais baixo na água porosa, como o cimento de alto-forno, ativam as cinzas volantes numa menor extensão. Diferenças consideráveis na atividade pozolânica podem também ocorrer ao usar as variedades de cimento Portland que causam uma alcalinidade diferente na água porosa. Um cimento com granulometria fina desenvolve um pH alto mais rapidamente que a mesma variedade com menos cimento de boa qualidade para que a ação pozolânica comece mais cedo na variedade do cimento com granulometria fina.

A proporção água/cimento logicamente também afeta a reação pozolânica. A solubilidade da rede de vidro das cinzas volantes depende muito da temperatura, como também a ação pozolânica. Uma vez que a reação tenha começado, os produtos de reação inicialmente se formam na proximidade das partículas de cinzas volantes. Contudo, em seguida estas se formam numa extensão maior nos poros, resultando na compactação da estrutura porosa e na permeabilidade reduzida.

Influência das cinzas volantes na resistência do concreto

A resistência do concreto depende da razão água/cimento. Considerando um concreto de referência (mistura A) sem cinzas volantes e um concreto no qual 20% do cimento tenha sido substituído por cinzas volantes (mistura B) na mesma quantidade de água W_a, o seguinte se aplica:

$$\left(\frac{W_A}{C_A}\right)_{ref} = \left(\frac{W_A}{C_B + F}\right)_B \tag{8.1}$$

Onde:
W_A = conteúdo de água da mistura A
C_A = conteúdo de cimento da mistura A
C_B = conteúdo de cimento da mistura B
F = conteúdo das cinzas volantes

O valor seguinte então se aplica à mistura de concreto de cinzas volantes:

$$\left(\frac{W_A}{C_B}\right)_B > \left(\frac{W_A}{C_A}\right)_{ref} \tag{8.2}$$

Como as cinzas volantes melhoram o desempenho, a exigência de água pode ser reduzida de W_A para W_N (isto é, $W_N < W_A$) no mesmo desempenho.

Além da influência do conteúdo de água, existe também a influência do efeito de enchimento. As partículas de cinzas volantes asseguram uma melhor densidade de enchimento, que resultam num aumento adicional da resistência. Esse aumento é até maior quando um pouco de areia é também substituído com cinzas volantes. Finalmente, a ação pozolânica das cinzas volantes é iniciada e a força do concreto de cinzas volantes excede a do concreto de referência.

As seguintes regras aplicam-se para a substituição do cimento com cinzas volantes, baseado na quantidade de areia e cimento (em kg/m^3) substituída por cinzas volantes (também em kg/m^3) (conhecido como o fator agente de pega (*binding*) **k**). Um valor do k = 0,2 se aplica ao CEM I 32,5 e 32,5 R em todas as classes ambientais e para CEM III 1A e CEM III 1B para todas as classes ambientais e de resistência; um valor de k = 0,4 se aplica ao CEM I 42,5 e aumenta as classes de resistência e em todas as classes ambientais. A quantidade total de cimento que pode ser substituída com cinzas volantes é de no máximo um terço. Valores k maiores só são permitidos se um teste de certificação mostrar a acuidade desses valores.

Durabilidade

A resistência do concreto contra a ação dos produtos químicos é num grau importante determinado pelo:

- tipo de cimento e as propriedades químicas e físicas associadas;
- a qualidade dos materiais agregados;
- a composição da argamassa do concreto (raio de água/cimento, quantidade de cimento, e adição de cinzas volantes);
- o tratamento do concreto.

Esses aspectos afetam a resistência química do concreto diretamente (tipo de cimento e variedade do agregado) ou indiretamente (influência na permeabilidade).

É geralmente assumido que a permeabilidade à água, íons e gases é reduzida e a resistência contra produtos químicos é aprimorada a longo prazo por causa da reação pozolânica entre a cal hidratada (liberada durante a hidratação da fração de cimento Portland) e as cinzas volantes, em combinação com a exigência de água possivelmente reduzida em taxas de funcionamento iguais. O processo de endurecimento mais vagaroso causado pela substituição de parte do cimento com cinzas volantes pode, contudo, afetar negativamente a continuidade em poucos meses. Por essa razão, é exigido tratamento cuidadoso.

Em geral, a adição de cinzas volantes no concreto resulta na reduzida penetração de água. A resistência do concreto contra a ação do sulfato é determinada por um número de fatores, como: tipo de cimento, conteúdo C3A do cimento e permeabilidade do concreto. No concreto com cinzas volantes há uma expansão significantemente menor ou perda de peso quando colocado em soluções sulfúricas, conforme estabelecido em vários testes.

Outro aspecto da resistência do concreto contra ataques de produtos químicos é a reação de agregados alcalinos (alkali). Quando materiais agregados contêm certos compostos amorfos e silicosos, reações ocorrem na presença de alcalinos solúveis no cimento; essas reações podem resultar na expansão e finalmente na rachadura do concreto. Isto ocorre mais rapidamente quando a permeabilidade é reduzida. É também possível para os alcalinos penetrar pelo lado de fora, por exemplo, pela água do mar. Para manter a continuidade nesse sentido, o "Na_2O – equivalente" (isto é, o percentual de Na_2O + 0,65 vezes o percentual de K_2O) em cimento Portland é reduzido a um máximo de 0,6%.

Com base no mencionado anteriormente, conclui-se que as cinzas volantes podem produzir uma contribuição positiva na presença de material agregado reativo em concreto, principalmente pela produção de estrutura de cimento mais densa. A substituição de menos 35% do cimento Portland por cinzas volantes pode resultar no bloqueio da reação ao agregado alcalino. Essa reação pode também ser reduzida ou bloqueada pelo uso de cinzas volantes para substituir uma proporção adequada do material de agregado do concreto em questão.

A resistência ao gelo do concreto de cinzas volantes depende fortemente da condição de endurecimento. Sob condições favoráveis (como o endurecimento debaixo d'água em longo prazo), uma resistência significativamente maior ao gelo é obtida. Sob condições menos favoráveis de endurecimento, o desenvolvimento da resistência ao gelo foi provado como sendo reduzido no concreto de referência e no concreto de cinzas volantes.

Pode ser assumido de maneira geral que o uso direto de cinzas volantes confiáveis e bem categorizadas não afetam negativamente a resistência de concreto ao gelo quando:

- as cinzas volantes encontram as exigências;
- um mínimo de 3,5% de bolhas de ar foi levado à argamassa de concreto;
- o desenvolvimento da força anterior ao primeiro contato com gelo é adequado (endurecimento sob condições de umidade para um período que excede os sete dias).

O percentual de carbono nas cinzas volantes deve ser o mais constante possível, pois esse é o fator determinante no conteúdo das bolhas de ar na argamassa de concreto numa certa dosagem do agente de levar o ar. O efeito do conteúdo de carbono das cinzas volantes em resistência ao gelo é menor se não exceder os 10%. O efeito na resistência ao degelo é, contudo, significante. Essa resistência decresce quando o conteúdo de carbono das cinzas volantes aumenta (que é o motivo pelo qual as cinzas volantes usadas no concreto não devem conter mais do que 5% de carbono).

Ao comparar concreto de cinzas volantes com concreto comum de força semelhante, a durabilidade é mais ou menos a mesma.

Cal hidratada, e num grau menos elevado silício de cálcio hidratado e alumínio de cálcio hidratado, na reação do cimento endurecido para formar carbonatos de cálcio ($CaCO_3$) com ácido carbônico (CO_2) do ar em certos conteúdos de mistura. O grau de carbonatação de concreto é determinado pela permeabilidade, pelo grau de saturação da água e pela quantidade de cal hidratada disponível para a reação.

O concreto compactado corretamente estabelecido em condições favoráveis é suficientemente impermeável, dado um baixo raio de água/cimento para assegurar boa resistência contra a carbonatação, com exceção dos 5 mm exteriores.

Durante a carbonatação, a alcalinidade da água porosa no cimento endurecido diminui, com o pH caindo de 13 para 9. Isso neutraliza a proteção ativa do aço reforçado no concreto, levando à corrosão na presença de água e ar. O uso de cinzas volantes em concreto (em substituição ao cimento ou como preenchimento) afeta a densidade e a quantidade de cal e, como conseqüência, o comportamento do carbono. Os resultados de pesquisas da literatura sobre esse assunto são ambíguos. Certas pesquisas em longo prazo mostram que o concreto que inclui outras substâncias (como cinzas volantes) além do cimento oferece menos proteção contra corrosão reforçada que o concreto de cimento Portland. Outra pesquisa mostrou, contudo, que não existe diferença significativa nestes aspectos nos mesmos graus de força do concreto.

Dados da literatura, além disso, levam-nos às seguintes conclusões:

- quando o cimento Portland ou o cimento de alto-forno são parcialmente substituídos por cinzas volantes, a profundidade da carbonatação e a taxa de carbonatação do concreto de cinzas volantes se comparadas ao concreto de referência da mesma força de compressão de 28 dias e de tratamento adequado são praticamente as mesmas;
- quando o cimento Portland e o cimento de alto-forno são ambos substituídos por cinzas volantes, a profundidade da carbonatação e a taxa de carbonatação do concreto de cinzas volantes em quantidades iguais de cimento e cinzas volantes excedem aqueles do concreto de referência (concreto sem cinzas volantes);
- durante os primeiros sete dias, a duração do tratamento afeta grandemente a profundidade da carbonatação, particularmente de concretos de cimentos de alto-forno.

A estrutura porosa não se torna mais grossa durante a carbonatação do concreto de cinzas volantes. Um aspecto essencial de resistência à corrosão no material para reforço de concreto é a resistência contra a difusão de cloreto. É conhecido que essa resistência é significativamente maior ao usar o cimento de alto-forno de um conteúdo de muita escória do que ao usar cimento Portland. Um efeito semelhante pode ser esperado ao usar cinzas volantes no concreto por causa da reação pozolânica.

Uma relação pode ser estabelecida entre a força de compressão do concreto e, por exemplo, sua permeabilidade ao oxigênio. Medições da permeabilidade do gás mostram que a adição de materiais de granulometria fina, como as cinzas volantes, pode fornecer ao concreto uma estrutura mais densa, em razão da menor distância entre as partículas finas do concreto endurecido. Dados da literatura mostram que a adição de cinzas volantes não resulta numa redução da resistência à corrosão do reforçador.

Na Holanda, como em alguns outros países, o uso de carvão em pó nos sedimentos de argamassa para o pré-pressionamento de canais e do concreto que entra em contato direto com aço pré-pressionado é desaconselhado por enquanto, pois o efeito das cinzas volantes na corrosão de aço pré-pressionado é assumido como desfavorável.

Ao mesmo tempo, alguns países tiveram experiências positivas com o uso de cinzas volantes, o cimento de cinzas volantes Portland e a brita artificial feita de cinzas volantes, em concreto pré-pressionado. Não há registro de estrago para nenhuma dessas aplicações.

Foi concluído na literatura que a concentração de componentes que causa a corrosão pré-pressionada, como cloretos, sulfetos e nitratos nas cinzas volantes, é tão baixa que cinzas volantes no concreto geralmente não resultam na corrosão pré-pressionada, contanto que haja um pH alto e o aço tenha uma camada passiva. Não há diferença entre cimento Portland e cimento de alto-forno nesse sentido. Existe, contudo, a probabilidade crescente de o aço pré-pressionado ser atacado no caso do desaparecimento total ou parcial ou da quebra do ***fime*** passivo, em razão do conteúdo relativamente alto de partículas de carbono livres.

Pesquisas têm sido realizadas no que se refere à influência das cinzas volantes no concreto na corrosão pré-pressionada de aço quando a corrosão é iniciada pela carbonatação ou por íons de cloreto. Dentre os compostos de concreto com um raio de água relativamente alto no cimento com cinzas volantes, nenhuma indicação foi encontrada de que a substituição de 25% (por peso) de cimentos Portland com cinzas volantes, que encontra as exigências, resulta numa maior sensibilidade à corrosão do aço reforçado pré-pressionado, contanto que a composição cumpra com as exigências no que se refere ao conteúdo de cloreto permitido. No caso de substituição parcial de cimento de alto-forno, os resultado foram influenciados pelo fato de que a frente de carbono em especificações de não-aceleração para os testes quase atingiram os cabos pré pressionados, aumentando então o conteúdo de cloreto no reforçador, resultando num alto grau de corrosão marcada. Depois de dois anos de exposição, contudo, um significante decréscimo na tensão de falência pôde ser estabelecido.

Várias pesquisas têm investigado o efeito de encolhimento (encolhimento por desidratação) do concreto com e sem cinzas volantes. Concreto com cinzas volantes geralmente apresenta menos encolhimento em condições nas quais a adição de cinzas volantes resulta numa menor exigência por água para o mesmo funcionamento. O reduzido padrão de encolhimento é particularmente aparente em maiores prazos. Isso é atribuído à reação pozolânica das cinzas volantes. Ao substituir cimento Portland por cinzas volantes, a redução no encolhimento torna-se mais favorável quanto maior for o conteúdo de C_3A no cimento Portland. Isso é pela exigência de água da argamassa do concreto aumentar quando o cimento Portland usado contiver mais C_3A. O encolhimento reduzido do concreto de cinzas volantes é aparente em cada nível de força. Tratamento cuidadoso é de enorme importância para atingir um efeito de encolhimento no concreto de cinzas volantes.

O efeito de deformação lenta do concreto de cinzas volantes foi investigado como função do nível de força do concreto, o conteúdo de carbono das cinzas volantes, a classificação das cinzas volantes e o raio de cinzas volantes no cimento. Medidas de deformação lenta foram majoritariamente conduzidas num peso de 25%–30% da força de compressão.

O concreto de cinzas volantes mostra menos deformação lenta que o concreto de referência em todos os casos investigados. Quanto mais baixo o agente de união da água no concreto de cinzas volantes, menor a deformação lenta. Sob essas condições, a proporção de formação de gel no cimento aumenta e a quantidade de água livre, que é a grande responsável pelo efeito de deformação lenta, diminui simultaneamente. Pelas mesmas razões, a deformação lenta do concreto de cinzas volantes diminui proporcionalmente com o tempo de endurecimento. O coeficiente de deformação lenta do concreto de cinzas volantes no qual um máximo de 25% do cimento foi substituído por cinzas volantes é aproximadamente igual ao do concreto de referência. As cinzas volantes devem atender a certas exigências para garantir a durabilidade do concreto. Essas exigências referem-se à alta qualidade, à "atividade índice" (por exemplo o desenvolvimento da força), perda de ignição e de conteúdos de cloreto, sulfeto e óxidos de cálcio livres.

Cinzas volantes no concreto aerado

No concreto aerado usado como material de construção, as cinzas de carvão em pó desempenham um importante papel, notavelmente em misturas de grandes massas de baixa densidade. O uso de areia de alvenaria como material agregado nessas misturas é considerado menos adequado por causa da qualidade e da densidade de grandes massas. Em comparação com outros enchimentos de boa qualidade, como pó de rocha calcária, as cinzas de carvão em pó apresentam a vantagem de menor exigência por água e maior força depois de 90 dias de endurecimento. Uma desvantagem das cinzas de carvão em pó, contudo, é a interação com o agente espumante, que impõe severas exigências no controle do processo da produção de espuma de concreto.

O concreto aerado pode ser produzido com uma grande variedade de propriedades: densidade de grandes massas de 400–1.600 kg/m^3, força de compressão 1–10 MPa, módulo de elasticidade de 1–10 GPa (1GPa = 1,000 MPa + 1,000 N/mm^2).

Cinzas volantes em concreto celular

Cinzas volantes de carvão em pó no concreto celular podem substituir parcialmente tanto o aglomerante como a areia fina. Extensas pesquisas sobre essa questão têm mostrado que a substituição considerável (mais de 50%) da areia da terra por carvão em pó é possível, e a maior parte das propriedades celulares do concreto permanece a mesma ou é até mesmo melhorada. As propriedades negativamente afetadas pela substituição de areia da terra por cinzas volantes de carvão em pó equilibram o conteúdo da mistura, o módulo de elasticidade e a força de elasticidade (no estado seco).

Pesquisas têm mostrado também que o aglomerante pode ser parcialmente substituído por cinzas volantes de carvão em pó, a substituição da areia é mais limitada em extensão. Uma substituição de 25% (por peso) do aglomerante e da areia da terra por cinzas volantes de carvão em pó foi conseguida positivamente.

Apesar de economias em matérias-primas naturais e energia serem altamente atrativas e de não haver prejuízos na perspectiva material e tecnológica, cinzas volantes de carvão em pó não são usadas no concreto celular da Holanda (diferentemente do Reino Unido e de outros países da Europa Ocidental). A razão para isso é a falta de clareza nas regras e nos regulamentos no que se refere às questões de proteção radiológica e ambiental.

Cinzas volantes nos tijolos de areia calcária e outros elementos de construção.

Cinzas volantes podem ser usadas como uma substituição parcial de areia ou cimento ou ambos para fazer o tijolo de areia calcária. O resultado é a força final maior, mas também maior absorção de água e menos coloração branca. Uma vantagem possível é a reduzida condução de calor. Ao fabricar tijolo poroso (um tijolo de alvenaria de pouco peso), aproximadamente 20% (por peso) de cinzas volantes são usadas. Finalmente, cinzas volantes podem servir para substituir um máximo de 20% da argila na fabricação de tijolos de areia calcária. Algumas das desvantagens são a descoloração e as manchas. As vantagens são a secagem rápida e os custos de aquecimento mais baixos.

Estabilização de cinzas volantes usando cimento

Cinzas do fundo CPP

8.1.2 Cinzas do fundo CPP

Entre aproximadamente 10% e 15% das cinzas são deixadas para trás nas instalações de carvão em pó. Essas cinzas são conhecidas como cinzas grossas ou cinzas do fundo CPP (produção de produtos de carvão). Cinzas do fundo CPP podem ser recuperadas de duas formas:

- as cinzas líquidas são separadas e granuladas usando um jato d'água;
- as cinzas líquidas são jogadas num reservatório de água ou ar.

A quantidade dessas cinzas do fundo produzidas na Holanda chega a aproximadamente 130 mil toneladas por ano. Essa quantidade é 100% reutilizada: 70% (90 mil toneladas) em aterros e 30% no concreto (na Bélgica). As propriedades são influenciadas pelas temperaturas de combustão e pelos métodos de refrescamento (por ar e água). Quanto mais baixa a temperatura de combustão, mais porosa a cinza se torna. Algumas partículas do fundo têm um caráter levemente sinterizado, grandes poros e uma estrutura aberta, enquanto outras partículas consistem de partículas de estruturas fechadas derretidas juntamente. A composição química e mineral das cinzas do fundo CPP dificilmente difere daquela das cinzas volantes, com exceção do maior conteúdo de óxido de ferro.

O efeito de lixiviação é mais ou menos comparado àquele da escória de alto-forno. Cinzas de fundo são bem mais grossas que cinzas volantes. As dimensões das partículas variam entre 40 mm e 75 μm, enquanto o peso específico varia entre 2.350 e 2.550 kg/m^3. O conteúdo poroso (20%–47%) e o formato da partícula diferem num alto grau. Até depois de as cinzas de fundo terem sido mantidas na terra, as propriedades ainda diferem das propriedades das cinzas volantes, em particular o caráter hidráulico mais baixo.

Cinzas de fundo CPP foram usadas como um material de base solto com taxas de sucesso variáveis. Essa aplicação é limitada particularmente pela relativa alta porosidade e pela baixa estabilidade em percentuais de mistura menores. Bons resultados têm sido obtidos com cinzas de fundo aderidas com cimento ou betume. Algumas variedades de cinzas de fundo possuem boas propriedades técnicas para o uso como material de aterro. Cinzas de fundo têm também sido usadas em bases de estradas numa mistura com areia (até 50%), em conjunto com cimento (entre 4% e 5%).

Cinzas de fundo têm a qualidade relativamente regular (semelhante à brita arenosa) e não são sensíveis ao gelo, apesar de a perda de combustão ser, em geral, relativamente alta (6% – 14%). Para o uso em aterros, o grande ângulo de fricção interna (40° – 50°) é uma propriedade favorável (formato angular).

As propriedades relacionadas ao uso em aterros são:

- densidade da grande massa — 1.330–2.040 kg/m^3
- densidade da grande massa, despejadas soltas — 630–1.040 kg/m^3
- máxima densidade Proctor — 950–1.345 kg/m^3
- conteúdo de mistura ótimo — 20%–43% (m/m)
- ângulo de fricção interna e coesão — semelhante ao da areia

• valor do CBR	20%–38%
• aumento da capilaridade	menor
• suscetível à expansão e ao encolhimento	menor
• absorção de água	3%–22%

Cinzas de fundo são resistentes contra a ação da temperatura, da luz e da umidade. Usar cinzas de fundo para substituir areia no asfalto é possível a princípio, mas exige um aumento no conteúdo de betume. Substituir areia triturada em superfícies por betume resulta em superfícies de aspereza reduzida.

Cinzas de fundo sem pirite são utilizáveis a princípio com agregados materiais para substituir areia. Contudo, isso reduz a força de elasticidade e o módulo de elasticidade entre 0% – 40% em relação ao concreto comum. O efeito na força de compressão é semelhante. A extensão desse efeito depende principalmente da força da partícula das cinzas de fundo. Como pode haver mudança na umidade entre as partículas de fundo porosas e o cimento endurecido, a determinação apurada do raio de água e cimento não é possível. O encolhimento do concreto feito com cinzas de fundo é então, menor, ou no máximo igual ao do concreto comum. A resistência ao congelamento e ao derretimento do concreto feito com cinzas de fundo é menor.

Cinzas de fundo são usadas quase inteiramente em materiais de aterro na engenharia de solo e na construção de estradas. Outras aplicações potenciais de engenharia hidráulica são camadas de filtro, núcleo, preenchimento e melhoramento do solo e da base.

8.1.3 Dessulfuramento de gases fumeiros de gesso

O dessulfuramento de gases fumeiros e outros rejeitos de gases industriais pode ser feito utilizando vários processos, tanto secos, como molhados ou de vaporização a seco (*spray-dry*). A produção do dessulfuramento de gases fumeiros de gesso na Holanda atinge mais de 400 mil toneladas por ano; 300 mil toneladas destes são usadas na fabricação de blocos e lajes de gesso e 100 mil toneladas na fabricação de anidride (70 mil toneladas na Holanda e 40 mil toneladas como exportação para outros países, como Bélgica e Alemanha). Isso resulta em 20 mil toneladas de economia em rocha calcária.

Durante o dessulfuramento seco de rejeitos de gases de incineradores usando processos de vaporização a seco (*spray-dry*), uma mistura de cinzas volantes (70%–75%), de sulfato de cálcio e sulfite (com aproximadamente 20%–25%) e água (5%) pode ser obtida.

Esse produto tem um forte caráter pozolânico e classificação de muito boa qualidade (50–100 μm). Num conteúdo de umidade ótima com mais de 25%, a densidade da partícula atinge mais de 1.300 kg/m^3.

Dessulfuramento de gases fumeiros de gesso presos com cimento ou betume pode também ser usado em bases subterrâneas. Uma força de compressão de 28 dias de 5 MN/m^2 pode ser obtida com apenas 4% de cimento.

Bolinhas de chumbo podem ser obtidas pelo dessulfuramento seco sob pressão crescente. Essas bolinhas de chumbo podem ser usadas como agregados de pouco peso. Contudo, as desvantagens são o alto conteúdo de sulfato e cloreto no concreto, e a baixa força, a baixa resistência para o uso e a suscetibilidade à expansão quando usada no asfalto. Ao usar variedades de cinzas volantes que são muito pobres em cal, pouco percentual do cimento deve ser adicionado. O desenvolvimento da força dessas bolinhas de chumbo é relativamente lento; as bolinhas de chumbo alcançam 50% da força final depois de dois dias e 90% depois de dez dias.

No dessulfuramento molhado, uma mancha de gesso e sulfite na água (aproximadamente 60% de matéria sólida) é obtida na adição com as cinzas volantes (sem o caráter pozolânico). As possibilidades de reutilizar esse produto são muito promissoras para as aplicações de gesso em paredes e pisos.

O dessulfuramento de gases fumeiros de gesso pode ser convertido em anidrido ou em semi-hidrato, respectivamente, pela calcinação e pela desidratação. O anidrido ou semi-hidrato pode ser usado como aglomerante em pisos de gesso anidride, blocos de gesso, blocos de gesso e estuque de gesso, ou como agente para controlar o tempo de cura do cimento. Nesse contexto, apenas a aplicação do piso de gesso será discutida. Essa aplicação tem aumentado absurdamente nos últimos anos. Além de anidrido, fabricado a partir do dessulfuramento de gases fumeiros de gesso, fluoroanidrido, obtido ao preparar hidrogênio florídrico, e logicamente anidrido, também desempenham um importante papel. A princípio, três são adequados para ser utilizados como aglomerantes em pisos de gesso anidrido. A origem e a pureza do fluoroanidrido e logicamente do anidrido podem eventualmente determinar sua adequação para o uso como aglomerante em pisos de gesso.

8.2 Resíduos de incineradores

8.2.1 Cinzas de fundo das instalações de incineradores de resíduo

Introdução

Cinzas de fundo dos incineradores de resíduo são os resíduos sólidos criados durante a incineração de rejeitos domésticos e resíduos comuns similares ou industriais que podem ser incinerados juntamente com os rejeitos domésticos nesses incineradores.

As cinzas volantes capturadas por um sistema removedor de poeira ou um filtro eletrostático (cinzas volantes do incinerador de resíduos) não são consideradas como cinzas de fundo ou escória do incinerador. A adição de cinzas volantes de incineradores às cinzas de fundo residuais não é usualmente permitida.

Durante a incineração de rejeitos domésticos, 250 kg de cinzas de fundo, 26 kg de cinzas volantes e 25 kg de ferro são produzidos por tonelada de resíduo. Outras substâncias obtidas são sais de sódio (20 kg) e gases sintéticos, uma mistura de CO, CO_2, H_2, N_2 e CH_4 (200 m^3, com um valor calórico de 330 kWh). A incineração é realizada entre 900 °C – 1.000 °C. Imediatamente depois de serem obtidas, as cinzas de fundo são refrescadas com água e tratadas em seguida, têm o ferro retirado, são peneiradas e possivelmente reduzidas.

Cinzas de fundo de incinerador de resíduo

PROPRIEDADES

Cinzas de fundo de incineradores de resíduos são de fato uma mistura de escória, entulho, vidros, metais não-ferrosos e materiais orgânicos não incinerados. Cinzas de fundo de incineradores de resíduos tratadas adequadamente contêm menos de 5% de componentes não queimados e ferro.

A classificação é ocasionalmente muito fina para uma mistura de 0/40 e mostra mais semelhança com uma mistura de 0/30. Ocasionalmente, um máximo de 40% de areia é adicionado para melhorar a classificação e o funcionamento. O fator de trituração da cinza de fundo de incinerador de resíduo (aproximadamente 0,69) é maior que o mínimo permitido de 0,65 para o uso de bases de estradas. No estado saturado, o conteúdo de água atinge entre 13% e 20%. Imediatamente depois do processo de incineração, o conteúdo de água pode atingir os 30%. O módulo de elasticidade atinge entre 60 e 160 MN/m^2, enquanto o valor do CBR varia grandemente, entre 15% e 50%.

O peso específico varia entre 2.100 e 2.900 kg/m^3, enquanto a densidade da grande massa atinge entre 1.500 e 2.100 kg/m^3. O incinerador de entulho de cinzas de fundo contém material orgânico; a perda de ignição pode variar entre 0,5% e 6% (por peso), dependendo da queima. As cinzas de fundo de incinerador de resíduo são, além disso, altamente alcalinas (pH 10–11,5).

CINZAS DE FUNDO NÃO ADERENTE DE INCINERADOR DE RESÍDUO

Lixiviação

A lixiviação de Cu das cinzas é determinada em larga extensão pela presença de matéria orgânica não dissolvida formando complexos compostos com Cu. Isso determina a lixiviação do Cu particularmente na variação do pH entre 5 e 10.

Quando usadas em aplicações com a entrada de ar limitada, cinzas de fundo de incinerador de resíduo de matéria orgânica podem exibir ação redutora por causa da atividade biológica. Isso resulta no comportamento de lixiviação diferente daquele sob as condições oxidantes no laboratório. As conseqüências são majoritariamente produzidas no caso de Cu, do qual a lixiviação é grandemente diminuída sob condições redutoras. A medição da capacidade redutora não produz uma indicação clara da situação na prática; a perda de ignição ou o conteúdo de matéria orgânica que pode ser desarranjado é uma melhor medida disto. Se a perda de ignição exceder entre 3% e 5% ou se o conteúdo de matéria orgânica exceder os 2%, condições redutoras podem ser esperadas para ocorrer em curto prazo.

Como muitos outros materiais originários de processos térmicos, a cinza de fundo de incinerador de resíduo ocorre numa forma relativamente reativa. Isso significa que está sujeita à mudança com o tempo, por causa das reações internas e influências externas. Uma das maiores mudanças é a variação do pH por causa da autonaturalização e da carbonatação. As mudanças concomitantes no comportamento de lixiviação podem ser explicadas em larga escala pelas características químicas como função do pH.

As cinzas de fundo de incinerador de resíduo são também altamente heterogêneas na sua natureza. Até depois da amostra cuidadosa e do tratamento anterior, extremos incidentes na composição, por exemplo, do Pb, Cu e Zn não podem ser prevenidos. Isso é causado pela partícula de metais na preparação. Apesar de esse fenômeno ter uma influência maior na composição, ele geralmente não afeta o comportamento de lixiviação, e então nenhuma medida adicional é exigida ao conduzir os testes de lixiviação.

Os elementos mais relevantes e compostos para a lixiviação nas cinzas de fundo de incinerador de resíduo são Mo, Cu, Cd, cloreto e sulfato. Ao acessar os resultados dos testes de lixiviação devem ser levadas em consideração as mudanças em decorrência do tempo, como as resultantes da carbonatação e da mudança coincidente no pH.

Cinzas de fundo de incinerador de entulho numa base de estrada

Exigências ambientais

Vários países impõem exigências para a composição de materiais de construção e lixiviabilidade para poder limitar a carga de solo e água. A Holanda tem uma estrutura legal para isso na forma do Decreto dos Materiais de Construção. O princípio subjacente do decreto é que quando usado em materiais de construção os valores alvos para solos limpos não devem ser excedidos em mais de 1% por um período de cem anos. Cinzas de fundo de incinerador de resíduo só encontram essas exigências se o material for isolado adequadamente pelo:

- lacramento da parte de baixo com, por exemplo, embrulhamento em plástico, ao manter a aplicação pelo menos 50 cm acima do nível de água do chão;
- cobertura dos lados com embrulhamento em plástico, produtos de betume ou bentonita;
- cobertura da parte de cima com asfalto ou concreto.

Em alguns casos, a quantidade de cinzas de fundo de incinerador de resíduo usada é tal que uma cobertura dupla é exigida. Na Holanda, cinzas de fundo de incineradores de resíduo são usadas somente numa quantidade mínima de 10 mil toneladas e preferivelmente 100 mil usadas numa aplicação contínua.

Cinza de fundo de incinerador de resíduo limitado

Cinzas de fundo de incinerador de resíduo podem ser usadas como uma mistura de pedra aderente depois de adicionar 2% ou 3% de cimento. A força cresce lentamente até 5 MN/m^2, atingida depois de quarenta dias. A capacidade do comportamento de carga é igual àquele da escória de alto-forno. O módulo de elasticidade chega a aproximadamente 5.000 MN/m^2 (determinado de acordo com o método acústico). Um valor *in situ* de aproximadamente 1.200 MN/m^2 foi determinado.

As cinzas de fundo de incinerador de resíduo também estão de acordo com as exigências de areia para cimento de areia numa extensão razoável. Isso indica estabilidade entre 5% e 8% de cimento com um conteúdo de mistura ótimo de aproximadamente 12%. Para a aplicação aderente, as mesmas exigências se aplicam como para o cimento de areia. A fixação do cimento não deve ser adiada para mais de 15% comparado com areia de cimento (de acordo com os testes de Vicat). O uso de cinzas de fundo de incinerador de resíduo como substituto para o agregado mineral não resulta em problemas. Contudo, um conteúdo de betume relativamente alto (6%) é exigido.

As propriedades Marshall e a resistência contra deformação permanente (determinada por testes *rutting*) são comparáveis ou até mesmo melhores que o concreto de asfalto de brita. O raio nulo é muito alto (aproximadamente 20%), possivelmente por causa da porosidade das cinzas de fundo de incinerador de resíduo.

Testes conduziram as cinzas de fundo de incinerador de resíduo como um agregado material para cimento de concreto. O conteúdo de concreto da escória não deve ser tão alto nesse caso. Num cimento concreto de 360 kg/m^3, a força de compressão de 28 dias foi de aproximadamente 15 mN/m^2, com uma força flexionável de 2,5 mN/m^2.

A resistência ao frio das cinzas de fundo de incinerador de resíduo é limitada. Como conseqüência, ela tem de ser superada com uma camada de desgaste de, por exemplo, argamassa feita de cimento Portland e alvenaria ou areia triturada, incluindo uma superplasticer, ou uma superfície de tratamento tem de ser aplicada. O conteúdo de cloreto relativamente alto faz a cinza de fundo de incinerador de resíduo inadequado para o uso em concreto armado. As cinzas de fundo de incinerador de resíduo aderentes são raramente usadas pelas suas propriedades marginais e custos. Do ponto de vista da direção das correntes também, particularmente no que se refere à influência negativa na quantidade de asfalto triturado quando reutilizado num estágio posterior. O uso na forma aderente é freqüentemente considerado menos desejável.

O uso de cinzas de fundo não aderentes de incineradores de resíduo em aterros

Quando a rodovia 15 da Holanda foi reconstruída, uma grande parte do aterro foi construída utilizando escória de incinerador de resíduo. O objetivo disto foi esclarecer melhor sobre os resultados para a engenharia civil e a proteção ambiental da utilização de materiais de escória de incinerador, por exemplo, como material de aterro e de areia bentonita como material de cobertura em aterro de estrada. Ele se assenta sobre uma camada de base de areia e coberta com, por exemplo, uma camada de 0,2 m de espessura de areia de bentonita coberta por outra camada de areia e solo (dito) de 1 m de espessura. Isto resulta no favorecimento das propriedades de resistência à força de cisalhamento e de compressão. Foi também demonstrado que a escória tem baixa permeabilidade à água e só pode absorver uma quantidade limitada de mistura depois da aplicação. Além disso, foi estabelecido que uma cobertura de areia de bentonita com um conteúdo de bentonita de 7,5% e uma permeabilidade de água de 10^{-10} m/s pode ser obtida.

O despejo medido por meio da cobertura da areia de bentonita chega a aproximadamente 24 mm/ano, contrariando um despejo esperado de aproximadamente 5 mm/ano.

As exigências da engenharia civil e as propriedades de cinzas de fundo de incineradores de resíduos para uso em aterro estão resumidas na tabela 8.4.

As propriedades listadas na tabela são valores médios, estabelecidos experimentalmente para as cinzas de fundo de incineradores de resíduos produzidas até agora.

O comportamento das cinzas de fundo de incineradores de resíduos em aterros sempre foi considerado como aquele do material não aderente. Contudo, após um aterro de cinza de fundo de incineradores de resíduos ter falido em 1990, sérias dúvidas surgiram. Apesar de no final ter sido o solo subterrâneo instável e a alta proporção da construção de aterros que resultaram em falência, os craques foram maiores e as cinzas de fundo de incineradores de resíduos exibiram um alto grau de compactação.

Tabela 8.4 Propriedades das cinzas de fundo de incinerador de resíduo e exigências associadas

Descrição	**Requerimento**	**Propriedade**
Composição		
SiO_2	aprox. 55% (do peso)	
CaO	aprox. 10% (do peso)	
Al_2O_3	aprox. 6% (do peso)	
Ferro metálico	máx. 5% (do peso)	
Conteúdo de vapor		15 a 20%
Material não queimado	máx. 2% (do peso)	
Distribuição por tamanho das partículas		
tela de 22,4 mm	0 – 10% (do peso)	
tela de 63 μm	92 – 100% (do peso)	
Forma da partícula		angular
Densidade		
Matéria sólida		2.450 – 2.600 kg/m^3
Máxima densidade de Proctor		1.600 – 1.760 kg/m^3
Densidade *in situ* (método da brita)		1.500 – 1.800 kg/m^3
Ângulo de fricção interna (N)		34 – 40°
Coesão (aparente)		40 – 130 kN/m^2
Decantação		*nil*
Fator de trituração (fração de 11,2 – 16 mm)	0,65	0,62 – 0,76
Permeabilidade à água		$2,10^{-5}$ $3,10^{-7}$ m/s

Podemos pensar em três mecanismos para explicar esta compactação das cinzas de fundo de incineradores de resíduo:

- interações físicas entre as várias partículas finas e a fase aquosa das cinzas de fundo de incineradores de resíduos compactados;
- cristalização de sais durante a desidratação parcial das cinzas;
- formação de compostos de cimento por causa das reações químicas, notavelmente pela etringite.

É bem provável que os três mecanismos ocorram simultaneamente na prática e que o vínculo físico seja o mais importante.

Forças capilares desempenham um papel maior no vínculo físico. Por meio de medidas da área específica da superfície pôde ser concluído que muito mais material de qualidade está presente no material de base, presumivelmente na forma de propriedades maiores porosas e agrupadas do que fica aparente na distribuição de partículas-padrão. As propriedades da força aparentam ser mais influenciadas pelo grau de saturação, com uma ordem de magnitude que corresponde à pressão capilar de baixa pressão que a fração fina possa construir naquele grau particular de saturação. Forças altas foram medidas em graus altos e baixos de saturação. Contudo, essa suposição não foi confirmada por pesquisas de laboratório nas quais os conteúdos de partículas muito finas foram aumentados e diminuídos artificialmente com referência ao estágio inicial.

A cristalização de sais solúveis pode ser importante na armazenagem e durante o processamento (amontoamento foi freqüentemente comunicado), mas é improvável que isso desempenhe um papel importante durante a vida útil da estrutura, particularmente na forma isolada.

Pedaços de etringite foram encontrados, mas isto não pôde ser reproduzido na simulação de laboratório. Contudo, a força residual quando saturada com água aponta na direção da união do cimento.

Com base nos resultados de pesquisas de laboratório, pode ser esperado que o material irá se unir com o tempo, mas não se sabe se isso irá resultar na formação de uma união ilícita (formação de um monólito), ou se resultar, quanto tempo irá levar. Pesquisas em certos projetos de construção produziram valores de amostras relativamente altos, mas nenhuma prova pôde ser encontrada sobre o aumento da força das cinzas de fundo de incineradores de resíduos com o tempo. É, contudo, muito provável que pedaços ou placas de materiais agrupados tenham sido criados.

Com base nos dados disponíveis, o comportamento do material é classificado como coeso. No caso da deformação do subsolo, rachaduras podem ocorrer. Em conexão com as exigências rígidas (permeabilidade de água) para o isolamento ao usar cinzas de fundo de incineradores de resíduos em aterros, as seguintes recomendações foram feitas:

- Quando cinzas de fundo de incineradores de resíduos são usadas em aterros, o subsolo deve ser carregado anteriormente usando areia para eliminar grandes diferenças residuais na fixação. Um aterro pode ser construído usando cinzas de fundo de incineradores de resíduos apenas se as diferenças residuais de fixação forem aproximadamente menores que 10 cm sobre o comprimento de 50 metros.
- Se cinzas de fundo de incineradores de resíduos forem ainda usadas diretamente para aterros, a construção deve ser cuidadosamente monitorada, e o aterro deve ser localizado com cuidado para controlar a deformação. Em alguns casos, a camada da areia de bentonita pode apenas ser aplicada se as diferenças residuais de fixação esperadas maiores que 50 metros de comprimento não excederem aproximadamente os 10 cm. Como regra, o esquema de aterro exige então um "tempo de residência" de mais de seis semanas, o que exige a cobertura das cinzas de fundo de incineradores de resíduos temporariamente.
- A possibilidade de colocar um tecido que filtra e uma camada de areia por cima do aterro de cinzas de fundo de incineradores de resíduos, anteriormente à aplicação da camada da areia de bentonita, deve ser considerada para prevenir a propagação de rachaduras na camada da areia de bentonita.

Conclusão

A alta demanda por materiais de aterro atualmente apresenta o maior mercado para cinzas de fundo de incineradores de resíduos. Pesquisas têm mostrado que uma produção de aproximadamente 9 milhões de m^3 (15 Mtonelada) pode entrar na estrutura de engenharia hidráulica, pelo menos teoricamente. Uma parte dessa quantidade não pode ser usada por vários motivos locais, técnicos, econômicos ou ambientais. De maneira geral, o mercado revela-se suficientemente grande para absorver a crescente falta de incineradores de entulho de cinzas de fundo.

Produção e reutilização

A quantidade de cinzas de fundo de incineradores de resíduos produzida na Holanda era de 800 mil toneladas em 1996. Esta quantidade era usada no seu todo como um material de aterro (com 100% de reutilização), atingindo então economias correspondentes à mesma quantidade de areia de aterros.

8.2.2 Cinzas volantes de incineração de resíduo

A quantidade de cinzas volantes provenientes da incineração de resíduo produzida na Holanda a cada ano totaliza aproximadamente 50 mil toneladas (1996). Fora isso, 20 mil toneladas (40%) são usadas como aterro em asfalto, obtendo, assim, economia na mesma quantidade de rocha calcária. As 30 mil toneladas de material são despejadas.

As possíveis aplicações das cinzas volantes da incineração de resíduo são muito limitadas por dois fatores: uma composição altamente variável e a presença de concentrações relativamente altas de metais pesados e componentes orgânicos, como PACs, PCBs, EOCCs (componentes de extratos de cloreto orgânico) e dioxinas (fora do Decreto de Materiais de Construção). De acordo com a Baga, as cinzas volantes da incineração são classificadas como resíduos perigosos. O conteúdo do material não incinerado é normalmente bem mais alto do que nas cinzas volantes de carvão. As cinzas volantes da incineração não têm propriedades pozolânicas, e as dimensões das partículas são mais grossas do que nas cinzas volantes de carvão. O número de betume vai de 35 a 45.

Pesquisas demonstraram que a substituição parcial de cinzas volantes de carvão por cinzas volantes da incineração de resíduo é possível em aterros de asfalto sem afetar negativamente as propriedades do aterro ou o asfalto resultante. Além disso, tornou-se claro que dificilmente qualquer lixiviação acontece após ter sido processada no asfalto. Com relação à autorização do Baga, é suficiente uma simples declaração "não exigida".

8.2.3 Resíduos de purificação de gás combustível

Os gases combustíveis são passados por meio de um sistema de filtro de cinzas volantes (em alguns casos antes da filtragem). Existem sistemas molhados, sistemas semissecos (com cal líquida) e sistemas secos (com injeção de cal em pó). Os resíduos contêm muitos metais pesados, PACs, benzofuranos e dioxinas, e, conseqüentemente, o material tem de ser despejado.

8.2.4 Métodos de tratamento

O tratamento pode ser feito para melhorar a qualidade do resíduo de incineração. Uma primeira possibilidade é lavar as cinzas, o que é uma maneira simples para remover componentes facilmente lixiviáveis. Um segundo método é a vitrificação térmica ou sinterização.

Os processos térmicos para a incineração de resíduos de cinzas são muito caros, a menos que estes sejam combinados com a incineração do lixo doméstico. Outra possibilidade é um processo de fundição em um lote com eletrodos ou em um forno centrifugador em que os materiais residuais são misturados com ar quente. Esses processos são realizados com resíduos de purificação e gás combustível e de cinzas volantes em temperaturas variando de 1.200 °C a 1.600 °C. Isso resulta em uma escória vitrificada ou sinterizada, com uma estrutura amorfa quando resfriada rapidamente ou uma estrutura cristalina quando resfriada lentamente. É possível fazer tratamentos sucessivos para produzir produtos de construção, sob forma de telhas, ou lã mineral por meio de fiação, ou espuma de vidro (vidro com estrutura esponjosa). Quando se usam esses métodos, o conteúdo de metais pesados na fundição diminui, enquanto a parte remanescente mostra uma argamassa mais forte.

8.3 Produtos industriais secundários

8.3.1 Escória de alto-forno e areia de escória de alto-forno

Aproximadamente 75% a 80% da escória de alto-forno consiste em uma mistura de silicone, alumínio, cálcio e óxido de magnésio. Toma-se muito cuidado na fabricação do aço para produzir a quantidade desejada de escória para usar como material de construção. A produção total holandesa é de mais de 1,2 milhão de toneladas por ano, com aproximadamente 2 milhões de toneladas de material sendo importadas.

A produção e a importação holandesas são 100% reutilizadas para a fabricação de cimento (aproximadamente 1.250.000 toneladas) e bases para estradas (aproximadamente 2 milhões de toneladas). Tudo isso resultou em considerável economia em matérias-primas naturais: pedra calcária (1.250.000 toneladas), areia para aterro (1.100.000 toneladas) e material agregado para asfalto (900 mil toneladas).

Escória de alto-forno

Areia de escória de alto-forno

A Holanda em especial produz escória granulada (areia de escória) e escória resfriada a ar (escória de unidade). O peso específico da escória de unidade é de aproximadamente 2.300 kg/m³. A escória esponjosa (também chamada de escória expandida) é criada colocando a massa de escória líquida em contato com a água. Como resultado da evaporação e da pressão de vapor resultante, a escória é "explodida", o que cria um material altamente poroso, com uma densidade que é aproximadamente a metade da escória resfriada a ar. Na Grã-Bretanha, o produto é usado como agregado leve, por exemplo, em pontes de concreto. Vários países também usam escória de espuma como material de aterro, tirando vantagem de sua ação isolante. Para isso, as camadas inferiores são protegidas contra a penetração de congelamento, desde que a penetração de água na escória de espuma permaneça limitada. Graças ao alto grau de força de intertravamento do agregado da escória de espuma, estruturas estáveis podem ser construídas e, além disso, podem acomodar assentamentos irregulares, pois o material não é altamente hidráulico. Atualmente, a aplicação mais importante é a chamada "mistura de escória de alto-forno", que se apresenta em duas variedades:

- 75% de escória de unidade de alto-forno, com 25% de escória de aço LD.
- 90% de escória de unidade de alto-forno, com 10% de areia de escória de alto-forno.

A escória de espuma usada como material de base é particularmente importante em estradas construídas em subsolo de baixo suporte, em razão do módulo de elasticidade dinâmico relativamente alto e ao peso volumétrico baixo.

A escória granulada é obtida pulverizando um jato de água contra um jorro de material líquido. Isso resfria de maneira eficiente a massa, formando pequenas partículas vítreas (até aproximadamente 5 mm) com boas propriedades hidráulicas latentes. Uma escória de *pellets*, de forma nitidamente esférica (escória de esferas metálicas – *bullets*) também é produzida. Essa escória pode ser usada como agregado para concreto leve. O cimento de alto-forno é uma aplicação importante de escória de alto-forno. Este é produzido na Holanda aproximadamente na mesma quantidade do cimento Portland. Os custos energéticos para preparação do cimento de alto-forno são consideravelmente menores do que para o cimento Portland, especialmente quando há um alto conteúdo de escória. O cimento de alto-forno já é usado em larga escala como material de base (unidade de escória e areia de escória) em construção de estradas. Normalmente ambos os tipos cumprem os requisitos impostos para agregados naturais. Estabilizações de areia e brita com escória de alto-forno (areia) foram minuciosamente pequisadas e atingiram também resultados satisfatórios.

O desenvolvimento da resistência à compressão é lento, pois o material inicialmente tem uma característica altamente flexível. A retração de endurecimento (*hardening*) é menor, quando comparada com outros materiais hidráulicos.

A escória triturada mostra uma boa adesão com o betume e tem um efeito positivo na fluência e na resistência contra deformações permanentes do concreto asfáltico.

As vantagens de usar a escória triturada no concreto de cimento são a boa adesão entre a escória e o cimento e a ação de isolamento do calor da escória. Os aspectos técnicos e econômicos favoráveis da escória de alto-forno e da areia de alto-forno resultaram numa demanda na Holanda que supera a oferta. Como conseqüência, suprimentos são importados da Alemanha e da Bélgica.

Os requisitos para uso na construção de estradas estão listados no Standard (Regulamento-Padrão) de 1995 e relacionam-se a:

- distribuição de partículas;
- *CBR:*
  - 25% em escória de espuma;
  - 12% em areia de escória de alto-forno;
  - 125% em uma mistura de escória triturada ou granulada, possivelmente misturada com escória de aço;
- densidade de ponto único Proctor em escória de espuma (<1.400 kg/m^3).

8.3.2 *Três variedades de cimento parcialmente fabricadas usando produtos industriais derivados*

As três variedades mais importantes de cimento na Holanda são cimento de alto-forno (CEM III/A e B), cimento Portland (CEM I) e cimento de cinzas volantes

Portland (CEM II/B-V). As exigências pertinentes a estas variedades de cimento estão incluídas no regulamento Holandês NEN 3550. Esse regulamento é compatível com o regulamento europeu ENV 197 Cimento. Globalmente, o cimento Portland é a variedade mais importante, apesar de o cimento de alto-forno ter o maior mercado na Holanda.

O cimento Portland é fabricado a partir da rocha calcárea e de componentes contendo óxido de alumínio, óxido de silicone e óxido de ferro.

Na Holanda, o clinker de Portland é fabricado em Maastricht. As matérias-primas incluem pedra calcárea, lodo, cinzas volantes de pó de carvão, ardósia e escória de alto-forno. Essas matérias-primas são carregadas em um forno em forma de pó, e então sinterizadas para formar o clinker. Este contém componentes cristalinos (minerais) que podem reagir com a água para formar cimento endurecido. Os minerais mais importantes são $3CaO.SiO_2$, $2CaO.SiO_2$ e $3CaO.Al_2O_3$, ou, na forma abreviada: C_1S, C_2S e C_3A. O clinker Portland é posteriormente triturado com cimento juntamente com gesso (diidrato de sulfato de cálcio) ou anidrido (sulfato de cálcio), ou ambos.

O cimento de alto-forno consiste em uma mistura de clinker de Portland triturado, anidrido e escória de alto-forno granulada.

Um terceiro tipo de cimento importante é o cimento de cinzas volantes Portland. Este consiste em clinker triturado de Portland, gesso ou anidrido, e aproximadamente 25% de cinzas volantes de carvão em pó. As cinzas volantes de carvão em pó são obtidas quando o carvão em pó é queimado para gerar eletricidade.

As três variedades mais comuns de cimento mostram diferenças consideráveis nas propriedades. Em geral, o concreto feito com cimentos mistos, cimento de alto-forno ou cimento de cinzas volantes Portland modifica-se, tornando-se mais denso do que o concreto feito com cimento Portland. Os poros no concreto que permitem a penetração de substâncias agressivas são mais finos no cimento de alto-forno e no cimento de cinzas volantes Portland do que no cimento Portland. Isso geralmente resulta em uma melhor durabilidade, assim como melhor resistência contra a penetração de íon de clorito e menor suscetibilidade à reação alcalino-sílica.

Em síntese, com relação à durabilidade, o cimento de alto-forno e o cimento de cinzas volantes Portland são geralmente considerados melhores.

Além disso, essas variedades de cimento desenvolvem calor no concreto menos rapidamente do que o cimento Portland. A sensitividade à quebra no cimento de alto-forno como resultado do desenvolvimento de calor e frio normalmente é menor. O desenvolvimento da resistência é menos rápido, de forma que o obturador não pode ser removido tão rapidamente, e há também maior sensitividade para a qualidade da cura.

Com relação ao cimento de cinzas volantes Portland, pode-se assumir que seu comportamento é mais ou menos entre o do cimento Portland e o do cimento de alto-forno. As diferenças em propriedades entre o cimento Portland e o cimento de alto-forno são resumidas na tabela 8.5.

Tabela 8.5 Diferenças entre cimento Portland (CP) e cimento de alto-forno (CAF)

Propriedade	CP	CAF
Desenvolvimento de cal livre		Menor; geralmente maior resistência contra ataques
Calor de hidratação	Maior desenvolvimento de calor do que o CAF, especialmente no inverno	Possivelmente usar CAF com granulometria mais fina
Influência da temperatura	Menor do que no CAF	Influência na hidratação em CAF maior, vantagem no tratamento a vapor do concreto; leve atraso entre 5 °C e 10 °C
Tratamento térmico	Resulta em um concreto mais permeável	Não há efeito maior na permeabilidade
Resistência contra sulfato	Componentes mais sensíveis ao sulfato do que em CAF e estrutura menos densa do cimento endurecido	Maior do que em CP, especialmente em uma alta porcentagem da escória de alto forno
Resistência contra a penetração de cloreto	Menor por causa do cimento endurecido menos denso	Melhor por causa da densa estrutura do cimento endurecido
Sensitividade à cura	Menor graças à hidratação mais rápida	Pior por causa da hidratação lenta
Cor de uma nova falha de superfície	Cinza	Azul escuro, desaparece depois de algum tempo como resultado de oxidação do sulfito de ferro

8.3.3 Escória fosfórica

Fabricação

A escória fosfórica é um produto secundário criado durante a fabricação de fósforo. No processo eletrotérmico, o minério de fósforo é convertido em fósforo gasoso a uma temperatura de aproximadamente 1.720 °C.

O processo pode ser descrito da seguinte forma:

$$5C + 3SiO_2 - Ca_3(PO_4)_2 - 5\,CO + 2P - 3CaSiO_3$$

Escória fosfórica

O fósforo e o monóxido de carbono são liberados na forma gasosa e separados posteriormente. O silicato de cálcio é fundido dentro de leitos de escória de aproximadamente 2 metros de profundidade e posteriormente resfriado a ar ou a água. O método de resfriamento tem uma grande influência na porosidade da escória. De maneira normal, a escória nos leitos é borrifada com água, de forma que seu resfriamento seja acelerado.

A escória pode ser também transferida diretamente dos leitos de escória para dentro de uma embarcação, mas neste caso esta está tão quente que há perigo no bombeamento de água da embarcação dentro do orifício para esfriar a escória, e o choque de temperatura resultante pode ter uma influência de refinamento na escória.

A escória usada na Holanda é originária da maior instalação de extração de fósforo do mundo, chamada Hoechst em Vlissingen. A quantidade oferecida vai de 600 mil a 650 mil toneladas por ano. Na Holanda, essa quantidade é 100% reutilizada, principalmente em engenharia hidráulica (aproximadamente 200 mil toneladas) e construção de estradas (aproximadamente 100 mil toneladas em asfalto e 100 mil em bases), enquanto outras 100 mil toneladas são exportadas para países vizinhos. No total, uma economia de aproximadamente 100 mil toneladas de brita é obtida na Holanda.

Propriedades material-tecnológicas

O peso específico da escória de fósforo totaliza cerca de 2.700 kg/m^3, e o material é nitidamente angular. O fator de trituração é 0,75, similar ao da rocha calcárea.

Os principais componentes são CaO, SiO e FeO/Fe_2O_3. A absorção de água é menor do que 1% (por peso). A escória de fósforo é resistente ao congelamento e quimicamente estável.

Uso na engenharia hidráulica

A escória de fósforo é usada como material de preenchimento nas proteções de aterros e como enrocamento e pedras para filtros. A escória também pode ser usada em camadas superiores não sujeitas à ação de tráfego pesado.

Uso na construção de estradas

A escória de fósforo é usada como material pedregoso de base. Usar 15% de areia de escória de alto-forno fornece uma mistura pedregosa limite (0/40) com uma boa capacidade de carga. O fator de equivalência de uma mistura como esta de 3 cm de escória é de 1 cm de asfalto. Além disso, a escória pode ser processada como material agregado para concreto. Os requisitos para uso como material de base na construção de estradas estão listados no Padrão Standard de 1995 e relacionam-se a:

- regularização/classificação;
- conteúdo de peças esféricas e inteiras (no máximo 10% em uma peneira C4);
- valor de CBR (125% do valor inicial de CBR a 28 dias);
- composição (escória de fósforo mais areia de escória de alto-forno);
- resistência ao desgaste.

Mistura de escória de fósforo

Uso em concreto

Quando se usa o concreto de escória de fósforo em ambiente externo, existe o problema de uma contribuição relativamente alta da radiação ionizante. Também do ponto de vista técnico, deve-se levar em conta alguns efeitos negativos:

- O conteúdo de clorito pode ser alto demais para concreto armado.
- O requisito de água é até 10% maior na mesma trabalhabilidade, mas a resistência à compressão é praticamente a mesma. Somente se a fração fina também for composta de escória de fósforo a redução em resistência será de aproximadamente 5%.
- A resistência ao congelamento e ao degelo é menor do que a do concreto com brita. O uso de um agente para permitir a entrada de ar (*air-entraining*) é obrigatório.
- O concreto de escória de fósforo e concreto de brita mostram uma resistência à ruptura por tensão com a mesma resistência à compressão, mas o módulo de elasticidade do concreto de escória de fósforo é até 20% mais alto; e retração e deformação lenta de ambas as variedades de concreto são similares.
- A escória de fósforo não é reativa aos alcalinos.

Escória de aço

8.3.4 Escória de aço

Produção e classificação

As matérias-primas usadas nos métodos de fabricação do aço são lingotes de ferro, rocha calcárea e algumas vezes refugos de ferro. Além disso, outras substâncias são ocasionalmente acrescentadas para influenciar o comportamento químico e físico do aço. As substâncias em lingotes de ferro líquido são consideradas indesejáveis para oxidação do aço no aquecimento em um convector. Essas substâncias, juntamente com cal, posteriormente formam a escória de aço que é removida do aço separadamente.

O aço pode ser produzido de várias formas. Alguns exemplos são: o método de Thomas, o método de indução, o método de Siemens-Martin, o método de Linz-Donawitz (LD) e o processo de forno a arco elétrico. As diferenças entre as várias técnicas de fabricação estão nos modos de aquecimento e no modo em que a oxidação acontece. O processo LD tem sido usado em larga escala a partir de 1952, na Holanda (pela Companhia Hoogovens) a partir de 1958 e na Bélgica a partir de 1965.

Atualmente, a única escória de aço disponível é proveniente do processo LD e do processo de forno a arco elétrico.

Independentemente do método de produção, o método de tratamento da escória fresca é também importante para a qualidade e a composição da escória final.

A escória de aço na Holanda é produzida pelas instalações de Hoogovens em IJmuiden em uma quantidade de 700 mil toneladas por ano. Essa quantidade é 100% reutilizada em construções de engenharia hidráulica (100 mil toneladas) e na construção de estradas, e em último caso também em bases (300 mil toneladas) ou em aterros (200 mil toneladas). Isso resulta em economia das matérias-primas de 400 mil toneladas de areia de aterro e 100 mil toneladas de asfalto de engenharia hidráulica. Grandes quantidades de escória de aço são também comercializadas na Bélgica e na Alemanha.

Pavimentação de ruas abaixo de Duomix (Fonte: Hoogovens)

A classificação mais graúda tem um limite nominal superior de 250 mm. O número de classificações que supera o tamanho da peneira de 60 mm é, de qualquer modo, menor. A classificação mais comum é 40/160 mm, que é fornecida por praticamente todas as companhias. Poucas companhias belgas fornecem uma classificação mais graúda de 80/250 mm, mas não mais do que algumas dezenas de toneladas estão disponíveis por ano. Por meio da mistura de classificações de 40/160 mm e 80/250 mm, uma classificação de 40/250 mm foi obtida para a Eastern Scheldt Flood Barrier.

A maioria das companhias na Alemanha tem material mais fino do que uma peneira de 60 mm dividida em um número relativamente grande de classificações, por meio de maquinários de trituração e peneiramento. Variando a composição das diversas classificações e mudando as peneiras, é possível atender aos requisitos específicos do cliente com relação à classificação.

A classificação 40/200, disponível para estruturas de engenharia hidráulica, pode ser dividida em duas classificações por meio de peneiramento. Modificando as aberturas do triturador e escolhendo as dimensões, tem-se à disposição dois modos para influenciar as classificações exigidas pela engenharia hidráulica. A classificação 0/40 mm é usada especialmente na construção de estradas. Quando se usa uma peneira de dupla face, também é possível produzir classificações finas, tais como 20/40 mm ou 30/60 mm.

Propriedades dos materiais

O peso específico da escória de aço é alto, de 3.400 a 3.850 kg/m^3. Conseqüentemente, a variação é considerável.

O material é bem angular. Os intervalos do fator de trituração vão de 0,80 a 0,85, o que também pode ser considerado alto. Os principais componentes são CaO (parcialmente como cal livre), SiO_2 e FeO/Fe_2O_3.

A escória de aço tem um alto grau de intertravamento do agregado.

A escória de aço pode apresentar o fenômeno de expansão como resultado de:

- conversão do silicato de β-dicálcio em silicato γ-dicálcio.
- hidratação de cal livre;
- oxidação de ferro livre.

A instabilidade resultante pode ser reduzida colocando-se em contato a escória com água ou ar durante um certo período de tempo. Os intervalos de absorção de água vão de 1% a 5% (por peso). A escória de aço é resistente ao congelamento.

Uso em engenharia hidráulica

Por causa de sua alta densidade e do bom intertravamento do agregado, a escória de aço é usada na durabilidade de camadas e nas proteções de margens.

Uso na construção de estradas

A fração fina 0/15, em particular, é usada nas misturas pedregosas aderentes para construção de estradas. Misturas de escória de alto-forno e aço são usadas como material de base. As exigências são listadas no Standard de 1995 e relacionam-se à regularização, valor CBR, conteúdo de peças esféricas e não trituradas, fator de trituração, durabilidade e regulamentos de processamento.

Uso em concreto

O maior problema no uso de escória de aço é a ocorrência de quebras. Quebras extremas foram encontradas durante as pesquisas de laboratório (por meio de autoclavagem e fervura); também ocorreram danos em elementos estruturais na prática. As causas são:

- hidratação de CaO e MgO;
- reações em componentes ricos em alumínio, levando à formação de etringite;
- oxidação em ferro nos componentes de ferro.

Triturador de escória de aço (Fonte: Pelt e Hooykaas)

8.4 Rocha mineral

8.4.1 Definições

Rocha mineral é um termo genérico para todos os tipos de rochas obtidos durante a extração do carvão. Esses minerais, incluindo camadas de carvão, são geralmente formados em um ambiente no qual água fresca e salmoura ou sal influenciam alternadamente em intervalos bastante regulares.

Um ciclo completo de uma seqüência regular de camadas sedimentares é chamado de *cyclotherm*. A espessura do *cyclotherm*, cada um com sua própria camada de carvão, geralmente vai de 5 m a 15 m.

As junções de carvão e rocha mineral na Europa noroeste foram formadas no início do período carbonífero.

O tempo, os processos teutônicos e as cargas impostas por novas camadas fizeram com que as camadas originais de brita, areia, argila e turfa fossem convertidas em conglomerados duros, rochas calcáreas, rochas argilosas (ardósia ou *shale*) e carvão, respectivamente.

8.4.2 Produção

As quantidades usadas dependem do número e do tamanho dos projetos que estão sendo conduzidos. O consumo total vai de 400 mil a mais de 1 milhão de toneladas por ano. A contribuição da rocha mineral da Bélgica e da Alemanha é estimada em 60%. A rocha mineral da Alemanha é em sua maior parte classificada e provém da produção em curso; somente uma pequena proporção da Bélgica é classificada.

Rocha mineral

A produção de rocha mineral na Holanda foi de aproximadamente 200 mil toneladas em 1996. Trezentas mil toneladas foram importadas da Alemanha e da Bélgica. A rocha mineral foi usada como material de cobertura (estruturas de solo, 200 mil toneladas), na indústria dos materiais de construção (como um agregado, 100 mil toneladas) e em engenharia hidráulica (300 mil toneladas). O uso como material de coberturas resultou em economias de 200 mil toneladas de areia natural de aterro e 100 mil toneladas de argila.

A rocha mineral pode ser dividida em cinco variedades:

- rocha mineral obtida durante a escavação de canais de minas, passagens principais e dutos de ar;
- rocha mineral obtida da separação seca do carvão; a separação é efetivada por meio de trituração e peneiramento. Dado que o carvão é mais facilmente triturado do que a rocha mineral, dificilmente o carvão permanece como rocha mineral graúda;
- rocha lavada, obtida da separação do carvão usando um processo molhado, baseado no princípio de a densidade do carvão ser menor do que a da rocha mineral;
- rocha mineral das minas existentes, que pode variar muito em grossura e contaminação. O alto conteúdo de carvão pode ocorrer em minas antigas. Além

disso, madeiras da mina, peças de máquinas, contaminação química (como PAC e PCBs) e outros resíduos podem ser encontrados;
- rocha mineral queimada. Deixando a junção de carvão queimar, a rocha mineral queimada ou vermelha é obtida. As jazidas de carvão normalmente contêm suficiente combustível e são acondicionadas tão livremente que o processo ocorre lentamente pela junção de carvão sem necessitar de ajuda (como em fogo mineral). A rocha mineral queimada é mais resistente e mais forte do que a rocha mineral não queimada (preta). É usada especialmente para material de cobertura, reservas centrais e ciclovias e caminhos para pedestres em construção de estradas.

A rocha mineral preta (não queimada) pode ser usada em engenharia hidráulica:

- em paredes de cais, abaixo e acima do nível da água. Estes cais são em sua maioria incorporados na estrutura da ponta da construção final;
- como camada de base em uma estrutura inclinada entre um corpo de areia e a camada para durabilidade aberta ou fechada;
- como material de proteção contra desgaste de aterros e pisos;
- como camada de filtragem;
- em um aterro como material central.

Quando se usa rocha mineral em engenharia hidráulica, um certo número de fatores deve ser levado em conta:

- quando a rocha mineral é exposta à água e ao ar, deve-se levar em conta o tempo (ciclos de congelamento e descongelamento podem acelerar o desgaste pelo tempo). Este fenômeno faz com que a rocha mineral seja inadequada para camadas de proteção e cobertura;
- durante a construção, o método de compactação deve ser tal que não ocorra amassamento . Isto é importante especialmente quando o material é usado em bases abertas e camadas de filtro;
- a compressibilidade da rocha mineral pode ser relativamente alta, dependendo do grau de compactação. O assentamento ocorre rapidamente por causa da alta permeabilidade à água.

Alguns aspectos tecnológicos importantes do material são:

- densidade: de 2.450 a 2.650 kg/m^3;
- forma: a relação entre espessura/comprimento da partícula é de cerca de 0.35 (relativamente plana);
- força: diminuta por causa das diferentes camadas e da sensibilidade a alteração;
- rigidez: similar à da areia, dependendo da grossura e da densidade;
- permeabilidade à água: melhor do que a da areia não comprimida, no entanto, se comprimida, não pode ser calculada;
- durabilidade: envelhecimento e um alto grau de depuração quando exposto ao ar. A depuração também pode ocorrer durante o transporte. Rochas submersas em água podem desintegrar-se levemente ou não desintegrar-se.

A composição da rocha mineral pode variar enormemente, resultando na possibilidade de grandes diferenças nos efeitos de proteção ambiental. Vários tipos de contaminação, como metais pesados, sulfatos, PCBs e PACs podem ser liberados. Como consequência, nas estruturas de engenharia hidráulica os materiais devem ser de preferência usados somente onde há uma grande quantidade de água corrente ou água do mar.

A rocha mineral acima da água é usada somente em paredes de cais e como camada de base. Quando usada embaixo d'água, o material oferece possibilidades de agregação muito limitadas para plantas e animais.

O refinamento pode ocorrer durante o transporte da rocha mineral. Esta torna-se densa e impermeável como resultado do tráfico por cima dela e da ação da compactação sob a chuva. O método de construção deve evitar o amassamento. Isto é importante especialmente quando usado em base aberta e camadas de filtragem.

8.5 Gesso fosfórico

8.5.1 Fabricação

Existem dois produtores de gesso fosfórico na Holanda, Kemira e Hydro Agri (1999). Ambos produzem fertilizantes, com o gesso fosfórico sendo criado como subproduto. Durante muito tempo, este material era depositado na água. Mas a contaminação no gesso fosfórico e em seu principal componente (sulfato) levou a uma oposição crescente contra a deposição ao longo dos últimos anos. Como resultado, vários esforços têm sido feitos para encontrar usos práticos para estes materiais, acelerados pelo conteúdo de material radioativo.

Gesso fosfórico

A Kemira produz ácido fosfórico usando o processo Nissan-H, que é um processo hemi-hidrato-diidrato. Este processo foi subseqüentemente melhorado em 1993, reduzindo a contaminação. No processo Nissan, o minério fosfórico é dissolvido em altas temperaturas (95 °C), com a precipitação do hemi-hidrato. Este hemi-hidrato não é filtrado diretamente, mas convertido em diidrato por meio do resfriamento do líquido de processo a 50 °C e sua filtragem. Isto produz um gesso mais puro do que no processo usado em precedência. A equação de reação é:

$$\{Ca_3(PO_4)_2\}3.CaF_2 + 10H_2SO_4 + 5H_2O \rightarrow 6H_3PO_4 + 10CaSO_4.½\ H_2O + 2HF$$

A produção de uma tonelada de P_2O_4 resulta em 4,5 a 5,5 toneladas de gesso fosfórico. O diidrato é também produzido pela Hydro Agri.

Um desenvolvimento recente é a separação do gesso em duas variedades, uma fração fina com um conteúdo relativamente alto de contaminação radioativa e uma fração quase limpa, com uma intensidade de radiação menor do que 150 Bq/kg e com um conteúdo de P_2O_5.

8.5.2 Aplicações

Na forma não tratada

O gesso na forma não tratada (hemi-hidrato) não possui uma capacidade ligante suficiente. Foram feitos esforços em vários países para construir aterros com o material não tratado, mas as quebras (rachaduras) e a suscetibilidade ao congelamento demonstraram ser conseqüências inaceitáveis. O uso sob certas condições é possível, desde que o gesso seja usado acima da zona de capilaridade e abaixo do limite de congelamento. Além disso, uma zona tampão deve estar presente para absorver as diferenças ambientais, e o gesso deve estar protegido contra a entrada de água.

Como ligante

Durante a hidratação do hemi-hidrato, um monolito é criado, de acordo com a seguinte reação:

$$2CaSO_4.½H_2O + 3H_2O \rightarrow 2CaSO_4.2H_2O$$

O gesso é então usado como ligante. As propriedades mecânicas são influenciadas pela umidade, que é um obstáculo para aplicações externas. No entanto, com relação ao gesso na forma não tratada, o assentamento, as rachaduras e a erosão não constituem um problema.

A contaminação em gesso fosfórico (fosfatos, fluoretos e substâncias orgânicas) interrompe o processo de ligação e causa descoloração ou manchas. Por essa razão, primeiramente é necessário realizar a purificação. Do ponto de vista da proteção ambiental, aplicações externas são consideradas aceitáveis somente quando não há contato com água superficial ou subterrânea. O nível de radiação torna as aplicações internas impossíveis.

Tabela 8.6 Aplicações e formas nas quais o gesso é usado como ligante na Holanda

Produto	Forma
Blocos	β – hemi-hidrato
Emboço (gesso estuque)	β – hemi-hidrato
Gesso acartonado	β – hemi-hidrato
Chapas de fibra de gesso	β – hemi-hidrato
Pisos	anidride (α – hemi-hidrato)

Gesso combinado com aglomerantes

Cimento, pozolanas e escória de alto-forno podem ser usados como aglomerantes. Estão sendo realizadas pesquisas para sua utilização em bases de estradas: usando 60% de gesso, 30% de cinzas volantes de carvão em pó e 10% de cimento em laboratório, a pesquisa revelou que os requisitos para cimento de areia foram satisfeitos. Na prática, no entanto, as experiências foram menos favoráveis por causa dos problemas de mistura, resistência ao congelamento limitada, baixo módulo de elasticidade e adesão insuficiente com o asfalto.

Nos Estados Unidos, recifes artificiais foram construídos com blocos feitos parcialmente de materiais de resíduos de matérias-primas. O primeiro recife foi construído com blocos que consistiam de 45%-75% de cinzas volantes de carvão vegetal em pó, 20%-50% de mistura de sulfito de cálcio hemi-hidratado e sulfato de cálcio diidratado (resíduo de dessulfurização) e 5%-10% de cimento, cal ou ambos, calculados com base nas matérias-primas secas. Testes usando resíduos de dessulfurização *spray*-seco em vez de betumes molhados sulfito-sulfato demonstraram bons resultados. Os blocos podem desenvolver uma resistência à compressão de 1-10 Mpa. Blocos com muita quantidade de cinzas volantes apresentaram maiores resistências do que os blocos com altas porcentagens de resíduos de dessulfurização. A resistência do bloco aumentou ligeiramente quando exposto à água do mar durante um certo número de anos. Depois da fabricação, os blocos foram carregados em um navio e lançados no mar.

O ambiente biótico vivo formado não era diferente de um recife de referência feito com blocos de concreto comuns.

Foi descoberto que os íons de cálcio realizam a lixiviação lenta, mas a quantidade de Ca^{2+} disponível para lixiviação totaliza somente 20% da quantidade presente. Uma análise indicativa mostra, no entanto, que um período de aproximadamente oitenta anos é necessário para que 90% da quantidade disponível de Ca^{2+} realize a lixiviação de 5 cm de profundidade. Concluiu-se, além disso, que uma densa camada protetora de sais de magnésio é criada na água do mar, especialmente carbonato de magnésio, o que protege os blocos contra ataques e também reduz a lixiviação.

Outras aplicações são:

- em blocos de cimento arenoso de gesso fosfórico (63% de gesso, 27% de areia, 10% de cimento). Para aplicações externas, este material é sensível à água e para aplicações internas apresenta demasiadas radiações ionizantes;
- como resíduo triturado em vez de areia de aterro. Gesso, cinzas volantes e cimento são misturados no local ou em um maquinário de mistura fixo, resultando em partículas de 0,5 mm a 5 mm.

Briquetes

Um parâmetro importante relacionado às propriedades dos materiais pedregosos porosos é a porosidade (ou a massa específica úmida). A porosidade pode ser reduzida otimizando a estrutura das partículas ou por compactação. A compactação é a base do desenvolvimento do briquette. Misturas parecidas com as usadas na construção de estradas, assim como o resíduo triturado, como mencionado anteriormente, são comprimidas a uma pressão muito alta.

A densidade aumenta repentinamente a 100 Mpa, comparada com a densidade sem pressão. O desenvolvimento foi engrenado na fabricação de briquetes e *pellets* por razões de custo e tecnologia. Quando se usam rolos de *pellets*, a alta pressão pode ser atingida a custo baixo. A desvantagem desses rolos é que a forma do produto é limitada a briquetes ou chapas.

Pesquisas posteriores demonstraram que as misturas não devem superar um conteúdo de água livre de 8% (por peso). Com maiores conteúdos de água livre, a água é liberada e a mistura torna-se muito viscosa. Para minimizar ao máximo os custos da pressão, um processo foi desenvolvido para secagem mecânica do gesso (usando uma centrífuga ou prensa de peneira), seguido pela adição de cal de pega rápida. A cal reage com a água livre para formar o hidróxido de cálcio. Dessa forma, parece possível obter o conteúdo de umidade exigido sem secagem por meio de aquecimento. Uma composição específica é 65% de gesso fosfórico, 25% de cinzas volantes e 10% de cal de pega rápida (CaO). A fabricação de briquetes em pequena escala foi realizada numa instalação piloto na Alemanha. Esses briquetes foram testados em um laboratório para muitas aplicações. Os resultados dos testes dos briquetes são mostrados na tabela 8.7. As propriedades de muitos outros materiais são também listadas para comparação. Descobriu-se que os briquetes poderiam permanecer submersos em água sem nenhuma perda de resistência significativa. Estes tendem a se quebrar em uma certa direção por causa da forma oval, que não é apropriada para ser usada em bases de construção de estradas não aderentes. O material quebrado, quando empregado como material de múltiplo uso, é misturado para ter uma grande capacidade de carga e alta hidraulicidade. Em estudos posteriores, houve uma investigação inicial sobre o uso dos briquetes em construções de engenharia hidráulica. A pesquisa trouxe à luz dúvidas com relação à resistência dos briquetes à trituração e aos efeitos da água.

Tabela 8.7 Propriedades dos briquetes de cal de gesso fosfórico – cinzas volantes – e de brita e Lytag

	Unidade	Briquetes de gesso	Brita	Lytag
Massa específica úmida aparente (seca)	kg/m^3	2.000	2.650	1.460
Absorção água, 24 horas	%(por volume)	10	1	15
Resistência à compressão	MPa	40	90	–
Índice de satisfação quanto à durabilidade	%	97	99	–
Resistência das partículas	MPa	3,4	17,6	8,7
Resistência à trituração		0,65	–	–

As misturas de gesso – cinzas volantes – cal devem atender às exigências funcionais das normas *RAW* para cimento de areia. Quando se inicia do gesso úmido, no entanto, a homogeneidade suficiente (espalhamento aceitável, em níveis macro e micro) pode ser atingida somente quando se realiza a mistura em um maquinário fixo. Deve-se também prestar atenção à resistência ao congelamento.

Tecnicamente falando, o resíduo triturado pode ser apropriado para o uso como material de aterro. No entanto, existem problemas com relação à compactação do material de aterro, que pode resultar em quebras e buracos durante o assentamento.

Os briquetes na forma quebrada atenderam os critérios funcionais para sub-bases não aderentes. A alta hidraulicidade pode resultar em uma base aderente em vez de não aderente, quando se usa um material para usos múltiplos.

Pesquisas deverão ser realizadas sobre a adequação do seu uso como material de base em concreto e asfalto, como material filtrante para diques, enrocamento e como enchimento para diques. Quando usado como material agregado no concreto, a presença de sulfato é definitivamente um problema.

O comportamento de lixiviação dos briquetes não atende às exigências do Decreto dos Materiais de Construção. Quando usados no concreto ou asfalto, a lixiviação é muito reduzida. Os produtos de gesso (placas e blocos de gesso) que produzem um tipo de gesso limpo são apropriados a aplicações internas.

Gesso no cimento

O gesso nesta aplicação age como regulador do tempo de ligação. O gesso fosfórico proporciona um atraso muito grande, por causa da presença de contaminação. Além disso, o aumento na radiação ionizante do cimento também tem um papel limitador.

Conversão do gesso fosfórico em outros produtos

A conversão da anidride usando argila e coque em um ladrilho vitrificado (clinker) é um processo antigo (processo de Muller-Kühne), que acontece a temperaturas em intervalos de 700 °C a 1.400 °C:

$$CaSO_4 + 2C \rightarrow CaS + 2CO_2$$
$$CaS + 3CaSO_4 \rightarrow 4CaO + 4SO_2$$
$$4CaO + \frac{1}{2}(Al_2O_3 . 2SiO_2 . 2H_2O) \rightarrow 3CaO.SiO_2 + \frac{1}{2}(2CaO . Al_2O_3 . 2H_2O)$$

A radioatividade desse cimento está sujeita a tornar-se rapidamente alta. O processo Lurgi é semelhante.

A conversão do gesso para formar cal (em um leito fluidificado) usando monóxido de carbono é a seguinte:

$$CaSO_4 + CO \rightarrow CaO + SO_2 + CO_2$$

Também nesse caso a cal pode produzir uma quantidade relativamente grande de radiação. Um processo de preparação de ácido sulfúrico e de uma rocha artificial sinterizada (escória) a partir do gesso fosfórico foi desenvolvido nos Estados Unidos. A rocha artificial sinterizada poderia ser usada como material agregado no concreto asfáltico e para bases de estradas.

As matérias-primas são gesso, pirita, coque e um aglomerante, como, por exemplo, bentonita. Essas matérias-primas são misturadas e transformadas em *pellets*, usando uma técnica convencional. Os *pellets* são suficientemente estáveis para ser sinterizados em uma grelha rotativa. O resultado é uma chaminé de gás contendo SO_2 e rocha sinterizada sintética.

Também nesse caso a radioatividade pode ser muito alta para aplicações internas. Um fator de emanação de 0,5% de radon foi estabelecido para a escória. Este é particularmente baixo e poderia indicar uma estrutura muito densa. Por causa da atividade gama da escória, uma faixa de 150 – 300 pCi/g ou 5.500 – 11.000 Bq/kg é indicada. Isso requer verificação. No entanto, pode-se esperar novamente que somente aplicações externas sejam possíveis.

8.6 Espólio de dragagem

8.6.1 Conceitos, origem e problemas

Todos os tipos de materiais são carregados pelos grandes rios que fluem pela Holanda. Esses materiais são provenientes, em parte, dos processos naturais de erosão (tanto no delta do rio como nas margens mais distantes) e, parcialmente, dos depósitos de resíduo industrial e doméstico. Uma grande parte do material freqüentemente se deposita na parte superior do rio. Por causa da velocidade mais baixa do fluxo na área do delta (tanto nos rios mais baixos quanto nos portos e nos canais), o material mais fino, especialmente, deposita-se nessa área. Nos portos, na zona das marés, o lodo aumenta por causa da mudança da água doce para salgada. O lodo do mar, transportado pela influência das brisas e do movimento das marés, também causa o entupimento dos portos.

Draga

Durante a manutenção dos vários cursos d'água e portos da Holanda, colocada como obrigatória por muitos administradores de águas, o sedimento superior é obtido sob forma de espólio. Essas águas devem ser dragadas para manter a área de fluxo transversal e a profundidade de navegação. Manter a área de fluxo transversal é essencial para gerenciar a qualidade e a quantidade de água, e é feito, por exemplo, com o bombeamento de margens aterradas, fazendo fluir para fora os cursos d'água inferiores e substituindo a parte inferior contaminada. Já a profundidade de navegação é necessária para manter a navegação e os interesses econômicos relacionados a esta.

A quantidade total de espólio que deve ser processada a cada ano é estimada em mais de 55 milhões de m^3. Essa quantidade poderia preencher um buraco de 70 m de profundidade e 1 km de diâmetro. O espólio foi usado durante muito tempo para realizar aterros em terras baixas ou aplicado em uma camada fina em material orgânico em cima da terra usada para agricultura ou pastagem. Essa opção está se tornando cada vez mais limitada, em razão dos problemas de espaço e também em razão da qualidade "suspeita" do espólio, o que resultou em restrições das permissões de deposição. Como conseqüência, este método para reutilização do espólio diminuiu drasticamente e atualmente é limitado a somente 0,5% da quantidade total de espólio dragado.

Secagem e maturação do espólio dragado

8.6.2 Composição

No espólio, podemos distinguir os componentes granulares, mineralógicos e naturais em uma mão e os componentes contaminados na outra. Juntos, estes determinam a qualidade do espólio. Quando nos referirmos à qualidade do lodo mais adiante, isto significa as propriedades físicas e a composição química do espólio. Essa qualidade pode ser estabelecida por meio da análise granular e química do material.

Análise de partículas

A distribuição do tamanho das partículas é uma das características mais importantes do espólio, pois tem um impacto no comportamento geral do solo. A composição granular do espólio de portos pode ser estabelecida pela determinação de porcentagens menores do que 2 μm, 16 μm e 63 μm. O espólio naturalmente contém uma alta porcentagem de partículas mais finas do que 16 μm, por causa do modo em que a sedimentação acontece. Como é sabido, essa é a porcentagem que determina de forma mais importante as propriedades físicas como resultado direto dos seguintes fatores:

- o baixo peso das partículas, especialmente as menores do que 2 μm, de forma que as forças de superfície começem a ter um papel significativo;
- a extensa área de superfície específica das partículas, especialmente as maiores do que 16 μm, resultando em adsorção, não somente da água, mas também de substâncias químicas, metais pesados, etc.;
- a carga de superfície dos materiais argilosos;
- a presença de substâncias orgânicas, principalmente nas frações menores que 2 μm, que podem perfazer aproximadamente 8% do peso da substância seca.

As razões anteriores determinam fortemente a capacidade de adesão à água, a consistência, a permeabilidade, o padrão de maturação e a adsorção das substâncias contaminadas. A origem geográfica do curso permite uma distinção de acordo com a composição granular do espólio produzido durante a dragagem de manutenção. Portanto, o espólio dos rios superiores (por exemplo, dos portos ao longo do curso superior) é normalmente de caráter mais arenoso do que o solo dos portos do curso inferior. Espólio proveniente da foz de um rio pode também ser de caráter mais arenoso, por causa da influência marcante do mar. Pela mesma razão, uma distinção também pode ser feita de acordo com a contaminação no "espólio molhado".

O espólio proveniente de cursos d'água sem um curso marcado freqüentemente é de caráter muito argiloso. O espólio muitas vezes consiste de uma fração fina e material orgânico. Como conseqüência, a composição geral varia de acordo com o local de origem e fatores locais (como o subsolo e erosão). O espólio pode ter contaminações locais severas, decorrentes da descarga de efluentes ou da deposição de resíduos sólidos contaminados.

Contaminação

O material pode ser checado para verificar a presença de várias substâncias contaminantes para estabelecer a qualidade química do espólio do porto. As possíveis contaminações no espólio do porto são os metais pesados, óleo, substâncias estranhas ao ambiente, incluindo hidrocarbonos com cloro, PCBs e aromáticos policíclicos, substâncias patogênicas, sal e substâncias *eutrophicating*.

A qualidade química do espólio pode ser influenciada por muitos fatores, como o grau de industrialização ao longo do curso do rio, a mudança da salinidade superficial da água, o transporte do espólio mais ou menos contaminado por causa do fluxo da superfície da água e da presença de fontes locais de depósito de resíduos.

Como mencionado antes, é principalmente a fração orgânica e argilosa ($< 2\ \mu m$) que têm a capacidade de trocar cátions e de aglomerar. Além disso, as substâncias podem ser adsorvidas nessas frações. A troca de cátions e aglomerantes e a capacidade de adsorção do lodo causam um fluxo de substâncias da água para dentro do espólio. Quando a camada superior do espólio está totalmente saturada com essas substâncias, essa troca pode cessar ou inverter-se. O resultado final desse fluxo de substâncias é que o espólio pode tornar-se muito mais contaminado do que a água sobre ele. Além disso, o grau de contaminação real do espólio dragado depende do fornecimento de substâncias na água, no presente e no passado, da natureza das substâncias, da composição do solo e da freqüência da dragagem de manutenção.

O espólio dos grandes rios, especialmente, é seriamente contaminado com substâncias externas do ambiente. Portanto, o espólio depositado no leito de inverno do rio Maas é caracterizado por concentrações muito altas de cádmio, zinco e chumbo. O espólio do rio Reno, depositado, por exemplo, na margem, é também contaminado. Essa contaminação é devida em grande parte às descargas rio acima na Alemanha, na França, na Suíça, na Bélgica e na Holanda.

8.6.3 Classes diferentes

Um sistema de classificação foi gradualmente delineado para distinguir entre as várias classes de espólio de dragagem com vistas para as possibilidades de armazenagem.

Este sistema é baseado na experiência adquirida na área portuária de New Maas e Rotterdam e é também usado como uma indicação da qualidade de outras substâncias na Holanda. Esse sistema tem sido utilizado completamente há algum tempo, e divide o espólio de dragagem nas seguintes classes:

O espólio Classe 0 tem uma composição que está abaixo do valor alvo.

O espólio Classe 1 não é contaminado, ou somente um pouco, e origina-se dos cursos d'água e entradas de porto próximas ao mar. A *euroclay* produzida em 1980 é um exemplo do espólio de Classe 1.

Os espólios de Classe 2 e 3 são contaminados de forma moderada a severa com metais pesados, hidrocarburos tóxicos ou óleo, e têm composição similar ao espólio corrente nos grandes rios, depositado na margem do Reno e no leito de inverno do Maas. Os metais pesados demonstram pouca mobilidade por causa do alto conteúdo de argila, húmus e limo, permitindo assim a armazenagem controlada na terra. Esse espólio originário, por exemplo, dos portos próximos a Rotterdam e Dordrecht é armazenado em depósitos fechados, por exemplo no *slufter*. Os espólios de Classe 1, 2 e 3 estão entre o valor alvo e o valor de intervenção.

O espólio de Classe 4 (espólio local severamente contaminado com uma composição acima do valor de intervenção) contém uma quantidade considerável de substâncias tóxicas estranhas ao ambiente de fontes locais, tais como PCBs, PCAs e HCBs, e geralmente possui alto conteúdo de metal e óleo. Esse espólio é depositado em bacias de portos e canais onde há uma maior atividade industrial e onde grandes companhias, que depositam resíduos industriais, estão concentradas, ou estiveram no passado. As autoridades holandesas têm o objetivo de prevenir a nova criação de espólio de Classe 4, tomando providências que irão restringir severamente a descarga de substâncias estranhas ao ambiente. Atualmente, há uma quantidade de aproximadamente 1,5 milhão de m^3 de espólio de dragagem de Classe 4 que necessita ainda de ser dragado (ou que já foi).

Além da classificação mencionada anteriormente, são usados também sistemas nos quais o grau de contaminação é relacionado a um "solo padrão". O espólio de dragagem pode também ser dividido em argiloso (< de 40% de areia), moderadamente arenoso (de 40% a 70% de areia) e espólio arenoso (> de 70% de areia).

8.6.4 Técnicas de remoção da água

A água constitui a maior parte do volume de espólio de dragagem não consolidado de granulometria fina. Por meio da remoção da água, o volume retirado pelo espólio pode ser reduzido consideravelmente. A remoção da água pode ser efetuada em diversos modos.

Consolidação

A remoção da água pode acontecer pela percolação da água ou sendo pressionada para fora por causa da gravidade e do peso próprio do espólio. Essa consolidação depende, entre outros fatores, da permeabilidade do espólio e do conteúdo dos poros, além do stress vertical local.

A consolidação pode ser feita mais rapidamente melhorando a drenagem em um depósito, por exemplo com camadas arenosas horizontais, drenos verticais e similares. Também é possível acelerar a consolidação aplicando uma carga superior horizontal no espólio ou aumentando o gradiente hidráulico no monte, por exemplo bombeando de uma camada permeável. Há muitos modelos para descrever a consolidação do espólio de dragagem mais ou menos realisticamente. Todos esses modelos têm suas limitações, o que leva atualmente ao desenvolvimento de novos modelos.

Meios mecânicos

Podem ser usados meios mecânicos para remover a água do espólio com a ajuda de pressurização ou centrifugação. A água pode também ser removida usando compressão com filtro ou com uma correia com proteção, e, durante o processo, a pressão da água no espólio é alcançada com uma carga aplicada mecanicamente.

Em uma centrífuga de espólio, a água é expelida por meio da força centrífuga. Em alguns métodos, não é necessário acrescentar um coagulante para obter uma densidade inicial suficientemente alta da suspensão do espólio. Em geral, no material há ainda uma resistência muito baixa após o tratamento. O resultado desses métodos é freqüentemente, portanto, um espólio relativamente rico de água, com um conteúdo de água muito acima do limite de produção do espólio. Alguns testes experimentais foram feitos na Holanda com a remoção de água de espólio de dragagem contaminado usando a compressão com filtros.

Eletroosmose e eletroforese

A eletroosmose e a eletroforese podem também ser usadas para remover a água do espólio de dragagem. Durante a eletroforese, as partículas do espólio movem-se em uma suspensão aquosa para longe ou aproximando-se dos eletrodos, resultando no transporte da água para longe ou para perto destes. O método usa as camadas superficiais com carga elétrica das partículas. A aplicação de um campo elétrico resulta no transporte das partículas ou da fase líquida. Esse método pode ser usado para limpar o espólio até uma certa distância, mas deve ainda ser determinado se pode ser também usado para a remoção de água do espólio contaminado em larga escala.

Evaporação

A evaporação com a ajuda de energia solar ou do vento é freqüentemente usada para a remoção de água do espólio de dragagem. Juntamente com uma diminuição em volume por causa do desaparecimento de parte da água, essa evaporação eventualmente resulta também em uma camada de material sólido com vários centímetros de espessura. Para obter uma camada tão sólida por meio da evaporação, o conteúdo de umidade deve estar pelo menos abaixo do limite alvo. Isso requer uma pressão da água negativa de 1 m a 2 m abaixo do nível do solo. Quando se está secando o espólio de dragagem em camadas de espólio, tanto a drenagem da água superficial quanto o abaixamento do nível de água subterrânea são opções válidas. O efeito da vegetação combinado com o abaixamento do nível de água subterrânea resulta numa zona de secagem 0,8 m a 1 m mais abaixo do nível do solo. Ao mesmo tempo, as fendas são uma ocorrência freqüente. Se uma crosta suficientemente sólida se forma no espólio, isso permite aos escavadores guiarem em cima dela. Inicialmente, veículos especiais conhecidos como *amphirollers* devem ser usados. Com esse tipo de equipamento, fossos de até aproximadamente 0,4 metros podem ser escavados (capacidade: de 80 a 200 hectares por dia). Mais tarde, outros veículos podem realizar esse trabalho. De acordo com a literatura, de 1 a 1,5 m de despojos por ano podem ter a água suficientemente drenada deste modo para permitir a escavação subseqüente. Para as condições holandesas foi demonstrado que é necessário um período de um ano a um ano e meio para reduzir o conteúdo de água do espólio para abaixo do limite do produzido. O gerenciamento do depósito e o controle da água subterrânea também determinam esse "processo de maturação". O inteiro processo de maturação ou de formação do solo é altamente complexo e deve ser feita uma distinção entre a maturação química, a física e a microbiológica.

Os vários processos podem ser resumidos da seguinte forma:

- maturação física: remoção da água, assentamento e fendas;
- maturação química: lixiviação de substâncias dissolvidas nos poros livres da água, através da água da chuva e da conversão química por causa da oxidação de substâncias orgânicas;
- maturação microbiológica: criação e modificação de culturas de microorganismos.

Por causa do processo de formação de fendas, especialmente, o ambiente anaeróbico nas proximidades das fendas pode se transformar em um ambiente aeróbico, resultando em sucessiva decomposição das substâncias orgânicas, aumento da decomposição biológica de alguns componentes (especialmente óleo) e a criação de óxidos de Fe e Mn. Como explicado anteriormente, o conteúdo de água é um dos parâmetros mais importantes com relação ao grau em que o espólio dragado espalhado amadurece com o tempo. A taxa de maturação, no entanto, depende também do conteúdo de material coloidal no espólio, como, por exemplo, o conteúdo de lutum e de material orgânico.

Um modo pragmático, mas incompleto, de descrever o grau de maturação é usar o fator de maturação *n:*

$$n = \frac{W - p\,(100 - L - H)}{L + bH} \tag{8.3}$$

Onde:

W= conteúdo de água (%);
p= número de gramas de umidade, limite com 1 grama de material não coloidal (solo seco menos lutum e matéria orgânica);
L = número de gramas de lutum por 100 gramas de material seco;
H = número de gramas de matéria orgânica por 100 gramas de material seco;
b = razão entre a capacidade de ligação da água de uma certa quantidade (por peso) de substâncias orgânicas e o de uma quantidade similar de lutum.

Dependendo dos valores de *p* e *b*, um valor de *n* pode então ser estabelecido, em função do conteúdo de água. Um valor alto de *n* (>0.8) corresponde ao material não maturado, considerando que um valor mais baixo (*n*<0,5) indica um alto grau de maturação.

8.6.5 Propriedades das partículas

DISTRIBUIÇÃO DO TAMANHO DAS PARTÍCULAS

Dado que o *espólio* maturado consiste em todos os tipos de material, uma distribuição de tamanhos de partículas geral não pode ser estabelecida. Com base em várias observações, os seguintes limites podem ser dados, com relação ao *espólio* de Classe 1:

Fração	Porcentagem por peso
< 2 μm	20-40
< 16 μm	50-60
< 63 μm	15-40
húmus	4-8 (dependendo da maturação)

PESO ESPECÍFICO

Um valor de 2.530 kg/m^3 deve ser considerado para o peso específico das partículas de argila do espólio dragado. Este valor varia de 2.400 a 2.500 kg/m^3 do espólio de porto.

Teoricamente falando, há uma ligação direta entre a porcentagem de húmus e o peso específico, apesar de que muito depende da composição do espólio (porcentagem de areia ou argila).

Forma e resistência das partículas

A forma e a resistência das partículas do espólio dragado não são essencialmente diferentes das dos materiais naturais, como argila e areia. Não foram encontradas informações sobre este aspecto em particular na literatura existente.

Composição química

Como observado anteriormente, o espólio dragado consiste em uma mistura de substâncias orgânicas e inorgânicas e microorganismos. O material inorgânico consiste de quartzos, minerais argilosos (de 10% a 40%), carbonato de cálcio e óxidos e hidróxidos de ferro, manganês e alumínio. O material orgânico pode ser tanto morto, em forma de resíduos de plantas não degradados, quanto vivo, como, por exemplo, algas.

O conteúdo de macroelementos do espólio é listado na tabela 8.8.

Tabela 8.8 Conteúdo dos macroelementos no espólio

Elemento	Porcentagens por peso	Formas nas quais o elemento ocorre
Silicone	15,0 – 40,0	Quartzo, feldspatos, minerais argilosos
Alumínio	1,0 – 8,0	Minerais argilosos, feldspatos
Cálcio	1,5 – 16	Calcita, dolomita
Ferro	0,8 – 4,0	Óxidos, sulfitos, silicatos
Potássio	1,4 – 2,3	Minerais argilosos, feldspatos
Sódio	0,7 – 2,3	Feldspatos
Magnésio	0,4 – 1,4	Minerais argilosos, dolomita
Enxofre	0,1 –1,5	Substâncias orgânicas, sulfitos, sulfatos
Oxigênio	49,0 – 54,0	Minerais argilosos, feldspatos, quartzo
Carbono	1,0 – 12,0	Substâncias orgânicas, calcita, dolomita

A inter-relação desses componentes é determinada principalmente pela composição geoquímica da base do rio e da distribuição de tamanhos de partículas do espólio. Minerais argilosos e materiais orgânicos entram principalmente na fração < 16 μm, enquanto o quartzo se enquadra principalmente na fração mais grossa.

Nesta conexão, a composição do espólio de dragagem é geralmente listada como tendo a mesma porcentagem de partículas <16 μm. Ao lado dos macroelementos mencionados anteriormente, a contaminação química também pode ser encontrada no espólio de dragagem.

8.6.6 Aspectos mecânicos

Densidade

A densidade do espólio de dragagem *in situ* depende muito do grau de maturação. Um peso volumétrico seco de 900-1.200 kg/m^3 pode ser obtido, dependendo do conteúdo de húmus e lutum e do grau de maturação. As densidades *in situ* para espólio maturado parecem estar disponíveis somente para o *euroclay* produzido nos anos 1980, a partir do espólio de dragagem de Classe 1. Várias observações mostraram que os intervalos de densidade seca variam entre 1.350 e 1.550 kg/m^3. O conteúdo de umidade ótimo do *euroclay* em muitos casos modifica-se para aproximadamente 25% a 30%.

Coesão e ângulo de fricção interna

As figuras seguintes são dadas para os valores *c* e φ de *euroclay*: $c = 3$; $\varphi = 27°$. Suficientemente observada, a maior extensão é na coesão. Apesar desta expansão, uma relação global pode ser estabelecida entre os valores de *c* e φ por um lado, e o conteúdo de lutum e areia por outro. Com alto conteúdo de lutum, a coesão aumenta e o ângulo de fricção interna diminui. Além disso, foi também estabelecido que o número de maturação n aumenta com a diminuição dos valores de *c* e φ.

Deformação

Testes em amostras de *euroclay* compactadas na máxima densidade Proctor em um conteúdo de umidade associado à maturação total atingiu uma constante de compressão média C = 30. Aqui também as propriedades de deformação são determinadas em um alto grau pela composição do material. Aumentando o conteúdo de argila (porcentagem < 2 μm) a rigidez da massa de solo diminui rapidamente. Com um conteúdo de argila de aproximadamente 30%, o módulo de elasticidade E iguala-se ao da argila, e neste ponto todas as partículas de areia são envoltas na argila e a deformação do comportamento do solo iguala-se à da argila.

8.6.7 Aspectos geo-hidrológicos

Conteúdo de umidade e limites de Atterberg

O conteúdo de umidade ótimo é em torno de 25%–30%. O conteúdo de umidade natural depende muito do grau de "maturação" durante a extração do material. O conteúdo de umidade de *euroclay* é em torno a 40%–60% após um ano e meio, mas diminui mais ainda durante o uso e o processamento. Com relação aos limites de Atterberg para o espólio de porto *(euroclay)*, os seguintes valores derivam de várias investigações:

Tabela 8.9. Limites de Atterberg para o *euroclays*

Número de observações	Limite líquido	Limite plástico	Índice de plasticidade
3	80,1	31,0	49,1
1	82,0	30,7	51,3
3	79,5	33,4	46,1
4	48,3	32,1	16,2

Pode-se derivar desta tabela que os seguintes valores globais podem geralmente ser assumidos para os limites de Atterberg do *euroclay*:

Limite plástico 30%–35%; limite líquido 75%–85%; índice de plasticidade: 45%–55%.

Também neste caso depende muito da natureza do material. O índice de plasticidade, indicando a diferença entre o limite líquido e o limite plástico, é muito ligado à porcentagem de partículas <16 µm e ao limite líquido.

Elevação capilar

A bibliografia existente não produziu nenhum dado sobre a elevação capilar do espólio dragado maturado. Naturalmente, depende muito da composição do espólio e do grau de secagem. A elevação capilar pode atingir de poucos decímetros para areia pura a poucos metros de argila.

Permeabilidade

As observações registradas na bibliografia com relação aos testes em *euroclay* mostram uma certa correlação entre a permeabilidade e o conteúdo de areia. As observações mostram que, com relação ao valor de k, a mesma figura do *euroclay* pode ser levada em consideração, isto é, $1{,}10^{-9}$ m/s. Um limite de segurança com relação à permeabilidade do *euroclay* e ao uso em pesos para diques de rios seria então um valor de $k < 10^{-8}$m/s. Deve-se notar que a permeabilidade depende muito da história do espólio. Quando o espólio é processado com alto conteúdo de água, a microestrutura rompe-se completamente, deixando as partículas individuais de argila suspensas livremente na água. Esta ruptura resulta em uma redução severa da permeabilidade. Como conseqüência, não é realmente possível fornecer um valor para a permeabilidade do espólio de dragagem.

Retração e exudação

O mecanismo de retração e exudação pode ser atribuído aos seguintes fatores. A redução em volume (retração) pode ser causada por um *stress* de sucção capilar criado durante a secagem; este *stress* de sucção atrai as partículas entre si. Além disso, o aumento na concentração de sal por causa da evaporação diminui a repulsão mútua entre as partículas, e conseqüentemente diminui a distância entre as partículas (isso se aplica somente a espólio de porto ou do mar).

A exudação ocorre quando as partículas do solo atraem a água, como resultado da umidificação. Uma grossa camada difusa é então formada como resultado das forças de atração entre os íons e as moléculas. Por causa do gradiente de pressão capilar no solo, as partículas podem, além disso, estar sujeitas à diminuição da atração e começar novamente a se afastar umas das outras.

Geralmente, pode-se assumir que o espólio de dragagem, se não maturado completamente durante o processamento (ou seja, se há um alto conteúdo inicial de umidade), é mais sujeito à retração e à exudação do que as variedades tradicionais de argila.

Absorção

Absorção significa a extensão na qual o material pode absorver água e retê-la, por exemplo, preenchendo as partículas individuais com água, como resultado da sucção. Isto está em contraste com a elevação capilar, que se relaciona com a água entre as partículas. Não há dados disponíveis com relação a essa propriedade. A absorção não se aplica à areia, mas certas variedades de argila podem ter um colapso como resultado disso.

8.6.8 Aspectos de sustentabilidade

Resistência ao congelamento

Não há dados disponíveis sobre a resistência ao congelamento do espólio de dragagem. Cada lote de espólio maturado deve ser testado com relação aos requisitos à distribuição de tamanho das partículas.

Estabilidade química e durabilidade mecânica

A questão da extensão na qual o espólio maturado pode ser atacado pela ação dos agentes químicos e se o espólio é sensível à fadiga, como, por exemplo, pela carga das ondas, não é respondida pela bibliografia existente. As pesquisas experimentais sobre a suscetibilidade à erosão do espólio maturado e da argila natural têm demonstrado que os minerais da argila com uma porcentagem de sódio intercambiável – *exchangeable sodium percentage* (ESP) > 15% desenvolvem uma suscetibilidade à erosão após o contato intensivo com a água e o contato subseqüente com água de chuva salgada. Irá ocorrer rapidamente um colapso.

8.6.9 Aspectos técnicos de construção

Somente dados sobre o processamento do *euroclay* foram encontrados na bibliografia. Usualmente, o índice de consistência I_c é usado com relação à trabalhabilidade do material. Este índice pode ser definido como:

$$I_c = \frac{W_l - W}{I_p} \tag{8.4}$$

Onde:
W_l = limite de líquido
W = conteúdo de água
I_p = limite plástico

Um limite mais baixo do que 0.75 é normalmente considerado para o índice de consistência. Esse limite inferior é obtido em *euroclay* com um conteúdo de água de 41%-42%, o que corresponde ao conteúdo de umidade encontrado com a maturação completa. O conteúdo inicial de água do *euroclay* em uso é geralmente um pouco mais alto do que o conteúdo de água associado a este índice de consistência. Pode-se concluir, portanto, que o *euroclay* freqüentemente não pode ser trabalhado. Na prática, no entanto, o *euroclay* pode ainda ser trabalhado com um conteúdo de umidade que corresponde a um grau de maturação $n > 0{,}75$ ($I_c = 0{,}60$, respectivamente). Este conteúdo de umidade é de 50% a 55%, dependendo da composição granular (conteúdo de lutum mais húmus).

A experiência adquirida com o trabalho com *euroclay* pode ser resumida da seguinte forma:

- foi descoberto que o *euroclay* pode auxiliar na adesão do material (mais do que a argila natural), o que pode resultar em menor perda de produção;
- o espólio pode ser razoavelmente bem compactado com a ajuda de um *bulldozer*;
- as possibilidades de trabalho dependem muito da composição do material. Uma indicação inequívoca para o espólio de dragagem maturado não pode, portanto, ser dada aqui.

8.6.10 Aspectos de gerenciamento

A bibliografia existente não esclarece aspectos relativos ao gerenciamento e à manutenção de estruturas construídas com espólio de dragagem. Com relação ao *euroclay*, no entanto, o alto conteúdo de cobre deve ser observado mais atentamente, em vista da possibilidade de efeitos nocivos em ovelhas. Usar ovelhas de pasto para manter a cobertura de grama no *euroclay* parece ser, portanto, uma opção indesejável. Com toda probabilidade, é menos desejável com relação ao espólio de Classe 2, 3 e 4.

8.6.11 Conclusões com relação às aplicações de engenharia hidráulica

A extensão na qual o espólio de dragagem maturado é sujeito às aplicações em engenharia hidráulica depende de um certo número de fatores. Baseado nas observações com *euroclay*, os aspectos estruturais que podem agir como limitadores são os seguintes:

- a salinidade inicial, que pode obstruir o crescimento das plantas (isso se aplica somente ao espólio de entradas de porto);
- alguma perda de produção por causa da maior adesão ao material (não é conhecida a extensão em que isto se aplica também a outros tipos de espólio, como, por exemplo, o espólio mais arenoso do curso mais alto dos rios);
- maior exudação e retração causadas pelo trabalho do espólio, que, em parte, não amadureceu completamente;
- risco de qualidade não constante do material fornecido por causa da falta de clareza no processo de produção de remoção de água. O fornecimento de grandes quantidades em uma qualidade constante parece ser realizável para trabalhos de dragagem de manutenção em grandes portos ou desembocaduras de rios, apesar de o risco de contaminação ser, então, maior;
- as variações no processo de produção com relação à remoção de água podem também afetar negativamente a qualidade constante e portanto têm uma influência limitante.

O mesmo se aplica para as outras classes de espólio de dragagem, depois da limpeza ou isolamento, da mesma maneira do *euroclay*. Somente o espólio de Classe 1 pode ser usado para rev̦estimentos de diques. Juntamente com o uso em diques, aplicações similares podem ser feitas, tais como recuperação de terra e material de aterro e arrimo.

Técnicas de limpeza

O espólio de Classe 2, 3 e 4 pode ser limpo de diversas maneiras. Algumas possibilidades são:

- *hydrocycloning*: são obtidas uma fração relativamente limpa de areia e uma fração de espólio altamente contaminado;
- extração (por exemplo, por ação bactericida);
- imobilização: não é exatamente limpeza, mas consiste simplesmente em prevenção da contaminação por meio da lixiviação.

As várias técnicas de limpeza são listadas na tabela 8.10.

Tabela 8.10 Técnicas de limpeza de despojos de dragagem

Técnica	Apropriado para incineração	Estado de desenvolvimento	Produto
Hydrocycloning	Separação da fração de areia e espólio	Técnica de carga operacional	Areia, argila suspensão
Flutuação	Contaminação orgânica	Técnica operacional	Suspensão
Terra cultivável	Contaminação	Projeto piloto	Argila
Remoção a vapor	Compostos voláteis orgânicos	Usado em operações de limpeza "seca"	Argila
Lixiviação ácida	Metais pesados	Fase de laboratório	Suspensão (ácida)
Resgate de eletro	Metais pesados	Fase de laboratório	Suspensão ou argila
Limpeza bactericida	Metais pesados e contaminação orgânica	Fase de laboratório	Suspensão
Extração orgânica	Contaminação orgânica	Fase de laboratório	Suspensão
Tratamento térmico	Contaminação orgânica	Operacional	Massa plástica (seca)
Oxidação de ar úmido	Contaminação orgânica	Fase de laboratório	Suspensão
Troca de íons	Metais pesados	Fase de laboratório	Suspensão
Aeração em depósito	Contaminação orgânica	Fase de laboratório	Massa plástica ou suspensão
Aglomeração usando agregados	Metais pesados	Experiência limitada	Massa plástica
Técnicas de aquecimento	Metais pesados e contaminação orgânica	Operacional, por exemplo, em tijolos Argex	Produtos cerâmicos

Uso como areia de aterro e material agregado em asfalto e concreto

Após a *hydrocycloning*, a fração de areia obtida pode ser usada de forma normal como areia de aterro e como areia em asfalto e concreto. A produção anual de areia totaliza aproximadamente 200 mil toneladas e então resulta na mesma quantidade de economia em areia natural. A fração de argila pode ser usada para engenharia hidráulica e para elementos consolidados, tais como tijolos. Em um futuro próximo, a fração de areia na produção pode aumentar para um máximo de 1,5 Mtoneladas por ano, e a fração de argila da produção para um máximo de 0,8 Mtoneladas por ano.

Além disso, o espólio de dragagem pode ser sinterizado para formar partículas de cerâmica com peso relativamente baixo. Essas partículas podem também ser usadas como material agregado. O custo energético do processo de sinterização é alto.

Uma comparação entre Argex (obtido da argila queimada), Lytag (obtido de cinzas volantes de carvão em pó) e três tipos de partículas de cerâmica obtidas do espólio de dragagem produz os resultados listados na tabela 8.11.

Tabela 8.11 Comparação das propriedades das partículas de materiais

	Argex	Lytag	Partícula 1	Partícula 2	Partícula 3
Densidade (kg/m^3)	1140	2072	2424	2152	2072
Absorção de umidade (24 horas, % por volume)	19	29	23	19	7
Resistência das partículas (N/nm^2)	2	7	11	20	12
CBR (%)	8	15	24	43	27

Aplicação em elementos consolidados

Nos produtos compostos de cimento, o uso é similar ao de um material agregado no concreto. Além disso, a aplicação em produtos cerâmicos, tais como tijolos e telhas cerâmicas, é possível.

Os pontos que necessitam de atenção especial são:

- a retração ao fogo pode ser mais alta;
- quando se usa espólio contaminado, pode ser necessária a limpeza de gases residuais produzidos durante a queima;
- o surgimento de manchas e descoloração pode ocorrer mais rapidamente do que na composição usual.

O espólio de dragagem nesses elementos deve (e pode) atender aos requisitos existentes.

As técnicas usadas para o tratamento do espólio de dragagem e os produtos resultantes são listados na tabela 8.12.

Tabela 8.12 Produtos do espólio

Técnica	Tipo de espólio	Produtos	Destinação final
Terra cultivável	Espólio classes 3 e 4 rico em areia (20% < 63 μm)	Areia	Aplicação útil
	Espólio classes 3 e 4 moderadamente arenoso (20% < 63 μm)	Lodo	Aplicação útil
Oxidação úmida	Espólio classes 3 e 4 rico em argila (< 100 μm)	Lodo	Aplicação útil e maturação
Maturação	Espólio classes 2 e 3 (50% < 63 μm)	Lodo	Aplicação útil
Hydrocycloning (incluindo flutuação e remoção de água)	Espólio classes 2, 3 e 4 (50% < 63 μm)	Resíduos de massa	Depósito de lixo
		Rocha e brita	Aplicação útil (após trituração)
		Brita	Aplicação útil Depósito de lixo
		Areia grossa	Aplicação útil
		Areia fina	Aplicação útil Limpeza térmica Imobilização Depósito de lixo
		Material orgânico	Depósito de lixo
Sedimentação	Espólio classes 2, 3 e 4 (50% < 63 μm) rico em areia	Areia	Aplicação útil
		Lodo	Maturação Limpeza térmica Imobilização Depósito de lixo
Limpeza térmica	Areia fina	Areia fina	Aplicação útil
	Lodo	Lodo	Aplicação útil
	Espólio classes 3	Lodo e areia	Aplicação útil
Imobilização (vitrificação, sinterização)	Lodo	Entulho artificial triturado (brita, areia)	Aplicação útil
Deposição (em um depósito especial)	Espólio classes 3 e 4	Não aplicável	Não aplicável

Siglas e abreviações

Nem todas as abreviações usadas neste livro foram reunidas aqui, somente as que não estão totalmente explicadas no contexto.

ASTM	American Society for Testing Materials (Sociedade Americana para Testes de Materiais)
BABEX	Branchevereniging van Sloopbedrijven (Associação das Companhias de Demolição)
BAGA	Besluit Aanwijzing Gevaarlijke Afvalstoffen (Decreto de Destinação de Entulho Perigoso)
BRISTAR	"BRISTAR": nome fantasia para método de explosão lenta
BRL	Beoordelingsrichtlijn (Normas de avaliação)
CBR	California Bearing Ratio Razão de Produção da Califórnia
CDPP	Unidade de Processamento de Construção e Demolição
RCD	Resíduo de construção e demolição
CPP	Produto da Produção de Carvão (cinzas de fundo)
CUR	Civieltechnisch Centrum Uitvoering Research em Regelgeving (Centro de Engenharia Civil para Pesquisa e Normas)
DFR	Design for Recycling Projeto para Reciclagem
E-	E-cinzas de fundo/cinzas volantes: substâncias residuais das estações de produção de energia (eletricidade)
EAF	Forno a arco elétrico
EC	Comunidade Européia
EN	Normas Européias
ENCI	Primeira Indústria do Cimento Holandesa
ENV	Projeto de Normas Europeu

EOCC	Componentes Orgânicos de Clorine Extraíveis
EPON	Produtores de Eletricidade na Holanda Leste e Norte
EXPO	Exposição Universal de Bruxelas de 1958
KOMO	"KOMO": nome fantasia para o Instituto Holandês de Teste e Certificação; também marca de qualidade
LA	Los Angeles (valor)
LD	Linz-Donawitz
MAC	Concentração Máxima Admitida
NEN	Norma Holandesa
NOH	Programa Nacional de Pesquisa em Reutilização de Resíduo
NVN	Pré Norma Holandesa
PAC	Hidrocarbono policíclico aromático
PCA	Policíclico aromático
PCB	*Policlorado-bifenil*
PE	Polietileno
PP	Polipropileno
PS	Poliestireno
PUR	Poliuretano
PVC	Polivinil clorito
RAW	Fundação para a Racionalização e Automação na Construção de Estradas
UV	Ultravioleta
VBC	Regulamentos dos Requisitos da Construção em Concreto e Métodos de Cálculo
VDI	Norma Preliminar da Indústria Alemã

Referências

Mais de 2 mil referências foram usadas para este livro, retiradas de publicações e outras informações de:

Aluminium Centrum

AVBB, Den Haag

Betonvereiniging, Gouda

Bouwdienst Rijkswaterstaat, Utrecht/Zoetermeer

CEN/Bruxelas

Centrum Hout, Almere

Centrum Milieukunde, Leiden

Dienst Weg – em Waterbouwkunde Rijkswaterstaat, Delft

DHV-AIB, Amersdorf

Gemeentenwerken, Rotterdam

InterProvinciaal Overleg

Intron, Sittard

IVAM, Amsterdã

Koninklijk Verband Nederlandse Baksteenfabrikanten, De Steeg

KWS, Utrecht

Ministerie van Verkeer en Waterstaat, Den Haag

Ministerie van VROM, Den Haag/Zoetermeer

NBM Amstelland, Den Haag

Nederlands Instituut voor Bouwbiologie en Ecologie, Bussum

NNI, Delft

Novem, Utrecht/Sittard

NVTB, Den Haag

NVWB, Den Haag

Research Centrum Kalkzandteeindustrie, Hilversum

Rijksgebouwedienst, Den Haag/Arnhem

Rijksinstituut voor Volksgezondheid en Milieuhygiëne (RIVM), Bilthoven

Rijkswaterstaat, hoofdkantoor Den Haag

Rilem, Parijs

RIZA, Lelystad

Staalbouw Instituut, Rotterdam

Stichting Bouwkwaliteit, Rijswijk

Stichting Bouwresearch, Rotterdam

Stichting CROW, Ede

Stichting CUR, Gouda

Stichting Post Academisch Onderwijs, Delft

Stuurgroep Experimenten Volkshuisvesting, Rotterdam

Tauw Infra Consult, Deventer

Technische Universiteit, Delft

Technische Universiteit, Eindhoven

TNO Bouw, Rijswijk

TNO MEP, Apeldoorn

VBW Asfalt, Breukelen

Vereniging Nederlandse Cementindustrie, Den Bosch

Vereniging van Afvalverwerkers, Utrecht

Ytong, Vuren

Bibliografia

Duurzame ontwikkeling en duurzaam bouwen
Prof. Dr. ir. Ch. F. Hendriks
Collegedictaat Technische Universiteit Delft

Bouwstoffenbesluit
Prof. Dr. ir. Ch. F. Hendriks
Collegedictaat Technische Universiteit Delft

Materiaalkunde
Prof. Dr. J.M.J.M. Bijen, prof. dr. ir. Ch. F. Hendriks, dr.ir.A.I.A. Fraaij
Collegedictaat Technische Universiteit Delft

Behoud en Onderhoud van Constructies
Prof. Dr. J.M.J.M. Bijen
Collegedictaat Technische Universiteit Delft

Cursusboek Duurzaam Bouwen
Stiching Post Academisch Onderwijs Delft
Prof. Dr. ir. Ch. F. Hendriks, editor

Milieugerichte levenscyclusanalyse van producten
Centrum voor Milieukunde Leiden

Handboek van recyclingsmethoden
Mr. A.A. Nijkerk

Cursusboek de Ecologische Stad
Stiching Post HTO Amsterdam

Este livro foi composto em Minion 11/13,2
no formato 170 x 240 mm e impresso no sistema off-set sobre
papel AP 75 g/m², com capa em papel
Cartão Supremo 250 g/m².

DUPLIGRÁFICA
Editora Ltda
SIG/SUL - Quadra 04 nº 125 - Brasília DF - CEP 70610-440
Telefone:(61) 3344-1918 - Fax:(61) 3344-1924
e-mail: dupligrafica@terra.com.br